河北省文化产业创新发展与升级研究

宋晓明　贾丽莎　刘文红　著

燕山大学出版社

2020·秦皇岛

图书在版编目（CIP）数据

河北省文化产业创新发展与升级研究 / 宋晓明，贾丽莎，刘文红著 . — 秦皇岛 ：燕山大学出版社， 2020.5

ISBN 978-7-81142-924-4

Ⅰ . ①河… Ⅱ . ①宋… ②贾… ③刘… Ⅲ . ①文化产业－产业发展－研究－河北 Ⅳ. ①G127.22

中国版本图书馆 CIP 数据核字（2020）第 020644 号

河北省文化产业创新发展与升级研究

宋晓明 贾丽莎 刘文红 著

出 版 人：陈 玉
责任编辑：杨春茹
封面设计：刘韦希
出版发行：燕山大学出版社 YANSHAN UNIVERSITY PRESS
地 址：河北省秦皇岛市河北大街西段438号
邮政编码：066004
电 话：0335-8387555
印 刷：北京建宏印刷有限公司
经 销：全国新华书店

开 本：700mm×1000mm 1/16 印 张：16.5 字 数：260千字
版 次：2020年5月第1版 印 次：2020年5月第1次印刷
书 号：ISBN 978-7-81142-924-4
定 价：48.00元

前　言

当前，京津冀一体化协同发展上升为国家战略，京津冀经济圈成为我国经济发展的第三大增长极，这将在很大程度上促进北京、天津、河北三省市间的文化产业资源流动、优势互补以及由此带动的区域文化产业联动、协同发展。随着“建设文化强省”“创新驱动河北省产业转型升级”等战略的制定与逐步实施，河北省产业结构与经济发展动力将出现显著调整，这为河北省文化产业创新发展与升级提供了有利契机。基于此，本书以京津冀协同发展为整体研究背景，并突破以往从单一视角研究文化产业发展的框架，创新性地从产业价值链、产业融合以及产业联动发展三重视角，系统、深入地研究河北省文化产业创新发展与转型升级，以期能够为河北省乃至京津冀地区文化产业健康、快速、可持续发展提供理论参考，同时有利于本地区政府部门加强区域产业资源整合、产业规划以及相关政策的制定工作。

文化产业是推动区域经济增长与产业转型升级的“新引擎”，同时也是第三产业当中最具增长潜力、最具经济效益的产业。“十三五”以来，河北省坚持创新引领、深化改革、融合发展，文化产业政策体系逐步完善，发展环境日益优化，全省文化产业实现了长足发展，文化产业实力明显增强。通过加快发展文化产业，由文化产业带动河北省第三产业结构调整与创新发展是解决当前河北经济发展困境的重要出路。本书以此为背景，紧紧围绕国家宏观政策和我省文化产业发展现状，多角度、深层次地研究河北省文化产业创新发展与升级的关键问题。

本书的研究内容涵盖了区域经济、文化产业和文化企业三个层面，直接切中区域产业结构调整与转型升级的核心问题。当前，创意与创新成为一个国家（地区）传统产业由价值链低端向价值链高端跃进的加速器，尤其是以创意为核心的

文化产业成为中国经济发展新常态的重要引擎和关键增长点。所以，要想加快河北省文化产业快速发展，除了要考虑在全球价值链中的地位攀升，还要重视区域文化产业的融合、联动发展。

本书共分为12章，撰写分工如下：宋晓明负责整体研究框架的制定以及统稿工作，同时负责第4章、第5章、第6章、第7章、第8章、第9章、第10章、第11章和第12章，共计9章、20万字内容的书稿撰写工作；贾丽莎负责第1章、第2章，共计2章、3万字内容的书稿撰写工作；刘文红负责第3章，3万字内容的书稿撰写工作。

本书受2018年度河北省科技计划项目“河北省文化产业空间格局演化、驱动机制与影响因素的实证研究”（编号：184576425）的资助。其中，书稿第4章、第5章、第6章、第8章、第9章和第12章内容为本课题的最终研究成果。

本书在撰写过程中，受到了石家庄邮电职业技术学院赵栓亮副院长、科技处同利平处长以及邮政通信管理系周志翠主任、孙博副主任、崔春华副书记和薛力峰副主任等领导的悉心指导与大力支持；同时，邮政通信管理系陈军须、吴建民两位教授对于本书撰写也提供了很多的指导与帮助。在此，向上述领导和专家表示衷心的感谢。

当前，石家庄邮电职业技术学院已新增设了文化创意与策划、邮政通信管理（国际邮政方向）和市场营销（大数据营销方向）三个专业，富有邮政特色的专业体系日趋成熟和完善。一直以来，学院都非常重视人才培养和学生专业素质技能提升工作。作为一名专业教师和科研工作者，我始终秉承“科研育人”理念，努力探索和实施“基于项目制的教研学一体化”教学模式，以此来提高学生的专业技能与综合素质。

基于此，在本书撰写过程中，我院文化创意与策划、邮政通信管理（国际邮政方向）、大数据技术与应用和市场营销（大数据营销方向）四个专业的部分学生自愿参与了本书部分数据的搜集和整理工作。参加上述工作的学生名单：2016级文化创意与策划专业孙文成、唐瑜、胡梦瑶、任健、徐茹茹；2017级邮政通信管理（国际邮政方向）专业樊佳璐、程茗、赵嘉琪、陈湄、宁立叶、侯琳、赵微；2017级大数据技术与应用专业侯梦琪、鲍琰；2019级市场营销（大数据营销方向）专业张少龙、纪恩成、吕桐、贾芳芳等。

由于平时教学、科研工作较为繁重，加上文化产业外部发展环境变化很大，因而整部书稿由立意到撰写完成前后持续了近三年时间。三年时间里，家人给予了我工作和学术上的莫大支持，在此心怀感激和敬意；也希望吾子正铄将来能够潜心治学，并学有所成。

由于文化产业创新、文化产业升级与区域经济发展三者之间有着复杂的内在联系，加上作者时间有限，因此很多内容还需在后续的研究中进一步探讨，如有不足或疏漏之处，敬请谅解。

宋晓明于石家庄

2020年1月5日

内容介绍

全书共分为12章，各章主要内容介绍如下：

第1章，文化产业理论基础与研究框架。本章从国外和国内两个层面进行系统性的文化产业研究综述和理论成果述评。首先，对文化产业的基本内涵和范畴、与创新相关的基本概念进行科学的探讨与界定；其次，梳理分析了文化产业创新发展与升级的理论依据，并围绕产业创新发展动力、产业竞争力评价、产业升级动力与机制等方面，探讨了文化产业创新发展与升级的最新理论成果，并作出述评；最后，论述本书的研究方法以及整体框架。第1章较为系统、全面地论述了文化产业创新发展与升级的理论依据和研究成果，从而为后续章节作更深入的具体研究打下理论基础。

第2章，文化产业发达国家经验借鉴与启示。本章选取美国、英国、日本和韩国作为研究世界文化产业发达国家成功经验的代表国，通过分析其文化产业发展现状，比较各国文化产业的发展模式、发展路径、税收政策以及人才政策等，从而为加快河北省文化产业创新发展与升级提供经验借鉴与启示。研究发现，四国对于河北省文化产业升级的经验借鉴与启示包括：一是本国政府的职能定位清晰，创造优良的文化产业发展环境；二是注重内容创作与产品创新，构建功能完整的文化产业链；三是充分挖掘社会文化资源，发挥社会组织作用。

第3章，河北省文化产业资源基础与升级环境分析。本章首先从文化产业规模、文化产业结构和文化产业经济效益三方面论述了河北省文化产业发展概况；其次，从传统文化及民俗资源、文化产业园区建设以及拥有公共图书馆藏资源情况来阐述河北省文化产业发展资源基础。在此基础上，围绕群众文化机构与文化设施建设、文化事业经费财政支出和文化事业建设与固定资产投资三方面，深入剖析河北省文化产业升级环境，并对全省11个地市的产业发展环境作进一步分析。最后，论述了河北省文化产业创新发展与升级存在的主要问题：一是产业总体规模偏小，整体竞争力不足；二是文化产业结构不合理，产业发展布局不均衡；三是文化产业人才匮乏，创新发展动力不足。

第 4 章，河北省文化产业空间集聚与行业布局。本章分为两个部分，第一部分围绕文化空间、产业空间集聚以及文化产业空间结构与分布三个问题进行了产业空间集聚理论的探讨与综述；接下来，选取就业比重为权重的区位熵法，分别对华北地区和环渤海地区共计 7 省市的文化产业空间集聚程度进行了定量评价与分析。第二部分论述了河北省文化产业空间布局的五大战略，即创新驱动战略、融合带动战略、区域协同联动战略、产业集聚发展战略和文化品牌培育战略。在上述五大发展战略指导下，阐明了河北省动漫游戏行业、文化旅游行业、新闻出版行业、广告会展行业、创意设计行业和文化演艺行业的空间布局策略及壮大措施。

第 5 章，区域文化产业升级能力评价体系与模型构建。文化产业升级能力是决定并衡量一个地区文化产业发展水平的重要因素之一。为此，本章选定全国 27 个省（自治区、直辖市）的文化产业为研究对象，构建区域文化产业升级能力评价指标体系，共包含文化产业升级产出能力、产业资源投入能力和升级环境支撑能力 3 个一级指标，下设 8 个二级指标和 25 个三级指标。在此基础上，阐明突变级数法评价的基本步骤，包括确定评价体系各层次的突变系统类型，由分歧方程导出归一公式以及变量取值与归一公式综合评价。

第 6 章，区域文化产业升级能力评价与分析。本章选定全国 27 个省（自治区、直辖市）的文化产业为研究对象，利用突变级数法对各地区文化产业升级能力进行定量评价与分析。依据突变级数法的原理及评价步骤，在第 5 章建立文化升级能力评价指标体系的基础上，首先对各三级指标的原始数据进行标准化处理，并按照突变模型对上一级指标数值进行计算，进而得出 27 个评价对象一级和二级指标的得分及对应排名；其次，利用系统的归一公式计算出各地区文化产业升级能力的最终得分及排名；最后，按照文化产业升级能力的整体得分情况，将 27 个省（自治区、直辖市）分为甲、乙、丙三类集团，并对包括河北省在内的各区文化产业升级状况作详细分析。

第 7 章，河北省文化产业科技创新效率评价分析。基于 2013—2017 年的文化产业科技创新活动统计数据，本章采用数据包络分析法（Data Envelopment Analysis），对中东部地区的十五省市——北京、天津、河北、山西、上海、江苏、浙江、安徽、福建、江西、山东、河南、湖北、湖南、广东（由于海南省部分统计数据缺失，未被列为研究对象）的文化产业科技创新资源配置效率进行定量评价与结果分析。

第 8 章，文化产业价值链体系与产业联动发展研究。本章在对中国文化装备制造产业价值链构成与地位分析的基础上，深入剖析国内该产业发展动力，进而创新性地从产业价值链与区域联动发展双重视角提出中国文化装备制造产业发展模式，并以京津冀地区为例，论述其产业联动发展对策。研究发现：中国文化装备制造产业整体上处于全球价值链的低端，四大产业市场主体对于不同区域的贡献差异较大。就区域产业发展动力而言，一是产业市场主体构成与外部发展环境要素的诱导，二是本土企业的自我强化与学习创新。从长远来看，打造产业公共平台、成立配套服务机构和构建产业园区是支撑区域文化装备制造产业联动发展的重要举措。

第 9 章，区域文化产业创新发展与升级研究。当前，中国制造企业正面临经营成本不断攀升、自主创新能力和品牌建设不足的“内忧”，以及跨国公司对国内制造业低端锁定而引发的“外患”，企业亟待创新发展与转型升级。由于企业是产业创新发展与升级的主要载体与对象，因而本书以文化装备制造业为例，从产业层面和企业层面较为系统地论述了区域文化装备制造产业创新发展的影响因素、动力机制和发展模式。其中，考虑到文化装备制造产业具有资本密集、知识密集和产品附加值高等显著特征，故而产业层面主要侧重于文化装备制造业的耦合创新；企业层面则主要探讨文化装备制造企业基于技术创新、管理创新以及联动创新而实现的企业升级。

第 10 章，区域文化创意产业市场分类与发展模式。本章在对中国文化创意产业市场分类及其演化特征梳理的基础上，深入剖析国内文化创意产业价值链体系与产业发展动力，同时突破以往从单一视角研究文化创意产业发展的框架思路，创新性地从产业价值链与产业融合双重视角探索提出区域文化创意产业发展的三种主要模式以及促进对策。研究发现：中国文化创意产业受产业市场主体结构、文化资源要素以及关联产业发展水平的影响而呈现出显著的区域性差异；就文化创意产业发展动力而言，一是关联产业的持续渗透与跨界融合以及由此引发的产业价值链的壮大延伸，二是文化创意企业的自我强化与学习创新。

第 11 章，河北省文化产业创新发展与升级对策。在前面对河北省文化产业创新发展现状、文化产业升级能力评价、文化产业空间集聚水平测定以及文化产业资源配置效率定量分析的基础上，结合河北省文化产业创新发展与升级过程中的突出问题，本章重点阐述了促进河北省文化产业创新发展与升级的针对性对策。主要包括：完善产业扶持政策，优化产业发展软环境；加强高端人才引进与培养，注入强劲发展动力；建立文化产业支撑平台，助推产业创新发展与升级；培育和引导文化消费，壮大文化产业规模；促进文化产业融合发展，大幅拓展文化产业链；推动文化企业创新发展，增强企业综合竞争力；构建文化产业协同发展研究中心；建立河北省文化产业特色基地。

第 12 章，“文化 +”模式驱动下企业创新发展实践。本章以国内外知名品牌或典型企业为例，分别围绕“文化 + 特许经营”“文化 + 在线交易”“文化 + 跨界合作”和“文化 + 互联网”四种运作模式，解析了迪士尼、喜羊羊与灰太狼、熊出没、赵涌在线、外滩网红邮筒君等知名品牌或 IP 的成功运营实践。在此基础上，以中国邮政集团公司集邮业务为例，探讨了集邮业务的客户价值分类以及客户分类。最后，从内部管理、产品创新、流程优化等方面，论述了集邮业务创新发展的对策和措施。

本书受 2019 年度河北省社会科学发展研究课题（确认课题）“河北省文化产业空间布局、资源配置与升级对策研究——基于京津冀一体化协同发展视角”（编号：2019060501001）的资助。其中，书稿第 1 章、第 2 章、第 3 章、第 7 章、第 10 章和第 11 章内容为本课题的最终研究成果。

目　录

第 1 章　文化产业理论基础与研究框架

第 2 章　文化产业发达国家经验借鉴与启示

第 3 章 河北省文化产业资源基础与升级环境分析

第 4 章　河北省文化产业空间集聚与行业布局

第 5 章　区域文化产业升级能力评价体系与模型构建

第 6 章　区域文化产业升级能力评价与分析

第7章 河北省文化产业科技创新效率评价分析

第8章 文化产业价值链体系与产业联动发展研究

第 9 章　区域文化产业创新发展与升级研究

第 10 章　区域文化创意产业市场分类与发展模式

第 11 章 河北省文化产业创新发展与升级对策

第1章 文化产业理论基础与研究框架

本章从国外和国内两个层面进行系统性的文化产业研究综述和理论成果述评。首先，对文化产业的基本内涵和范畴、与创新相关的基本概念进行科学的探讨与界定；其次，梳理分析了文化产业创新发展与升级的理论依据，并围绕产业创新发展动力、产业竞争力评价、产业升级动力与机制等方面，探讨了文化产业创新发展与升级的最新理论成果，并作出述评；最后，论述本书的研究方法以及整体框架。第1章较为系统、全面地论述了文化产业创新发展与升级的理论依据和研究成果，从而为后续章节作更深入的具体研究打下理论基础。

1.1 国外研究综述

1.1.1 文化产业的内涵及范畴

1.1.1.1 文化产业的内涵界定

由于文化本身的复杂性，各国学者对文化产业的界定存在较大争议，而且称谓也不同，至今对于文化产业的内涵尚未形成完全一致的认识。大卫·索斯比（David Throsby，2001）认为文化产业是在生产过程中包含创造性、凝结一定程度的知识产权并传递象征性意义的知识文化产品与服务，并用一个同心圆来划分文化产业的行业范畴[1]。安迪 C. 普拉特（Andy C. Pratt，2004）提出文化产业与以文化形式出现的物质生产中所牵扯到的各种活动有联系，它的巨大价值体现为涵盖内容的创意、生产输入、再生产和交易四个链环的整个生产体系[2]。大卫·赫斯蒙德夫（David，2007）认为文化产业通常是指与社会意义的生产最直接相关的机构——主要指营利公司，但是也包括国家组织和非营利组织[3]。

1.1.1.2 文化产业的范畴界定

从国家层面来看，英国将文化产业定位于“创意产业（Creative Industries）”，美国将其定位于“版权产业（Copyright Industries）”，而日本和韩国则将之称为“内容产业（Content Industries）”。美国文化产业主要分为核心文化艺术生产、文化艺术辅助和文化生产以及其他产业三大部分，其中每一部分又包含若干细分领域。英国文化产业包含的门类较多，涵盖了信息技术、软件和计算机服务行业，电影、电视、广播行业，广告和营销业，出版业以及音乐、表演艺术和视觉艺术等多个行业。在韩国政府于1999年发布的《文化产业振兴基本法》中，将文化产业界定为与文化商品的生产、流通、消费有关的产业，包括了影视、广播、音像、游戏、动画、演出、文物、美术、广告等具体行业[4]。

1.1.2 文化产业创新发展研究

1.1.2.1 创新概念的提出与发展

1912年著名经济学家约瑟夫•熊彼特（Joseph Alois Schumpeter）首次提出“创新”的基本概念，并力图用创新理论解释经济周期和经济增长问题，此后，创新成为一个颇受关注的研究领域。熊彼特认为创新不仅局限在技术上，其本质上是从将技术、生产方式和组织结构等与经济相结合的角度出发的[5]。Solo（1951）在梳理熊彼特创新理论的基础上，提出了技术创新成立的两个条件：新思想来源和后阶段的实现发展[6]。Freeman（1973）认为，技术创新是技术的、工艺的和商业化的全过程，它可以导致新产品的市场实现和新技术工艺与装备的商业化应用[7]。

创新不仅限于技术创新，还包括组织创新和企业商业模式创新，一个好的商业模式往往能够打败一个好的创意或技术。Chesbrough 和 Rosenbloom（2002）认为，商业模式阐述了企业如何在市场上创造商业价值[8]。因此，商业模式创新也可以看作是企业实施知识管理的过程。Gordijn（2002）把企业实施商业模式创新的过程视为对自身价值模型进行解构和重构的过程[9]。在动态化、复杂化市场竞争环境下的企业，通过外部刺激和内部驱动因素的相互作用，不断进行商业模式创新，可以获得竞争优势。

1.1.2.2 技术创新与商业模式创新之间的关系

国外很多学者认为技术创新决定商业模式创新[10]，但也有学者认为商业模式有利于企业在价值创造中发挥技术的作用，从而引导技术向适合其商业模式的方向创新[11]。Gambardella 和 McGahan（2010）指出，商业模式创新是随着技术的改变而改变的，不可避免地会影响产业结构和组织能力[12]。Christian 和 Seidenstricker（2012）通过对 Microban 公司商业模式创新的研究，指出技术创新要想取得经济上的成功，必须借助能实现价值链上下游伙伴双赢的商业模式[13]。

1.1.2.3 国际文化产业竞争力评价

由于各国对文化产业的界定不同，发达国家主要采用各种创意指数来衡量一国或地区的创意能力的水平和竞争力[14]。Draghici 等（2011）采用欧洲创意指数评估了欧洲国家的创造力，同时对罗马尼亚的创意指数中的各构成要素进行了深入分析[15]。Katarina、Anna 和 Kamila（2015）使用 3T 创意指数，定量分析了 2009 年斯洛伐克 8 个城市的创意能力，在此基础上提出了有针对性的发展对策，包括加强创意人才培养、重视教育设施建设和支持高科技文化企业发展等[16]。

1.1.3 文化产业升级研究

1.1.3.1 产业升级内涵的界定

国外学者对于产业升级的研究起步较早，一些经典的观点和理论成果为大多数人所认可，并为后人的研究奠定了一定的理论基础。产业升级定义方面，Porter（1990）提出，从理论层面看，产业升级就是当资本（人力与物力）相对于劳动力和其他资源禀赋更加充裕时，一国在资本以及技术密集型产业中发挥比较优势[17]。Gereffi（1999）认为，当一个企业或经济体向更具获利能力的资本与技术密集型经济领域迈进的过程，就是产业升级[18]。Poon（2004）则指出产业升级就是生产制造商从生产劳动密集型且价值较低的产品向生产高价值的资本或技术密集型产品的经济角色转移的过程[19]。基于此，本书将产业升级作如下定义：在较长一段时期之内，产业经济可以持续高效增长，同时企业获取收益的方式与此前也应有着根本性的区别，这里包括从劳动密集型向资本密集型或技术密集型的转变，从技术含量和附加值低的产品向高技术含量与高附加值产品发展等。

1.1.3.2 文化产业升级的理论依据

（1）静态比较成本说和动态比较成本说。考虑到文化产业的国际分工与国际贸易对文化产业结构的影响，与文化产业结构升级相关的理论包括静态比较成本说和动态比较成本说。Adam 等（1876）首次提出静态比较成本说，他指出各国是按照绝对成本的高低进行成本分工，从而使各国的生产要素从低效率产业流向高效率产业，最终使资源达到合理配置，产业结构实现优化[20]。筱原三代平（1959）提出动态比较成本学说，他认为产品的比较成本是能够转化的，在某一时期内处于劣势的产业，当外界条件满足时可能转化为优势的产业[21]。

（2）主导产业扩散效应论。Rostow（1958）指出，主导产业的发展和扩散是构成产业结构升级的决定因素。他提出在一个相对成熟并持续成长的经济体系中，经济体系能够保持增长的原因是少数的主导部门快速扩大，并且这种扩大又对产业部门有着重要的作用，产生了主导产业的扩散效应，共包括旁侧效应、回顾效应与前向效应三种[22]。同时，他还阐述了五种主导部门综合体系，认为主导部门的序列不能任意的改变，每一个国家都要经历由低级到高级的发展过程。

1.2 国内研究综述

1.2.1 文化产业的内涵及范畴

1.2.1.1 文化产业内涵的界定

当前，在文化领域中国内学者使用较多的是“创意产业”“文化产业”和“文化创意产业”3 个概念，而在政府部门发布的政策文件中，使用较多的是“文化产业”和“文化创意产业”。一般来说，创意产业是指创意要素起核心或主导作用，通过运用知识产权，创造财富和增加就业机会的新兴行业。而根据国家统计局发布的《文化及相关产业分类（2018）》，文化产业被定义为：为社会公众提供文化产品和文化相关产品的生产活动的集合[23]。很多学者倾向于将文化创意产业界定为创意产业和文化产业二者间的有机结合。张蔷（2013）认为文化创意产业是以文化产业为基础，以农业、工业和第三产业为创意对象，以创意策划为核心，采用多种技术手段，通过产品的制造和营销，将文化制品及文化服务转换为商品与服务的价值链，并最终实现价值链的扩散与增值的新兴产业[24]。

1.2.1.2 文化产业范畴的界定

在《文化及相关产业分类（2018）》中，文化产业共包含新闻信息服务、内容创作生产、创意设计服务、文化传播渠道、文化投资运营、文化娱乐休闲服务、文化辅助生产和中介服务、文化消费终端生产（包括制造和销售）9个大类、43个中类、146个小类。综合多数学者的研究结论，创意产业通常包括工业设计、影视传媒、出版、广告、计算机软件、动漫游戏等十几个行业；文化创意产业一般包括广播影视、动漫、音像、传媒、视觉艺术、表演艺术、工艺与设计、雕塑、环境艺术、广告装潢、服装设计、软件和计算机服务等。

1.2.2 文化产业创新发展研究

1.2.2.1 文化产业创新发展现状与对策

周建新、胡鹏林（2017）针对2016年中国文化产业发展现状，提出利用互联网发展文化产业，加强文化产业投融资方式研究，加大对文化产业理论与历史的研究等是未来我国文化产业发展和文化产业研究的重点方向[25]。侯英（2016）深入地分析了当前我国金融体系支持文化产业发展过程中存在的问题，阐明了文化产业融资中的金融创新和文化企业发展阶段，最后提出了金融支持体系融合创新路径及措施[26]。李超（2016）指明了现阶段京津冀文化产业发展现状及三地之间文化产业发展存在的差距，结合当前现状及存在问题，提出了促进京津冀文化产业发展的财税政策[27]。

1.2.2.2 文化产业竞争力评价分析

赵利（2016）围绕基础因素、需求因素、企业战略和相关产业四个方面因素建立因子载荷矩阵，对我国省域文化产业竞争力的活力贡献度进行了定量研究[28]。蓝庆新、窦凯（2019）从生产要素、需求条件、企业组织、战略、相关产业以及政府六方面深入研究了中国数字文化产业国际竞争力的影响因素，并提出了促进对策：一是要加强国内特色文化资源的挖掘，并推动与国外特色文化资源的融合，借助数字技术实现我国特色文化资源的生产、再造、传播和消费；二是要重视文化科技融合创新，激活文化资源的活力，创造出具有中国特色的数字文化产品[29]。

1.2.2.3 文化产业创新发展驱动力

江光华（2015）提出，文化与科技融合的驱动力主要源自科技创新的推动力、文化发展的拉动力和外部环境的支撑力[30]。尹宏（2014）认为，文化和科技融合是通过要素、企业和产业层层递进的，具有产业渗透、交叉、重组三种融合模式[31]。吴承忠（2019）提出在5G技术影响下，文化产业将在文化产品、产业技术、商业模式以及产业管理等方面表现出新的发展趋向，个性化、智能化、情景化、国际化的文化产品与文化服务的生产消费以及多主体联动式监管成为主流[32]。长远来看，在5G数字技术创新的驱动下，文化产业相关资源将实现高效配置，文化产品流通也将变得更加高效快捷。同时，“5G+大数据”“5G+物联网”“5G+AI”等技术融合形态也会使得互联网体验不断优化，文化表现形式也愈加丰富，由此改变大众文化消费模式。

1.2.3 文化产业升级研究

1.2.3.1 产业升级的内涵及类型

产业升级通常是指生产的产品从以劳动密集型模式逐渐转向资本技术密集型模式，一般可分为产业内升级和产业间升级两类，前者是指产业价值链升级，后者则是指产业结构升级[33]。产业结构升级是产业从量变慢慢积累化为质变的结果。产业结构升级既是产业发展必须经历的过程也是产业发展的动力，最终导致产业发展达到最优化动态平衡[34]。当前，全球范围内的很多国家都非常重视产业结构调整与优化升级，因为产业升级能够在较长一段时期内推动国内相关产业向更高层次、更高质量方向发展，是一国经济发展的“助推器”。

1.2.3.2 产业升级的动力机制与路径

当前，国内学者关于文化产业升级的研究主要集中于文化产业升级动力机制、升级路径和升级策略的探讨，在文化产业升级类型上主要是探讨文化产业结构升级和文化产业价值链升级，并且有越来越多的学者将文化与科技的融合视为文化产业升级的重要动力与路径。

王安琪（2019）认为应用技术、支撑技术和环境技术三者互为渗透，协同推动文化产业科技创新，科技创新又通过升级机制、组织机制、激励机制、融合机制的推动和拉动双向动力机制促进文化产业转型升级[35]。孙国锋、唐丹丹（2019）运用空间计量分析方法实证检验了文化科技融合及产业要素区际流动对区域文化产业结构升级的影响效应。研究表明，文化科技融合显著促进了本地区文化产业结构升级，而产业要素的区际流动也有利于促进区域文化产业结构升级，并增强了文化科技融合对文化产业结构升级的影响效应[36]。赵立敏、贾文山（2019）提出文化产业应以“互联网 +”和“文化 +”为轴心，分别从技术的轨迹与文化内涵的输出两个层面去重构产业，打造文化产业转型升级和创新发展的两条路径，一是走数字化、网络化和智能化之路，二是走文化特色化、集群化之路[37]。

中国是文化资源大国，历史底蕴深厚，发展文化产业具有独特优势，但现阶段国内很多优秀文化资源尚未充分转化为生产力，区域间和跨部门文化产业发展不平衡，文化产业结构亟待升级。

1.3 研究方法

本书以区域产业发展理论为指导，批判地借鉴学界已有的产业价值链理论、产业升级理论、区域经济增长理论和产业融合理论成果，同时注重交叉学科和跨学科的综合研究。在具体研究方法上，本书采用理论演绎、模型创建和统计分析相结合的方法，辅以实地调查、文献（数据）检索和比较分析等方法。由此，本书在研究方法上具有较强的系统性与科学性，能够保证研究结论客观、合理，同时提出的文化产业创新发展与升级对策也能够符合河北文化产业未来发展的趋势，具有较高的借鉴与参考价值。

1.4 研究框架

本书的研究框架如图 1-1 所示。

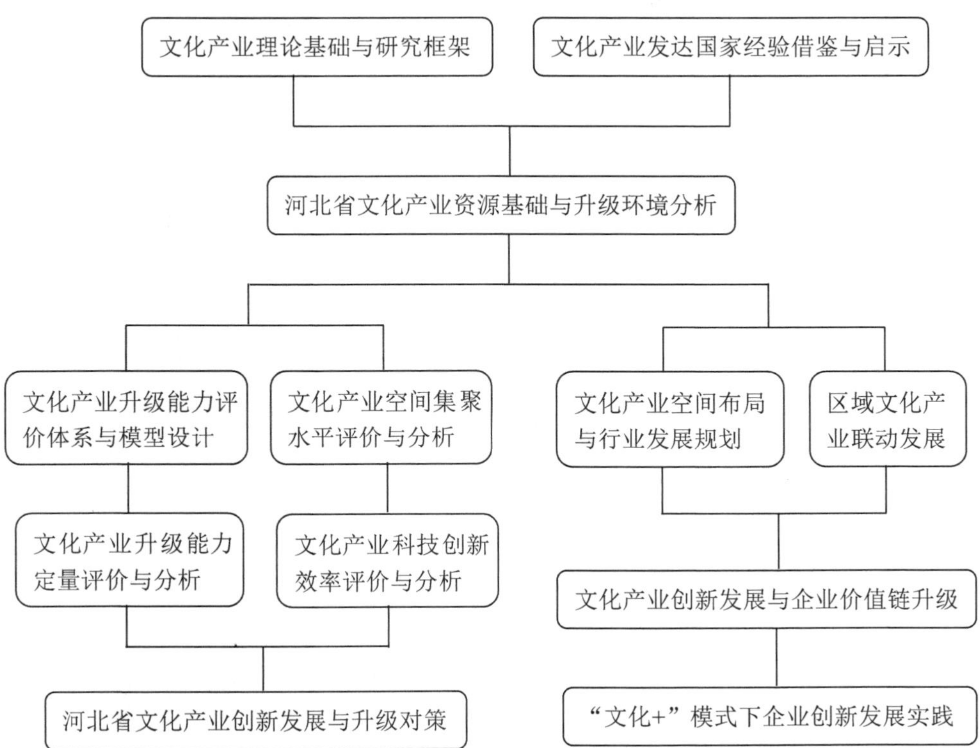

图 1-1 本书的研究框架

第2章
文化产业发达国家经验借鉴与启示

本章选取美国、英国、日本和韩国作为研究世界文化产业发达国家成功经验的代表国，客观分析其文化产业发展现状，比较各国文化产业的发展模式、发展路径、税收政策以及人才政策等，从而为加快河北省文化产业创新发展与升级提供经验借鉴与启示。研究发现，四国对于河北省文化产业升级的经验借鉴与启示包括：一是本国政府的职能定位清晰，创造优良的文化产业发展环境；二是注重内容创作与产品创新，构建功能完整的文化产业链；三是充分挖掘社会文化资源，发挥社会组织作用。

选取美国、英国、日本和韩国四国的主要原因包括：一是英美两国属于典型的文化产业强国，已建立起本国独特的文化产业发展模式和发展路径，能够为推进河北省文化产业跨越式发展提供更多的成功经验；并且日本、韩国与中国同处亚洲地区，双方文化交融与贸易往来日趋频繁。二是英国、韩国是中国文化服务贸易的主要出口国，而美国、日本是中国文化服务贸易的主要进口国，选取四国作为比较分析对象更加有利于找到河北省文化产业结构调整与升级的方向。接下来，本书将对美国、英国、日本和韩国文化产业的发展现状及成功经验进行深度剖析。

2.1 美英日韩文化产业发展现状分析

2.1.1 美国文化产业发展现状分析

美国是全球文化产业最为发达的国家，其影视业、广播电视业、报刊出版业、软件业、广告业等均有着显著的竞争优势。当前，美国文化产业产值占本国 GDP 的比重高达 25% 左右，成为美国经济的重要支柱产业[38]。在长期发展过程中，美国文化产业创造了许多全球化的知名文化品牌，例如好莱坞商业大片、迪士尼等，这些品牌将美国文化或者文化元素持续地向全球其他国家输出，创造了巨大的商业价值和品牌影响力。受到文化资源、地理区位和科学技术等因素的综合影响，美国文化产业呈现出集群化发展趋势，目前已形成了“纳什维尔音乐产业集群”“洛杉矶影视产业集群”和“硅谷软件产业集群”。通过文化产业集群式发展，能够快速地聚拢文化产业相关技术、资金和人才资源，不断丰富和壮大文化产业市场经营主体，辐射和带动周边产业快速发展，从而建立起覆盖面广、功能完善的文化产业链。

在美国，文化产业又被称为版权产业（Copyright Industry），他们认为文化产品和服务在本质上具有文化属性，理应受到版权保护[38]。美国文化产业主要分为核心文化艺术生产、文化艺术辅助和文化生产以及其他产业三大部分，其中每一部分又包含若干细分领域。如表2-1所示，从2015年美国文化产业总产出情况来看，排名前五位的文化领域依次是批发及运输行业（2436662百万美元）、文化艺术辅助服务（1901286百万美元）、零售业（1640735百万美元）、信息服务（1111954百万美元）和设计服务（434785百万美元），而美术教育和博物馆两个行业产出数额相对较小。就文化产业增加值情况而言，2015年美国文化艺术辅助和文化生产增加值为4701972百美元，占本国文化产业总增加值的比重为26.1%，其中批发及运输行业、文化艺术辅助服务和零售业的增加值又处于本部分增加值的前三位。核心文化艺术生产增加值为527116百万美元，占本国文化产业增加值的比重仅为2.9%，有很大的提升空间。

表2-1 2015年美国文化产业发展情况统计

单位：百万美元、千人

产业	总产出	增加值	从业人员	劳动报酬
核心文化艺术生产	823683	527116	5205	375108
表演艺术	110974	60581	315	22123
博物馆	13358	5680	144	4532
设计服务	434785	299380	1718	207523
美术教育	13999	7790	119	7348
教育服务	250567	153684	2908	133582
文化艺术辅助和文化生产	7398496	4701972	43765	2763196
文化艺术辅助服务	1901286	1341053	14929	1108114
信息服务	1111954	644663	2221	245322
制造	197271	83132	965	58074
建筑	110587	49840	529	30595
批发及运输行业	2436662	1526501	9325	748261
零售行业	1640735	1056781	15797	572829
其他产业	23174844	12807561	98931	6565778
合计	31397023	18036648	147901	9704082

资料来源：《中国文化及相关产业统计年鉴（2018）》

在整个美国文化产业中，2015 年文化艺术辅助和文化生产领域从业人员为 43765 千人，核心文化艺术生产从业人员为 5205 千人，其他产业从业人员为 98931 千人，全部从业人员合计为 147901 千人。对比分析后发现，文化艺术辅助和文化生产领域从业人员数约为核心文化艺术生产领域从业人员数的 8 倍，而其他产业从业人员数超过全部从业人员数的一半以上。从劳动报酬统计分析情况来看，2015 年美国文化产业从业人员的年平均报酬为每人 6.56 万美元，核心文化艺术生产领域从业人员的年平均报酬为每人 7.2 万美元，高于其他产业从业人员年平均报酬（6.64 万美元 / 人）与文化艺术辅助和文化生产领域从业人员年平均报酬（6.31 万美元 / 人）。就细分行业来看，设计服务行业从业人员年平均报酬最高为 12.08 万美元 / 人，信息服务行业该指标数值排名紧随其后，为 11.05 万美元 / 人，而零售行业和博物馆业从业人员的年平均报酬相对较低，分别为 3.63 万美元 / 人和 3.15 万美元 / 人。

美国只有不到三百年的历史，文化资源不算丰富，然而美国文化产业却实现了持续快速发展，并居于世界领先地位。深入分析来看，美国文化产业成功的经验可归纳为以下三方面。

其一，市场主导型的文化产业发展模式。在美国文化产业发展过程中，市场对于文化产业资金、技术、管理方式配置等方面发挥着决定作用[38]。没有专门的政府文化机构或部门来制定文化产业发展规划或政策，通过减少政府部门的直接干预，充分发挥文化市场对于各类文化资源的高效配置，最终实现本国文化产业的快速发展与升级。

其二，完善的版权产业保护体系。美国政府弱化自身对于文化产业市场的职能管理，其关键在于本国已建立起完善的版权产业保护体系，从而确保文化产业市场能够健康、可持续发展。当前，美国已建立起包括《国家艺术及人文事业基金法》（1965 年）、《数字千年版权法》（1998 年）和《家庭娱乐和版权法》（2005 年）在内的多项版权产业保护法律，而且针对互联网和信息化发展趋势，不断完善现有法律体系。

其三，完整的文化产业链。文化产业具有高技术含量和高附加值的典型特征，除了文化产品和文化服务本身外，相关的衍生产品和增值服务也能为企业带来巨大经济效益。在成功的商业化运作下，美国完整的文化产业链包括创意生成、产品设计、生产制作、渠道营销和终端消费五个环节，每个环节中都包含很多的经营主体，并且随着产业分工和融合发展的不断推进，文化产业价值链不断纵向延伸和横向拓展，由此建立起美国覆盖全域、功能完善的文化产业链。

2.1.2 英国文化产业发展现状分析

20 世纪 90 年代以来，英国作为欧美发达国家创意产业发展的典型国度，是全球范围内首个提出创意产业理念的国家，也是首个凭借宏观经济调控政策驱动该国文化产业发展的发达国家[39]。英国政府于 1998 年 4 月发布的《英国创意产业路径文件》中，明确提出要为本国创意产业提供组织管理、资金支持、税收优惠和人才培养等一系列政策扶持。仅就税收政策方面，英国规定了关税、增值税、公司法人税、个人所得税、遗产和赠予税、印花税等税种中支持文化创意产业发展的具体内容，并取得显著性的税收激励效果。

英国文化产业增加值由 2012 年的 730.3 亿英镑增加至 2016 年的 918.3 亿英镑，五年间英国文化产业增加值增加了约 188 亿英镑，其文化产业增长率达到 25.7%（见表 2-2）。2012 年英国文化产业增加值占本国总增加值的比重为 4.9%，此后该项指标数值不断提高，到 2016 年该指标数值增加至 5.3%。2012 年英国信息技术、软件和计算机服务行业创造的增加值为 28865 百万英镑，居于首位；电影、电视、视频、广播和摄影行业增加值排第二位，出版行业增加值排名第三位；广告和营销行业共创造增加值 77.9 亿英镑，排名第四位；排名第五位的是音乐、表演艺术和视觉艺术，共实现增加值 61.1 亿英镑。

表 2-2　2012—2016 年英国文化产业增加值基本情况统计

单位：百万英镑

类别	2012 年	2013 年	2014 年	2015 年	2016 年
广告和营销	7793	9236	9956	10721	12312

续表

类别	2012 年	2013 年	2014 年	2015 年	2016 年
建筑设计	3040	2987	3466	3368	4203
工艺品	283	213	435	407	421
产品、图表和时尚设计	2533	2676	2643	2576	3537
电影、电视、视频、广播和摄影	12998	13112	13266	15880	15361
信息技术、软件和计算机服务	28865	30619	33094	34733	34704
出版	10178	10088	10311	10122	11622
音乐、表演艺术和视觉艺术	6107	7522	7175	8457	8237
文化产业合计	73033	77885	81625	87350	91828
文化产业增加值占总增加值的比重	4.9%	5.0%	5.0%	5.3%	5.3%

资料来源：《中国文化及相关产业统计年鉴（2018）》

到 2016 年，英国文化产业增加值排名前五位的细分行业依次是信息技术、软件和计算机服务行业（347 亿英镑），电影、电视、视频、广播和摄影行业（153.6 亿英镑），广告和营销业（123 亿英镑），出版业（116.2 亿英镑）以及音乐、表演艺术和视觉艺术（82.4 亿英镑）。由此可见，信息技术与软件服务、广告与营销、影视与广播、出版以及音乐表演等行业是英国文化产业中的重点发展领域。2012—2016 年五年间，英国的广告与营销行业发展迅速，其产业增加值排名由 2012 年的第 4 位提升到 2016 年的第 3 位；相比之下，受信息技术与互联网传媒冲击的影响，出版业增加值排名则由 2012 年的第 3 位下降至 2016 年的第 4 位。

英国创意产业实现快速发展的关键原因有三个：一是健全的三级文化管理体制。通过多年的文化产业发展实践，英国已建立起由政府、社会组织、基层单位共同组成的大文化管理系统，该系统高效地管理文化领域相关事项[40]。二是强有力的税收扶持与激励政策。英国税收优惠政策几乎覆盖本国整个文化创意产业，对本国文化企业的经营行为采取税前优惠和经营结果重点支持相结合的做法，并对一些特殊行业（如报纸、期刊和图书）免收增值税，从而极大地提高了英国文化创意企业的经营活力。三是注重社会文化力量的参与。英国政府十分重视发展社会文化组织和中小文化企业，英国国家艺术理事会、电影协会等社会组织在为政府部门提供文化政策咨询、设计方面发挥着不可忽视的作用。同时，中小文化创意企业积极参与支撑本国文化创意产业发展，并在带动就业方面发挥着积极的作用。

2.1.3 日本文化产业发展现状分析

日本，作为一个资源并不丰富甚至是较为匮乏的岛国来说，其文化产业却在本国经济发展中占有重要地位，并取得了巨大的发展成就[41]。当前，日本文化产业产值占其 GDP 的比重超过 20%，超越钢铁产业，成为日本国内的三大支柱产业之一。日本的动漫、游戏、出版三个行业在全球范围内处于领先地位，塑造了大量经典的卡通形象和角色，并将其大量地输出到世界其他国家，创造了巨大的商业价值。同美国一样，日本文化产业也属于市场导向型发展模式，是以强大的漫画设计能力为基础，通过层层的市场筛选机制和合作机制，形成了从企划到制作再到销售，分工明确、协作推进的完整产业链条[42]。高度的市场化运作和产业分工给日本文化产业市场增添了强劲的发展活力，同时也开拓出广阔的发展空间。

目前，国内关于日本文化产业发展现状的最新统计数据很少，而且大多是零碎不完整的统计数据，这对于全面、客观地分析日本文化产业发展现状带来较大困难。在国家统计局发布的《中国文化及相关产业统计年鉴（2018）》中，能够查到的关于日本文化产业发展状况统计数据的最新年份是 2011 年。接下来，本书将以 2011 年日本文化产业发展统计数据为基础展开分析。如表 2-3 所示，2011 年日本拥有创意产业企业数 178 千家，创意产业从业人员数 2053.2 千人，其中创意企业数占全国企业总数的比重为 3.1%，创意产业从业人员数占日本劳动人员的比重为 3.68%。在创意产业中，创意产业 - 制造业拥有企业数 534 千家，从业人员数 456.4 千人，创意产业 - 服务业拥有企业数 124.6 千家，从业人员数

1596.8 千人。在创意产业 - 制造业中，企业数量规模排在前四位的行业分别是纤维和服装（32.2 千家）、家具（7.2 千家）、皮革制品（2.8 千家）和玩具（2.4 千家）。从业人员总量排在前四位的行业分别是纤维和服装（293.4 千人）、家具（60.2 千人）、玩具（22.8 千人）和餐具（19.3 千人）。

表 2-3 2011 年日本创意产业发展情况统计

类别		企业数量（千家）	从业人员数量（千人）
全国企业数		5768.5	55838.3
创意产业企业数		178.0	2053.2
创意产业 - 制造业	纤维和服装	32.2	293.4
	家具	7.2	60.2
	皮革制品	2.8	18.6
	餐具	1.5	19.3
	玩具	2.4	22.8
	首饰	1.4	8.1
	文具	0.4	10.1
创意产业 - 服务业	软件和计算机服务	25.4	795.4
	广告	10.5	128.0
	出版	7.0	117.0
	建筑	46.7	294.2
	电视和收音机	2.2	68.1
	音乐视频	20.0	83.0
	电影	3.0	49.1
	表演艺术	2.0	28.0
	设计	7.0	32.7
	艺术	0.6	1.2

资料来源：《中国文化及相关产业统计年鉴（2018）》

在创意产业 - 服务业中，企业数量规模排在前六位的行业分别是建筑（46.7 千家）、软件和计算机服务（25.4 千家）、音乐视频（20.0 千家）、广告（10.5 千家）、出版（7.0 千家）和设计（7.0 千家）。从业人员总量排在前五位的行业分别是软件和计算机服务（795.4 千人）、建筑（294.2 千人）、广告（128.0 千人）、出版（117.0 千人）、音乐视频（83.0 千人）。不难看出，日本创意产业 - 服务业的规模要大于创意产业 - 制造业的规模，其中，文化创意服务企业的数量是文化创意制造企业数量的 2.33 倍，而文化创意服务业的从业人员数是文化创意制造业从业人员数的 3.5 倍。随着互联网和信息技术的飞速发展，文化创意服务业还将产生更多的新业态和新的增长点，日本的文化服务业也将迎来更大的发展空间。

日本文化产业的成功得益于三个方面：一是强大的设计与制作加工能力。动漫是日本文化产业成功的典型代表，其在内容、剧情和技术设计上都精益求精，倡导“匠心精神”，因而受到全球动漫爱好者的持续追捧。二是健全的文化产业协作体系。文化产业链由若干环节组成，每一环节上都有很多的文化企业参与其中，上下环节间文化企业相互协作甚至是达成战略联盟，以此来提升文化产业链的整体竞争力。日本将漫画、动画产业、Games 和日本电影业等形成一连串的文化产业链，并以动漫博物馆为中心建立起动漫产业集聚区，由此搭建起成熟稳定的文化产业协作体系，推动日本文化产业持续高速发展。三是强化版权保护。为了更好地保护原创动漫产品不被侵权，日本成立了内容产品海外流通促进机构（简称 CODA），并从立法、技术、机构、合作等多个层面推进，全力打击盗版、促进正版正常流通 [42]。

2.1.4 韩国文化产业发展现状分析

韩国仅有近 10 万平方公里的国土面积，自然资源匮乏，人口约 5062 万人，国内市场相对狭小。在此背景下，韩国政府大力发展以“新知识、新信息、新技术”为特征的文化产业，并推行“出口导向型”文化产业政策，促进韩国文化产业跨越式发展，成功地完成了本国经济发展方式的转型[43]。韩国将文化产业定位于基干产业，目前文化产业产值占其GDP的比重高达15%，并形成了影视、动漫、游戏、音乐等多个优势领域，大大提升了韩国的文化软实力和国际影响力。据2018年“彭博创新指数”显示，韩国在国家创新力七项综合指标的评比中以89.28的高分位居世界第一。

根据韩国文化产业振兴院（KOCCA）发布的统计信息显示，2009—2018年十年间韩国内容产业的年销售额由67万亿韩元增加至119万亿韩元，增幅超过77.6%。其中，2018年出版销售额为21.05万亿韩元，占比为17.69%；广播电视销售额为19.2万亿韩元，占比为16.13%；广告销售额为17.2万亿韩元，占比为14.45%。从销售额同比增长速度来看，2018年除了动漫下降了1.9%之外，音乐同比增长了11.9%，知识信息和漫画分别同比增长了9.7%和7%，而广播电视和游戏分别同比增长了6.3%和6%，表现出良好的增长势头。

过去十年间韩国内容产业的出口额由26亿美元增加至75亿美元，增加了1.88倍。2018年韩国整体内容产品出口额为75亿美元，同比增加8.8%。其中，音乐内容出口额占比为6.7%，同比增加11.9%，并且70%以上的音乐内容出口额集中在中国、日本和东南亚市场，增长速度较快。2009—2018年十年间，KOCCA将超过预算的80%用来支持内容产业的发展，可见韩国政府部门对于发展本国文化产业尤为重视。

2018年韩国文化内容产业从事人员为65.36万人，同比增长1.4%。综合文化企业数量、从业人员数量和销售额三个指标，2018年韩国文化产业中细分行业规模排名前五位的分别是音乐、游戏、出版、广播以及广告。从产业集中程度来看，2018年韩国文化产业中广播、人物形象、文化产业解决方案以及广告等领域的集中度水平较高，这4个行业中平均每家企业的年销售额依次是1232.28万美元、535.04万美元、404.33万美元和390.94万美元，而行业集中度较低的领域有出版、游戏、音乐和漫画，这4个行业中平均每家企业的年销售额依次是170.14万美元、153.48万美元、69.55万美元和47.6万美元。

由此可见，韩国文化产业在广播、广告等传统行业方面有着较强的竞争力，而其音乐、游戏和动漫方面较为分散，有待进一步整合与提升。就文化产业进出口情况而言，韩国文化产业属于典型的贸易顺差，呈现出口导向型发展态势。具体来看，除了在出版、电影和广告三个领域处于贸易逆差外，其他领域均是出口额大于进口额，尤其是知识信息和文化产业解决方案两个行业属于绝对的贸易顺差，该行业输出额远大于输入额，可见韩国在文化产业出口方面都有着很高的产品或服务附加值，竞争力较强。

韩国虽然国内市场狭小，然而其凭借出口导向型发展战略，依托资本化运作，有效地整合全球范围内的创意、设计、生产和渠道等资源，建立起全球文化产业链条，从而支撑本国高技术含量、高附加值文化产品的创作与出口。为了支持韩国文化产品和服务向全球其他国家输出，韩国政府还出台了积极的扶持政策，从产品创意、设计到商业推广都给予了高额的资助，充分释放了本国文化产业市场的强大活力。另外，韩国政府非常重视文化产业专业人才的培养，这在很大程度上保证了韩国文化产业的持续繁荣发展。2014 年，据英国培生集团（PEARSON）的调查显示，韩国综合教育水平位居世界第一。在政策上，韩国于 2012 年实施了《内容产业专门人才培养中长期计划》；在机构上，2016 年韩国在首尔成立了旨在培养文化产品专业人才的文化创造学院，以此来增强本国内容产业的全球竞争力[43]。

2.2 美、英、日、韩文化产业发展比较分析

通过上述对 4 个国家文化产业发展现状及成功经验的深入分析，本书梳理总结了美、英、日、韩四国对于文化产业的定位、核心产业、支撑（管理）部门、相关的法律与政策以及成功经验等内容，并作出比较分析（见表 2-4）。

不难看出，美、英、日、韩四国均将文化产业作为本国的支柱产业或者基干产业，可见四国对于文化产业非常重视。从文化产业产值占 GDP 的比重来看，美国最高，为 25%，日本、韩国分别为 20% 和 15%，英国为 5.5%。4 个国家的文化产业产值占比均在 5% 以上，其中又有 3 个国家超过了 15%，表明文化产业

对于该国经济增长有很大贡献。就核心产业而言，美国的核心产业有电影、广播电视、出版、软件，英国的核心产业有电影、电视、视频、广播、出版、音乐和表演，日本的核心产业包括动漫、游戏、出版，韩国的核心产业有影视、动漫、游戏和音乐。对比后可知，4 个国家的核心产业基本上都包括了电影、电视和出版产业，并且动漫、游戏日益重要。

表 2-4 美、英、日、韩四国文化产业发展比较分析

国家	产业定位	核心产业	支撑部门	相关法律与政策	成功经验
美国	支柱产业（占美国 GDP 的 25%）	电影、广播电视、出版、软件	商务部，国家艺术基金会与国家人文基金会	《国家艺术及人文事业基金法》（1965）、《数字千年版权法》（1998）、《家庭娱乐和版权法》（2005）	市场主导型的产业发展模式；完善的版权产业保护体系；推进产业集群式发展
英国	支柱产业（占英国 GDP 的 5.52%）	电影、电视、视频、广播、出版业、音乐、表演	文化、媒体和体育部，英国国家艺术理事会，电影协会等	《安妮法令》《版权法》《创意产业路径文件》	充分挖掘社会文化资源，发挥社会组织作用；完善的税收调控政策
日本	支柱产业（占日本 GDP 的 20%）	动漫、游戏、出版	经济产业省，文部科学省，CODA（内容产品海外流通促进机构）等	《著作权法》《新成长战略——实现辉煌的日本》《文化艺术振兴基本法》	注重内容创作，推进技术创新和文化创新；大力拓展文化产品（衍生品），壮大文化产业链
韩国	基干产业（占韩国 GDP 的 15%）	影视、动漫、游戏、音乐	文化产业振兴院，电影振兴委员会，韩国设计振兴院，韩国专利信息院等	《文化产业基本法》（1999）、《内容产业振兴法》（2002）、《音乐产业振兴相关法律》（2006）、《游戏产业振兴相关法》（2006）、《因特网多媒体放送事业法》（2008）	“出口导向型”文化产业政策；政府各职能部门联合协作；加强文化产业专门人才培养

资料来源：基于相关文献资料的整理和分析

为了促进本国文化产业快速发展，美、英、日、韩四国都成立了相应的支撑（管理）部门，如美国的国家艺术基金会与国家人文基金会，英国的文化、媒体和体育部，日本的经济产业省和文部科学省以及韩国的文化产业振兴院。同时，上述四国都配合出台了相关法律与政策，如美国 2005 年发布的《家庭娱乐和版权法》，英国出台的《安妮法令》和《版权法》，日本发布的《文化艺术振兴基本法》和韩国 2008 年出台的《因特网、多媒体放送事业法》。四国政府都出台了积极的文化产业扶持政策，为本国文化企业创新发展给予税收优惠，大力支持本国文化企业及文化产品走出国门，同时在文化产业人才培养和版权保护方面做了大量的工作。

2.3 美、英、日、韩文化产业发展对河北的借鉴与启示

通过上述对于美、英、日、韩四国文化产业发展现状的深入剖析，以及从四国文化产业定位、核心产业培育、职能机构建设、产业政策支持等方面的比较分析，能够发现各国文化产业在过去发展过程中都形成了鲜明的特色与模式，建立起较为显著的竞争优势。虽然美、英、日、韩四国文化产业发展的特色、模式与路径各不相同，然而四国也有很多共同之处，值得河北省文化产业去借鉴与参考。

2.3.1 本国政府的职能定位清晰，创造优良的文化产业发展环境

美国和日本执行的都是市场主导型的文化产业发展政策，两国政府充分发挥文化产业市场对于资源配置的关键作用，尽量减少政府部门的直接干预，从而创造宽松的产业发展环境。英国政府则非常重视文化产业市场的宏观调控，通过各种优惠的税收激励政策和相对健全的文化产业法律体系来保证本国文化产业的持续快速发展。韩国政府实行的是出口导向型文化产业发展政策，通过资本运作来有效整合文化产业链上的相关资源，并出台积极的税收政策和产业人才培养计划，从而有力地支撑本国文化产品及服务向全球输出，增强韩国文化产业竞争力。由此可见，四国政府对于自身的职能定位都非常清晰，并且采用多种手段来构建良好的文化产业发展软环境。当前，河北省正在大力贯彻实施“文化强省”战略，河北省文化产业发展迎来重要机遇。河北省应进一步明确政府部门在文化产业市场的职能定位，通过制定科学、合理的文化产业发展

规划，出台优惠的税收激励政策，大力扶植本土龙头文化企业，培育小微文化企业，充分释放河北省文化产业市场的内生活力，并扩大与其他区域的交流与合作，争取更广阔的发展空间。

2.3.2 注重内容创作与产品创新，构建功能完整的文化产业链

美国将文化产业界定为版权产业，英国定位于创意产业，而日本和韩国将之称为内容产业。文化产业具有高技术含量、高附加值的典型特征，而这些是基于精良的内容创作和产品创新，蕴含着很高的知识价值和创意设计水平，因而美国尤为重视文化产业知识产权的立法与保护，英国、日本和韩国特别重视文化产品的创意、设计和创新。为此，四国政府在文化产品内容和技术设计上都精益求精，倡导匠心精神，并有效运用各种现代化制作技术，来增强产品的技术含量和附加值。与此同时，四国政府都非常重视本国核心文化产业链的构建，从产品创意、设计、生产加工到商业推广，均有专门的机构和人员去参与运作，分工明确，从而大幅提升本国核心文化产业的整体竞争力。河北省传统文化资源丰富，积淀深厚，然而在内容创作和产品创新方面仍有很大的提升空间，更需要与现代化技术和其他领域有机融合。另外，应加强河北省文化产业分工、机构建设和专业人才培养等方面的规划与建设，并投入更多的资源来逐步建立起功能完善、特色显著的文化产业链。

2.3.3 充分挖掘社会文化资源，发挥社会组织作用

文化资源是各国文化产业发展的重要基础，美、英、日、韩四国通过持续地挖掘本国乃至国外的社会文化资源，对之加以精细化开发和创新应用，来增强其文化产业发展的内生活力。美国历史相对较短，其文化资源不够丰富，然而美国却善于汲取他国的优秀文化素材，并在其中融入一些创新要素，开发出如《木兰从军》《宝莲灯》等具有美国特色的文化作品。英国有很多古老又极具创意的建筑物，政府部门将其打造为文化产业街区，巧妙地融入英国的社会文化，成为本国文化产业发展的重要根基。日、韩两国尤为重视社会文化资源的保护与开发，

并开发出了一系列具有本国特色的文化产品与文化服务，广泛地输出到全球其他国家，大大提升了本国文化的影响力和知名度。河北省有着深厚的传统文化积淀，在国内外也具有一定的影响力，河北省应充分发挥自身具有的文化资源优势，进行社会文化资源的深度开发，并与科技、金融等领域充分有机结合，打通文化资源到商业化运作、国际化推广之间的路径。此外，河北省应充分发挥社会组织的积极作用，包括文化产业协会、文化中介机构、文化教育和培训机构。

2.4 世界创意产品进出口情况统计分析

全球文化创意产业增速高于同期全球货物贸易和服务贸易增速，文化创意产业的高速发展推动了相关行业协同发展，一定程度上调整了产业结构、传播了本国文化价值观，成为产业结构调整的新动力和文化走出去的重要载体 [44]。根据联合国贸易和发展会议对文化创意产业（Creative Economy）的界定，将文化创意产业划分为创意产品和创意服务两大类，再进一步可细分为设计、工艺品、视觉艺术、出版、新媒体、表演艺术、视听产品共 7 个子类别，包括 25 个子类目下的 195 个六位数商品编码（HS2007 版）。

透过表 2-5 可知，2015 年世界创意产品出口总额合计为 5097.5 亿美元，从 2010 年起的六年间平均增长速度为 21.2%，增幅显著。就细分领域来看，2015 年世界创意产品出口额排名前四位的行业依次是设计产品（3182.2 亿美元，占比 62.4%）、视觉艺术（537.0 亿美元，占比 10.5%）、新媒体（421.9 亿美元，占比 8.3%）和工艺品（357.2 亿美元，占比 7.0%），表演艺术出口额仅为 43.9 亿美元，占比不到 1%。2010—2015 年六年间，视觉艺术出口的平均增长速度最高为 102.3%，遥遥领先其他行业；设计产品行业出口的平均增长速度为 32.3%，排名第 2 位；工艺品和新媒体出口的增长速度分别为 13% 和 4.3%，相对缓慢。对比之下，音像产品、出版和表演艺术 3 个行业出口额在六年间出现了负增长，尤其是音像产品行业平均增长速度为 -38.4%，降幅很大。深入分析来看，在世界创意产品出口方面，设计产品、视觉艺术等新兴行业出口额占比较大，且增长速度快，表明全球对于该领域产品和服务需求大，有着巨大的发展空间。然而，随着互联网技术、信息技术以及新媒体的快速发展，传统的音像产品、出版和表演艺术等行业受到较大冲击，出现了出口负增长，这是全球文化产业结构调整的结果，也必将驱动相关领域的文化企业转型和创新发展。

表 2-5 2015 年世界创意产品进出口情况统计

单位：亿美元，%

类别	出口情况			进口情况		
	2015 年出口额	占比	2010—2015 年平均增长速度	2015 年进口额	占比	2010—2015 年平均增长速度
工艺品	357.2	7.0	13	284.5	6.3	0.8
音像产品	218.8	4.3	-38.4	214.8	4.7	-39.6
设计产品	3182.2	62.4	32.3	2676.9	58.9	14.6
新媒体	421.9	8.3	4.3	471.5	10.4	-7.5
表演艺术	43.9	0.9	-5.3	47.3	1.0	-5.1
出版	336.6	6.6	-16.8	323.2	7.1	-22.2
视觉艺术	537.0	10.5	102.3	525.8	11.6	109
合计	5097.5	100.0	21.2	4544.0	100.0	8.2

资料来源：《中国文化及相关产业统计年鉴（2018）》

就世界创意产品进口情况来看，2015 年世界创意产品进口总额合计为 4544 亿美元，从 2010 年起的六年间平均增长速度为 8.2%，不到世界创意产品出口总额平均增速的一半。2015 年世界创意产品进口额排名前四位的行业依次是设计产品（2676.9 亿美元，占比 58.9%）、视觉艺术（525.8 亿美元，占比 11.6%）、新媒体（471.5 亿美元，占比 10.4%）和出版（323.2 亿美元，占比 7.1%）。其中，表演艺术进口额为 47.3 亿美元，占比仅为 1%。2010—2015 年六年间，视觉艺术进口的平均增长速度最高为 109%，远远领先其他行业；设计产品行业的平均增长速度为 14.6%，排名第 2 位；工艺品行业进口增长速度仅为 0.8%，增长非常缓慢。除此之外，音像产品、出版、新媒体和表演艺术 4 个行业在六年间均出现了进口负增长，尤其是音像制品和出版行业，平均增长速度分别为 -39.6% 和 -22.2%，出现较大降幅。就全球范围来看，世界创意产品的出口和进口总体上应维持在一个平衡状态。对比全球文化创意产品出口和进口数据后不难发现，设计产品、视觉艺术和新媒体 3 个行业的出口额和进口额都处于领先水平，且 3 个行业的增长速度均较快；对比之下，传统的音像制品、出版和表演艺术等行业的出口额和进口额相对不高，且均出现一定负增长，行业发展面临严峻的挑战和威胁。当前，全球经济一体化加快发展，国与国之间的文化产业贸易往来日益频繁。中国应持续推动传统文化产业转型升级，加快发展新兴文化产业，大幅提高文化产品的技术含量和附加值，从而提高我国文化产业在国际分工与国际贸易中的地位和话语权。

2.5 世界版权产业发展情况统计分析

当今人类社会已经进入依靠智力成果来推动社会和经济发展的新阶段，包括版权在内的知识产权制度已经超越国界，成为各国面临的机遇和挑战[45]。作为版权制度工作成效的直接体现，版权产业是知识经济的重要支柱和组成部分，其发展水平被国际社会认为是衡量一个国家或地区创新能力的基本标尺[46]。

如表 2-6 所示，本书主要统计了澳大利亚、加拿大、芬兰、韩国、马来西亚、墨西哥、俄罗斯、新加坡、南非、美国十个国家版权产业增加值以及从业人员情况。由于在《中国文化及相关产业统计年鉴（2018）》中，上述十个国家文化产业发展情况统计年度不同，且最新数据是截至 2016 年和 2014 年，因此对其进行分年度统计分析。从 2016 年各国文化产业发展情况来看，韩国的版权产业增加值占 GDP 的比重排名第 1 名，为 9.9%；澳大利亚以 7.4% 的比重排名第 2 名；马来西亚和加拿大分别排名第 3 名和第 4 名，其版权产业增加值占 GDP 的比重分别为 5.7% 和 5.4%；10 个统计国家中版权产业增加值占比处于后两位的是墨西哥（4.8%）和芬兰（4.7%）。2014 年美国版权产业增加值占 GDP 的比重为 11.3%，在该年度 4 个统计国家中其指标数值最高，俄罗斯和新加坡的版权产业增加值占本国 GDP 的比重分别为 6.1% 和 6.2%，基本持平，处于居中水平；南非的版权产业增加值占 GDP 的比重仅为 4.1%，在十个国家中处于最后一名。

表 2-6 部分国家版权产业发展情况统计

国家	年份	版权产业增加值占GDP的比重（%）	版权产业从业人员占从业总人员数的比重（%）
澳大利亚	2016	7.40	8.60
加拿大	2016	5.40	5.60
芬兰	2016	4.70	5.10
韩国	2016	9.90	6.20
马来西亚	2016	5.70	7.50
墨西哥	2016	4.80	11.00
俄罗斯	2014	6.10	7.30
新加坡	2014	6.20	6.20
南非	2014	4.10	4.10
美国	2014	11.30	8.40

资料来源：《中国文化及相关产业统计年鉴（2018）》

就版权产业从业人员统计情况来看，2016 年墨西哥的版权产业从业人员占从业总人员数的比重为 11%，在该年度统计的六个国家中处于第 1 位，而且是指标数值唯一超过 10% 的国家。其余五国中，按照版权产业从业人员占从业总人员数的比重由高到低的依次顺序是澳大利亚（8.6%）、马来西亚（7.5%）、韩国（6.2%）、加拿大（5.6%）和芬兰（5.1%）。从 2014 年的版权产业从业人员占从业总人员数的比重统计情况来看，美国为 8.4%，排名居首位，接下来分别是俄罗斯（7.3%）、新加坡（6.2%）、南非（4.1%）。整体来看，版权产业增加值占 GDP 的比重和版权产业从业人员占从业总人员数的比重两项指标数值具有较强的正相关性，即当一国版权产业增加值对于本国 GDP 的贡献较高时，其版权产业从业人员占本国从业总人员数的比重也相对较高，澳大利亚、韩国、俄罗斯和美国皆是这种情况。墨西哥是个例外，其版权产业增加值占 GDP 的比重仅为 4.8%，然而墨西哥的版权产业从业人员占从业总人员数的比重却高达 11%，这说明墨西哥版权产业从业人员的平均劳动生产率较低。

第3章
河北省文化产业资源基础与升级环境分析

本章首先从文化产业规模、文化产业结构和文化产业经济效益三方面介绍了河北省文化产业发展概况。其次，从传统文化及民俗资源、文化产业园区建设以及拥有公共图书馆藏资源情况来阐述河北省文化产业发展资源基础。在此基础上，围绕群众文化机构与文化设施建设、文化事业经费财政支出和文化事业建设与固定资产投资三方面，深入剖析河北省文化产业升级环境，并对全省11个地市的产业发展环境作进一步分析。最后，论述了河北省文化产业创新发展与升级存在的主要问题：一是产业总体规模偏小，整体竞争力不足；二是文化产业结构不合理，产业发展布局不均衡；三是文化产业人才匮乏，创新发展动力不足。

3.1 河北省文化产业发展概况

3.1.1 文化产业规模

2008 年河北省文化及相关产业增加值为 385 亿元，占全省 GDP 的比重为 2.38%；到 2017 年河北省文化及相关产业增加值增加至 1101.3 亿元，占河北省 GDP 的比重为 3.24%（见图 3-1）。2008—2017 年十年间河北省文化及相关产业增加值增长了 716.3 亿元，年均增速接近 18.61%，十年间河北省文化及相关产业增加值占全省 GDP 的比重提高了 0.86 个百分点。在中国人民大学 2017 年发布的“中国省市文化产业发展指数”排名中，河北省文化产业发展综合指数入列全国前十位，河北省在经济影响和社会影响方面均有较大提升。

图 3-1 2008—2017 年河北省文化及相关产业增加值

资料来源：《中国文化及相关产业统计年鉴（2009-2018）》

河北省文化产业发展“十三五”规划明确提出，力争到 2020 年年底全省文化产业增加值达到 2000 亿元左右，占河北省 GDP 的比重超过 5%，成为国民经济支柱性产业。当前，随着文化体制改革不断深化，河北省 500 多家出版发行、电影、文艺院团、新闻网站和非时政类报刊等单位完成了转企改制，国有文化企业发展进入快车道；同时，民营资本进入文化产业的态势抢眼，曲阳雕塑文化产业园区、承德鼎盛王朝文化演艺区等民营投资项目均已建成并投入使用，民营文化企业正逐步成为河北省文化产业发展的重要力量；龙头骨干文化企业队伍不断壮大，河北出版传媒集团、河北金音乐器集团、河北青竹美术颜料有限公司、保定古城香业集团等一大批文化企业逐步成为全省文化产业的领军企业，带动作用日益显现[47]。

3.1.2 文化产业结构

从产业收入构成情况来看，如图 3-2 所示，2017 年河北省文化及相关产业企业共实现营业收入 2232.80 亿元，其中文化制造业企业营业收入 1176.47 亿元，占比为 52.69%；文化批发和零售业企业营业收入 456.79 亿元，占比为 20.46%；文化服务业企业营业收入 599.54 亿元，占比为 26.85%。在河北省文化制造业中，年收入在 2000 万元以上的文化制造业企业营业收入 851.52 亿元，年收入在 2000 万元以下的文化制造业企业营业收入 324.95 亿元；在文化批发和零售业中，年收入在 2000 万元以上的文化批发和零售业企业营业收入 189.01 亿元，年收入在 500 万元以下的文化批发和零售业企业营业收入 267.78 亿元；在文化服务业中，从业人员在 50 人以上的文化服务业企业营业收入 190.48 亿元，从业人员在 50 人以下的文化服务业企业营业收入 409.06 亿元。

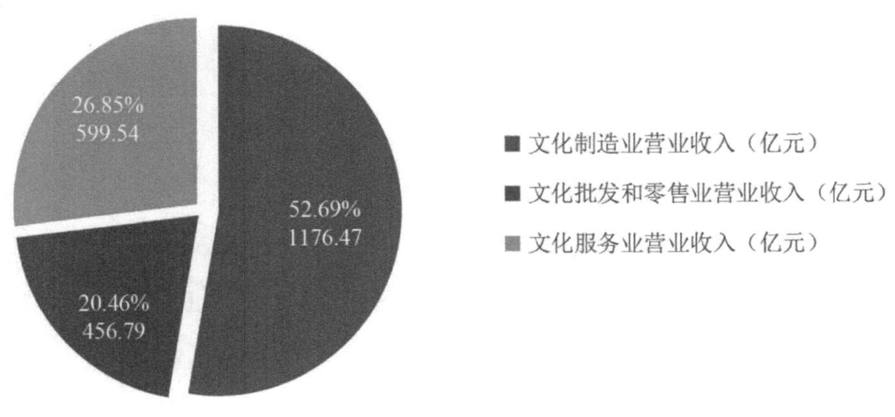

图 3-2 2017 年河北省文化产业收入结构

资料来源：《中国文化及相关产业统计年鉴（2018）》

就产业产值结构而言，当前河北省“文化用品生产”“工艺美术品生产”“文化产品生产的辅助生产”等传统文化制造业占全省文化产业增加值的 50% 以上，所占比重较高；“文化创意和设计服务”“文化休闲娱乐服务”和“文化信息传输服务”等新兴产业占比不足 30%，整体规模较小；“广播电视电影服务”“新闻出版发行服务”和“文化艺术服务”等主导产业贡献率偏低，不足 15%。河北省文化产业发展“十三五”规划提出，经过“十三五”期间的调整引导，河北省的文化创意设计、动漫游戏、文化信息传输等新兴文化产业彰显活力，与全国先进地区的差距缩小，在全省文化产业中的占比达到 35% 以上；新闻出版发行服务、广播电视电影服务、文化艺术服务等主导产业着力增大产值、做大市场，对全省文化产业的贡献率达到 20% 以上；工艺美术品生产、文化用品生产、文化专用设备的生产等传统文化制造产业进一步调整存量、扩大增量，占全省文化产业比重 45% 左右 [47]。

3.1.3 文化产业经济效益

2017 年河北省规模以上文化及相关产业企业年末从业人员数为 19.05 万人，资产总计为 1623.35 亿元，营业收入为 1231.01 亿元，实现营业利润和利润总额分别为 70.47 亿元和 74.86 亿元，应交增值税为 24.26 亿元。经过计算可知，2017 年河北省规模以上文化及相关产业企业人均营业收入为 64.62 万元 / 人，共实现净利润 50.60 亿元，净资产收益率达到 3.12%。一方面，河北省文化产业规模在逐年扩大，投入力度不断增强，经济贡献率逐年提升；另一方面，与发达省份相比，河北省文化产业投入仍有一定差距，并且文化产业投入产出转化率较低，产业结构偏重于基础性投入和经济型产出 [48]。为此，河北省文化产业在后续发展过程中，应不断优化产业结构，提升资源配置效率，提高文化产业整体经济效益和市场竞争力。

3.2 河北省文化产业发展资源基础

3.2.1 传统文化及民俗资源

河北省历史悠久，文化积淀深厚，有着丰富的传统文化及民俗资源，同时河北省的民间文化项目也异常丰富。目前，河北省共有149项国家级非物质文化遗产，是非物质文化遗产资源大省。在河北省国家级代表性项目中，共有5项民间文学，23项传统音乐，10项传统舞蹈，34项传统戏剧，8项曲艺，23项传统体育、游艺与杂技，14项传统美术，16项传统技艺，3项传统医药和13项民俗项目，几乎覆盖全部传统文化领域。具体见图3-3。

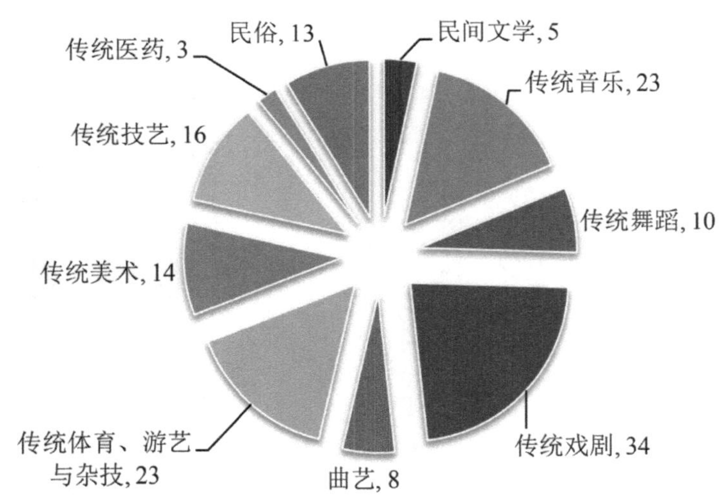

图3-3 河北省国家级非物质文化遗产分布领域

资料来源：参考河北非物质文化遗产保护网（http://www.hebfwzwhyc.cn/）整理形成

从河北省各地市层面来看，石家庄市共有119项文化保护项目，主要包括常山战鼓、井陉拉花、石家庄丝弦、藁城宫灯等；承德市共有42项文化保护项目，包括丰宁剪纸、契丹始祖等；张家口市共有36项文化保护项目，包括涿鹿三祖文化、蔚县剪纸、竹林寺寺庙音乐等；秦皇岛市共有29项文化保护项目，包括昌黎地秧歌、抚宁鼓吹乐、孟姜女庙会等；唐山市共有34项文化保护项目，包括乐亭皮影戏、乐亭大鼓、玉田剪纸等；廊坊市共有75项文化保护项目，包括屈家营音乐会、高桥音乐会、胜芳音乐会等；保定市共有 86 项文化保护项目，包括哈哈腔、徐水舞狮、高洛音乐会等；沧州市共有 90 项文化保护项目，包括吴桥杂技、西河大鼓、沧州武术、河间歌诗等；衡水市共有 23 项文化保护项目，包括武强木版年画、定制内画肖像等；邢台市共有 59 项文化保护项目，包括邢台梅花拳、沙河藤牌阵、广宗太平道乐等；邯郸市共有 92 项文化保护项目，包括磁州窑烧制技艺、冀南皮影戏、杨氏太极拳等。具体见图 3-4。这些项目基本上代表了河北省非物质文化遗产的种类和特色，有突出的历史、文化和科学价值，有较高知名度。

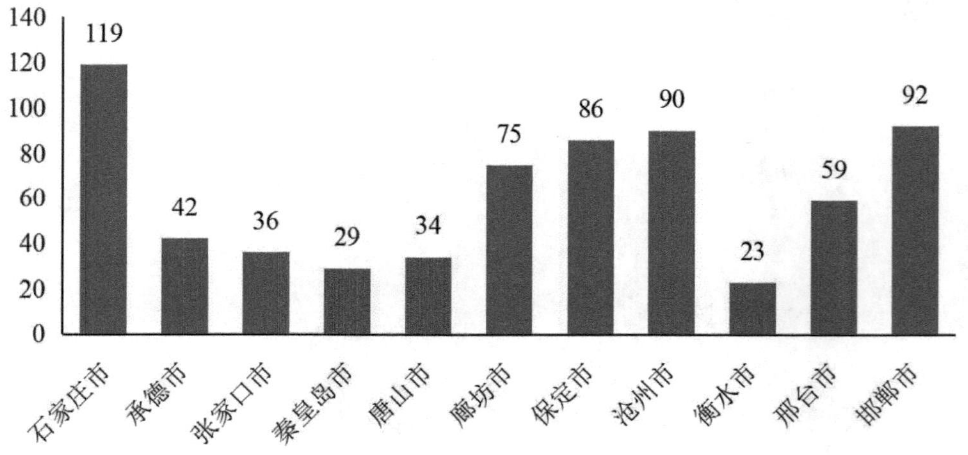

图 3-4 河北省各地市文化保护项目数量统计

资料来源：参考河北非物质文化遗产保护网（http://www.hebfwzwhyc.cn/）整理形成

3.2.2 文化产业园区建设

文化产业园区具有政策落地、项目孵化、投资管理、产权交易和后勤服务等多种功能，是各地区发展文化产业的重要抓手，在区域经济发展、文化资源活化、文化创新创业、人才教育和培训、文化消费和城市品牌推广六个方面发挥着重要的功能性作用。近年来，河北省非常重视文化产业园区的规划与建设，目前已开工建设和投入运营的共计有 29 个文化产业园区。其中，石家庄市有 3 个，秦皇岛市有 3 个，承德市有 1 个，张家口市有 3 个，唐山市有 4 个，廊坊市有 1 个，保定市有3个，沧州市有3个，衡水市有1个，邢台市有4个，邯郸市有3个。具体见图3-5。从文化产业园区数量来看，唐山、邢台两市的园区数量最多，均为4个；承德、廊坊和衡水市的园区数量相对较少，均只有1个。从文化产业园区提供的主要产品与服务来看，包括了动漫、影视、软件开发、文化休闲娱乐和文化产品设计、加工生产等多项内容。

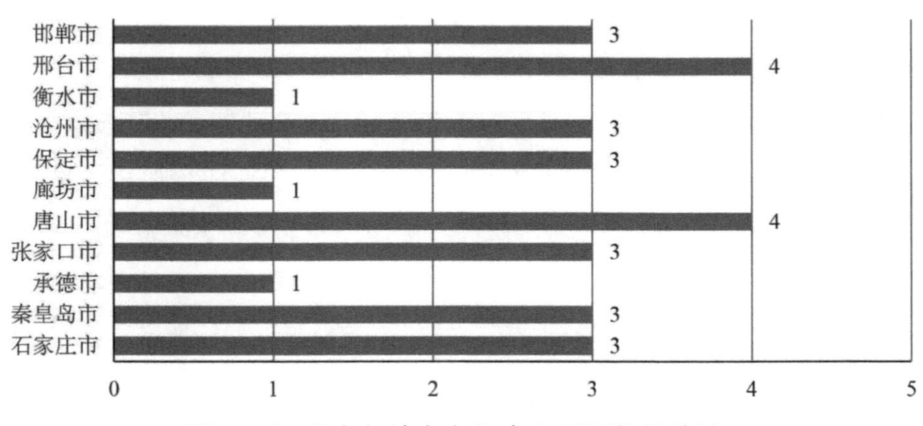

图3-5 河北省各地市文化产业园区数量统计

资料来源：参考河北省文化和旅游产业协会网站（http://www.hbwhcyxh.com/）整理形成

从各地市文化产业园区分布情况来看，石家庄市有3个，分别是石家庄国家软件开发产业园、国家动漫产业发展基地创业孵化园和东方文化创意产业基地；承德市有1个，即避暑山庄碧峰门民俗文化园区；张家口市有3个，分别是涿鹿县中华三祖文化园、中国蔚县剪纸文化产业园和张北县中都草原文化产业集聚区；秦皇岛市有3个，分别是南戴河文化产业园区、山海关长城文化产业园和北戴河区怪楼文化艺术产业园；唐山市有4个，分别是开滦国家矿山公园文化产业园、滦河文化旅游产业区、丰南唐津运河文化产业园和滦南北河水城文化产业园；保定市有3个，分别是中国曲阳雕塑文化产业园、河北大学科技文化产业园和河北出版传媒集团数字印刷产业园；廊坊市有1个，即大城县红木文化产业园；沧州市有3个，分别是黄骅文化产业集聚区、吴桥县杂技文化产业园区和河北（青县）中古红木文化产业园；衡水市有1个，即武强国际乐器文化产业园；邢台市有4个，分别是宁晋 393 工笔画艺术集聚区、平乡童车文化产业园、内丘县邢白瓷文化产业园和内丘县扁鹊文化产业园；邯郸市有 3 个，分别是磁县历史文化产业园区、邯郸广府生态文化园区和曲周童车文化产业集聚区。

3.2.3 拥有公共图书馆藏资源

如图 3-6 所示，2011—2017 年七年间，北京、天津和河北三个地区的人均拥有公共图书馆藏量整体呈现逐步上升趋势，其中河北省的人均拥有公共图书馆藏量由 2011 年的 0.23 本增加到 2017 年的 0.34 本，增长率为 47.83%，年均增长率为 6.8%，增速相对较快；北京市 2011 年的人均拥有公共图书馆藏量为 0.9 本，之后逐年递增，到 2017 年该指标数值达到 1.27，比 2011 年增加 0.37 本，七年间增长率为 41.11%。相比之下不难发现，到 2017 年北京市人均拥有公共图书馆藏量指标数值达到最高，平均每人有 1.27 本藏书，略高于天津市的人均 1.07 本。河北省与京津两市相比存在较大差距，2017 年河北省该指标数值不到京津两市的 1/3，意味着在河北省平均每 3 人才能拥有一本公共图书馆藏量，进一步提升的空间较大。

单位：册

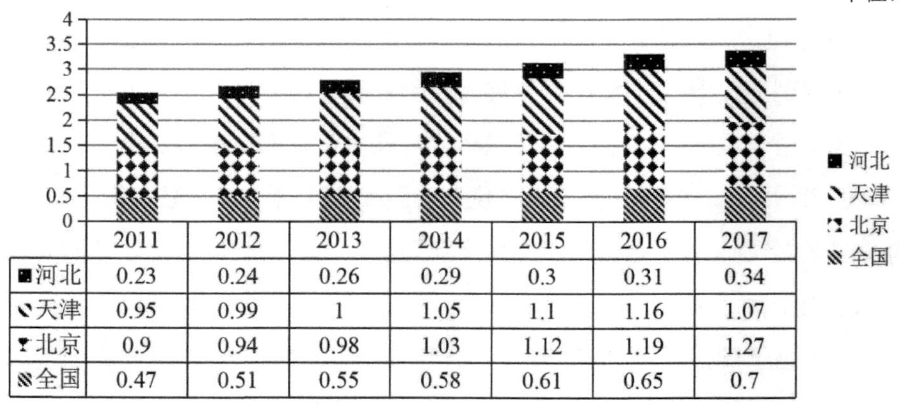

	2011	2012	2013	2014	2015	2016	2017
河北	0.23	0.24	0.26	0.29	0.3	0.31	0.34
天津	0.95	0.99	1	1.05	1.1	1.16	1.07
北京	0.9	0.94	0.98	1.03	1.12	1.19	1.27
全国	0.47	0.51	0.55	0.58	0.61	0.65	0.7

图 3-6 2011—2017 年京津冀地区及全国人均拥有公共图书馆藏量

资料来源：《中国文化文物统计年鉴（2018）》

从全国该指标数据发展情况来看，2011—2017 年七年间，全国人均拥有公共图书馆藏资源缓慢上升，到 2017 年达到 0.7 本，是河北省该指标数值的两倍，可见河北省人均拥有公共图书馆藏量仍低于全国平均水平。

3.3 文化产业升级环境分析

本部分围绕群众文化机构与文化设施建设、文化事业经费财政支出、文化事业建设与固定资产投资三方面，深入剖析河北省文化产业升级环境，并对全省 11 个地市的产业升级环境作进一步分析。

3.3.1 群众文化机构与文化设施建设

群众文化机构是地区文化基础设施建设的重要组成部分，也是地区居民文化活动的重要组织力量和场所，因而发展地区文化事业应将建设充足的群众文化机构作为重要工作内容之一。透过图 3-7 可知，2011—2017 年七年间，京津冀三省市群众文化机构数整体上保持平稳、略有上升的发展态势。就文化机构总体数量而言，河北省处于前列，由 2011 年的 2360 个增加到 2017 年的 2431 个，增加数量为 71 个，增长率为 3%；北京市群众文化机构数量规模位居其后，保持在

单位：个

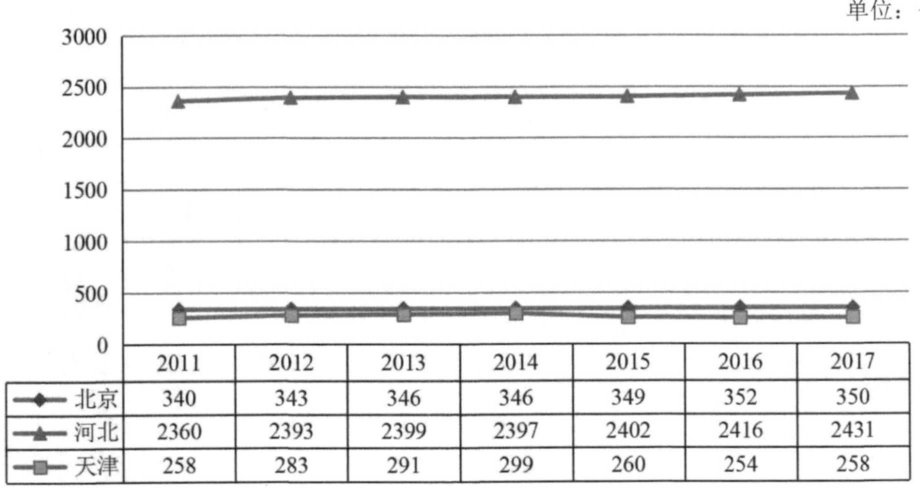

	2011	2012	2013	2014	2015	2016	2017
北京	340	343	346	346	349	352	350
河北	2360	2393	2399	2397	2402	2416	2431
天津	258	283	291	299	260	254	258

图 3-7 2011—2017 年京津冀地区群众文化机构数

资料来源：《中国文化文物统计年鉴（2018）》

340 ～ 352 之间，七年间其数量保持缓慢上升，其中到 2016 年达到最多，为 352 个，比 2011 年增加 12 个；在京津冀三省市中，天津市群众文化机构数量最少，总体规模保持在 254 ～ 299 之间，其中 2011—2014 年小幅上升，至 2014 年达到最高，为 299 个，而 2017 年又下降到 258 个。不难看出，京津冀三省市群众文化机构数量之所以差距很大，其主要原因是三省市地域范围和人口数量差距较大，故而与之相匹配的群众文化机构数量呈现较大差异。

群众文化设施建设方面，如图 3-8 所示，2011—2017 年七年间京津冀三省市以及全国的每万人拥有群众文化设施建筑面积指标整体上呈现逐步上升趋势，其中，北京市该指标的数值基本上排在第一位（除 2012 年稍有下降外）；全国该指标的平均水平紧随其后，但高于天津市该指标的水平，而且后面年份这种差距不断加大，表明天津市的每万人拥有群众文化设施建筑面积增长速度缓慢。在四个比较主体中，河北省的每万人拥有群众文化设施建筑面积排名最靠后，但从 2011 年开始就一直稳步缓慢上升。

单位：平方米

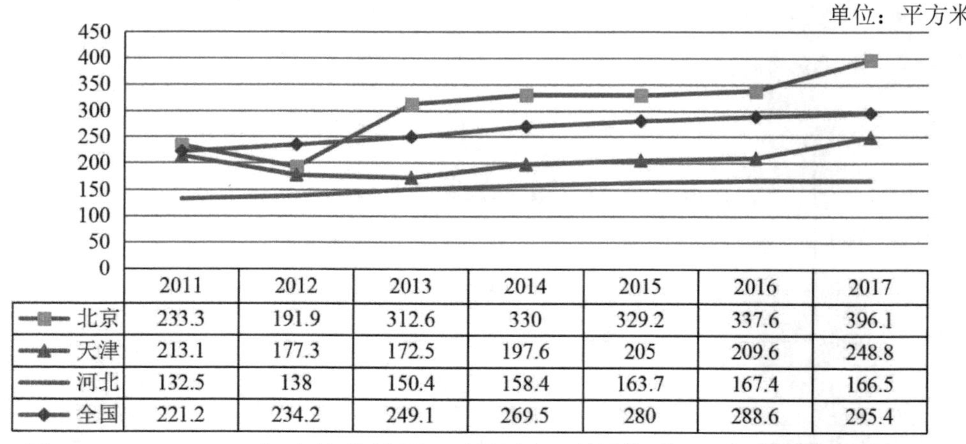

	2011	2012	2013	2014	2015	2016	2017
北京	233.3	191.9	312.6	330	329.2	337.6	396.1
天津	213.1	177.3	172.5	197.6	205	209.6	248.8
河北	132.5	138	150.4	158.4	163.7	167.4	166.5
全国	221.2	234.2	249.1	269.5	280	288.6	295.4

图 3-8 2011—2017 年京津冀地区及全国每万人拥有群众文化设施建筑面积

资料来源：《中国文化文物统计年鉴（2018）》

从每万人拥有群众文化设施建筑面积指标数值来看，2011—2017 年七年间全国该指标数值增加 74.2 平方米，增长率为 33.54%；七年间北京市该指标数值增加 162.8 平方米，增长率为 69.78%；在此期间天津市的每万人拥有群众文化设施建筑面积增加 35.7 平方米，增长率为 16.75%；2011—2017 年七年间河北省该指标数值增加 34 平方米，增长率为 25.66%。横向比较来看，这七年间每万人拥有群众文化设施建筑面积增加值最大的是北京平均水平，增加值最小的是河北省；在此期间该指标增长率最大的是北京平均水平，增长率最小的是天津市。

每万人公共图书馆建筑面积是用来衡量某一地区公共基础文化设施水平的重要指标之一。透过图 3-9 可知，2011 年北京、天津、河北三省市每万人公共图书馆建筑面积分别为 82.8 平方米、121.4 平方米和 41.9 平方米，天津最高，北京排第二位，河北省最低，其指标数值大约是天津的 1/3、北京的 1/2，与两大直辖市相比存在较大差距；2011—2017 年每万人公共图书馆建筑面积逐步上升，其中北京、天津两市上升幅度较大，河北省该指标增长相对缓慢，到 2017 年京津冀三省市每万人公共图书馆建筑面积分别为 138.3 平方米、209.1 平方米和 65.5 平方米，天津市依旧遥遥领先，北京市排第二名，河北省排名最后。

单位：平方米

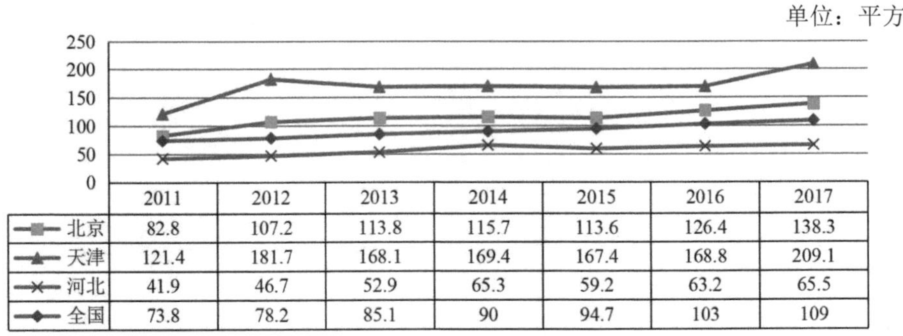

	2011	2012	2013	2014	2015	2016	2017
北京	82.8	107.2	113.8	115.7	113.6	126.4	138.3
天津	121.4	181.7	168.1	169.4	167.4	168.8	209.1
河北	41.9	46.7	52.9	65.3	59.2	63.2	65.5
全国	73.8	78.2	85.1	90	94.7	103	109

图 3-9　2011—2017 年京津冀地区及全国每万人公共图书馆建筑面积

资料来源：《中国文化文物统计年鉴（2018）》

从全国平均水平来看，2011—2017 年七年间每万人公共图书馆建筑面积稳步提升，由 2011 年的 73.8 平方米增加到 2017 年的 109 平方米，增加了 35.2 平方米，增长率为 47.69%。横向比较来看，2011—2017 年河北省该项指标始终低于全国平均水平，2011 年河北省与全国平均水平相差 31.9 平方米，到 2017 年两者间的差额扩大到 43.5 平方米，这表明河北省在公共图书馆的建设方面还需投入更大的力量。

3.3.2 文化事业经费财政支出情况

人均文化事业经费是衡量某一地区政府部门对于本地区文化事业发展资金投入的重要指标之一。由图 3-10 可知，2011—2017 年七年间北京市的人均文化事业经费支出额遥遥领先，且一直处于稳步增长的态势，尤其是 2015—2017 年增长速度较快；天津市的人均文化事业经费支出排名第二名，其中 2011—2012 年该指标数值增幅较小，2013—2017 年该指标数额增长较快，与北京市的差距逐年缩小；全国人均文化事业经费支出平均水平排在第三名，并且始终处于稳步增长态势；与京、津两个直辖市相比，河北省的人均文化事业经费支出较少，且低于全国平均水平，但始终保持缓慢增长。

单位：元

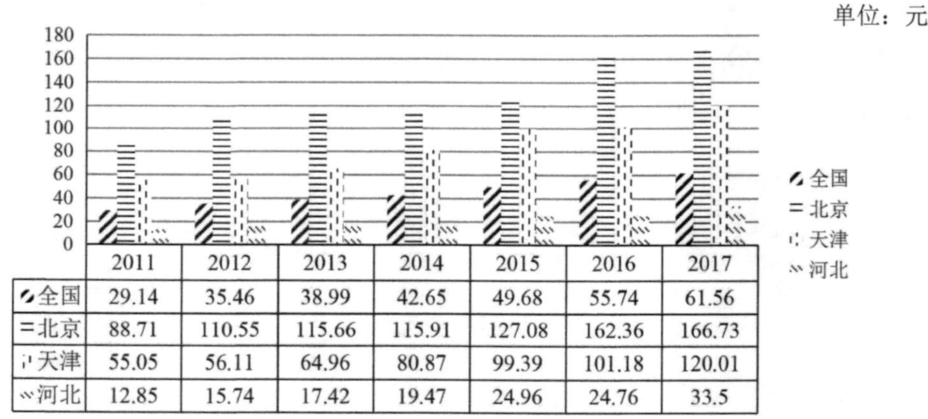

	2011	2012	2013	2014	2015	2016	2017
全国	29.14	35.46	38.99	42.65	49.68	55.74	61.56
北京	88.71	110.55	115.66	115.91	127.08	162.36	166.73
天津	55.05	56.11	64.96	80.87	99.39	101.18	120.01
河北	12.85	15.74	17.42	19.47	24.96	24.76	33.5

图 3-10 2011—2017 年京津冀地区及全国人均文化事业经费财政支出情况统计

资料来源：《中国文化文物统计年鉴（2018）》

从人均文化事业经费指标数值来看，2011—2017 年七年间全国该指标数值增加 32.42 元，增长率为 111.26%；七年间北京市该指标数值增加 78.02 元，增长率为 87.95%；在此期间天津市的人均文化事业经费增加 64.96 元，增长率为 118%；2011—2017 年七年间河北省该指标数值增加 20.65 元，增长率为 160.7%。横向比较来看，这七年间人均文化事业经费增加值最大的是北京市，增加值最小的是河北省；在此期间该指标增长率最大的是河北省，增长率最小的是北京市。2017 年人均文化事业经费支出接近或超过百元的仅有北京、天津两个直辖市，全国人均文化事业经费支出的平均水平只有天津市的一半，为 61.56 元，而河北省该项指标仅为 33.5 元，是全国平均水平的 1/2、天津市该项指标的 1/4。

如图 3-11 所示，2011—2016 年六年间，京津冀地区及全国文化事业经费占财政支出的比重整体上处于波动状态，其中北京、天津两地该指标的波动程度尤其明显。就北京市而言，2011 年北京市的文化事业经费占财政支出的比重为 0.55%，而到 2012 年该指标突然上升为 0.62%，达到这六年间的最高点，然而 2013—2015 年又逐年降低，至 2016 年该指标仅为 0.55%，与 2011 年持平；纵观天津市该指标近六年的发展变化情况，天津市该指标的增幅比较平缓，在 2015 年达到 0.48%，至 2016 年天津市的文化事业经费占财政支出的比重为 0.43%，比 2011 年高 0.01 个百分点。可见，与六年前相比，文化事业经费的支出额占地区财政支出额的比重增幅较为平缓。

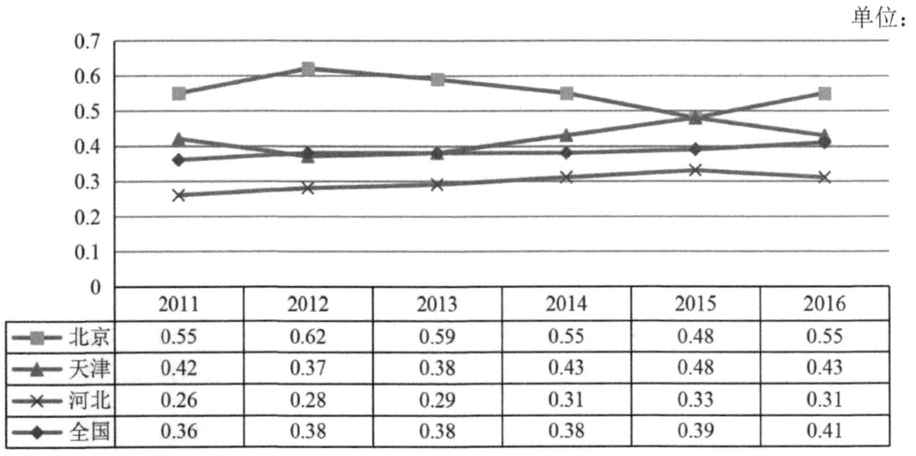

	2011	2012	2013	2014	2015	2016
北京	0.55	0.62	0.59	0.55	0.48	0.55
天津	0.42	0.37	0.38	0.43	0.48	0.43
河北	0.26	0.28	0.29	0.31	0.33	0.31
全国	0.36	0.38	0.38	0.38	0.39	0.41

图 3-11 2011—2016 年京津冀地区及全国文化事业经费占财政支出比重

资料来源：《中国文化文物统计年鉴（2018）》

从河北省文化事业经费占财政支出比重的发展变化情况来看，2011 年河北省该指标数值为 0.26%，此后河北省文化事业经费占财政支出的比重在逐年缓慢递增，2015 年河北省该指标数值增加至 0.33%，2016 年该指标降为 0.31%，2011—2016 年河北省文化事业经费占财政支出的比重增加了 0.05 个百分点。就全国该指标的平均水平而言，2011 年全国文化事业经费占财政支出比重的平均水平为 0.36%，至 2016 年增长为 0.41%。横向比较来看，到 2016 年无论是京津冀地区还是全国平均水平，其文化事业经费占财政支出的比重均超过 0.3%，且河北省该指标数值尚低于全国平均水平。一方面，各地区的年文化事业经费支出额在逐年攀升；另一方面，部分地区文化事业经费占本地区财政支出的比重略有减少。

3.3.3 文化事业建设与固定资产投资

如图 3-12 所示，2011—2017 年七年间京津冀三省市文化事业基本建设当年投资额变动较大，且不同年份各地区间该指标数额相差较大，没有明显的内在发展规律，主要是受当年或前些年文化事业项目及工程进度情况的影响。纵向来看，北京市文化事业基本建设投资主要集中于 2012—2017 年间，并且在 2016 年达到峰值，为 115125 万元。相比之下，其 2011 年文化事业基本建设投资数额很少，仅有 292 万元的投资规模；天津市的文化事业基本建设投资情况恰恰与北京市相反，其在 2012 年文化事业基本建设投资力度较大，达到峰值，为 25596 万元，2013—2015 年天津市的文化事业基本建设投资规模较小，其中 2013 年仅为 110 万元，之后缓慢提升，到 2015 年达到 3325 万元的投资额，在 2017 年减少到 3001 万元；与京、津两个直辖市相比，河北省的文化事业基本建设投资额波动幅度更大，整体上处于“高—低—高—低”起伏的变动态势，七年间河北省的文化事业基本建设投资额在 2016 年达到峰值，为 39907 万元，在 2014 年达到最小值，为 4648 万元。

单位：万元

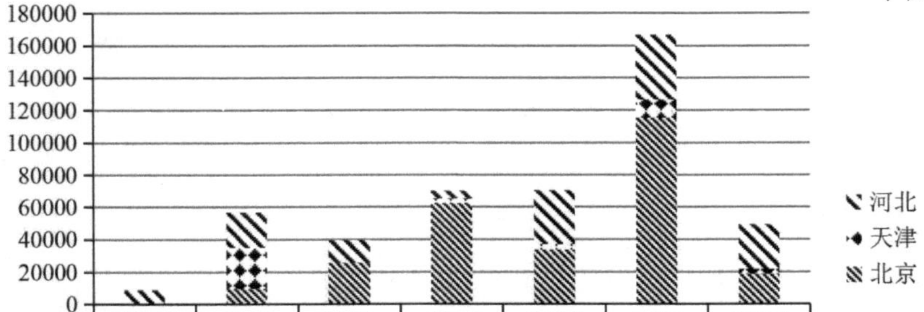

	2011	2012	2013	2014	2015	2016	2017
河北	7966	21534	13820	4648	33720	39907	27492
天津	475	25596	110	2799	3325	11544	3001
北京	292	9574	25678	62478	33628	115125	18606

图 3-12　2011—2017 年京津冀地区文化事业基本建设本年实际完成投资

资料来源：《中国文化文物统计年鉴（2018）》

横向比较来看，2011 年河北省的文化事业基本建设投资额最大，天津次之，北京最小。一方面，在此期间河北省的文化事业基本建设情况还有待完善，急需要大量的项目与资金投入，因而在此项指标数额上领先于其他两地；另一方面，京、津两个直辖市文化底蕴深厚，早年间文化基本设施建设相对较为成熟、完备，因而未有大量的基本建设资金投入。2012 年天津市的文化事业基本建设投资额最大，为 25596 万元，河北（21534 万元）次之，北京最少，为 9574 万元。2013—2017 年，北京市的文化事业基本建设投资额均处于领跑地位，并且遥遥领先，河北居于第二的位置，但与北京市仍有一定的差距，天津市此阶段的投资额很小，与其文化项目与基础设施建设有关。

如图 3-13 所示，2011—2017 年七年间京津冀三省市文化及相关产业固定资产投资额整体上处于波动上升趋势。其中，河北省的文化及相关产业固定资产投资额居于领先地位，而且越到后面这种领先优势越明显；天津市的文化及相关产业固定资产投资额略高于北京，居于第二位；北京市的文化及相关产业固定资产投资额最小，且七年间增长速度缓慢，与河北省的差距很大。就单一地区纵向发展情况来看，2011 年河北省的文化及相关产业固定资产投资额为 557.7 亿元，到

2017 年增加至 2814 亿元，七年间该指标增加额为 2256.3 亿元，指标增长率为 404.57%，增长速度非常快；2011 年天津市的文化及相关产业固定资产投资额为 223.2 亿元，到 2017 年增加至 603.9 亿元，七年间的指标增加额为 380.7 亿元，指标增长率为 170.56%，增速也是非常显著；就北京市而言，其文化及相关产业固定资产投资额由 2011 年的 181.1 亿元增加至 2017 年的 529.7 亿元，七年间的指标增加额为 348.6 亿元，指标增长率为 192.49%。

单位：万元

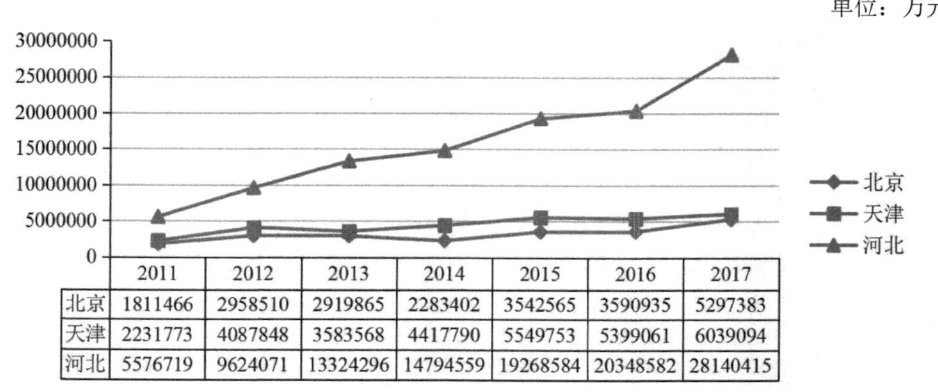

	2011	2012	2013	2014	2015	2016	2017
北京	1811466	2958510	2919865	2283402	3542565	3590935	5297383
天津	2231773	4087848	3583568	4417790	5549753	5399061	6039094
河北	5576719	9624071	13324296	14794559	19268584	20348582	28140415

图 3-13 2011—2017 年京津冀地区文化及相关产业固定资产投资额

资料来源：《中国文化及相关产业统计年鉴（2018）》

3.3.4 城镇居民家庭文化娱乐消费支出情况

城镇居民家庭人均文化娱乐消费支出指标反映某一地区城镇居民在文化娱乐消费方面的支出水平与支付能力。随着各地区经济的快速发展以及人均可支配收入的不断增加，居民文化娱乐方面的消费也有了显著提升。由图 3-14 可知，京津冀三省市的城镇居民家庭人均文化娱乐消费支出整体呈波动上升趋势。其中，2011 年河北省城镇居民家庭人均文化娱乐消费支出额为 680.5 元，到 2012 年增长为 722.4 元，经 2013 年略有降低，2014—2017 年又波动上升。河北省该项指标由 2011 年的 680.5 元增长为 2017 年的 999 元，七年间该指标增加额为 318.5 元，指标增长率为 46.80%；天津市的城镇居民家庭人均文化娱乐消费支出指标变化趋势是 2012 年、2013 两年连续走低，之后 2014—2017 年又稳步上升。

单位：元

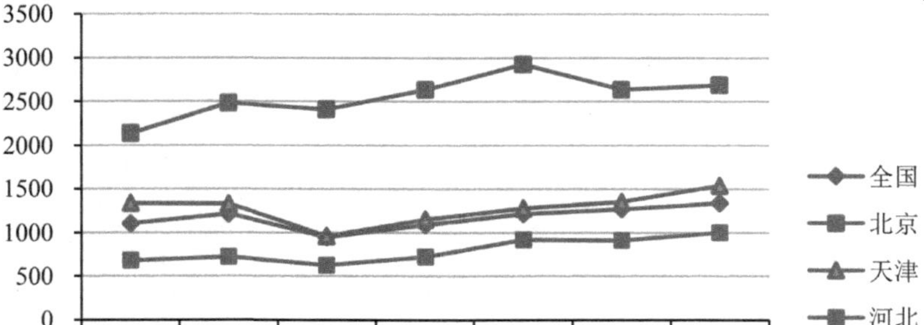

	2011	2012	2013	2014	2015	2016	2017
全国	1101.7	1213.9	945.7	1087.9	1216.1	1268.7	1339.0
北京	2135.6	2481.7	2409.4	2633.0	2926.3	2634.8	2687.0
天津	1335.2	1329.0	958.9	1150.3	1278.3	1352.1	1540.0
河北	680.5	722.4	626.2	723.0	919.3	910.9	999.0

图 3-14 2011—2017 年京津冀地区城镇居民家庭人均文化娱乐消费支出

资料来源：《中国文化及相关产业统计年鉴（2018）》

天津市该项指标由 2011 年的 1335.2 元增加至 2017 年的 1540 元；北京市的城镇居民家庭人均文化娱乐消费支出指标由 2011 年的 2135.6 元增加至 2017 年的 2687 元。七年间北京市该项指标的增加额为 551.4 元，指标增长率为 25.82%。就全国而言，城镇居民家庭人均文化娱乐消费支出指标除了 2013 年有所下降其余年份呈稳步上升态势。横向比较来看，2011 年城镇居民家庭人均文化娱乐消费支出额最高的是北京市，后面分别是天津、全国平均水平、河北；到了 2017 年依然保持了这样的先后排序，河北省的城镇居民家庭人均文化娱乐消费支出额居于四个比较主体中的最末位，但与全国平均水平间的差距在缩小。

3.3.5 各地市文化产业发展环境分析

（1）地区国内生产总值。2017 年河北省 11 个地市 GDP 排名由高到低依次是：唐山市（7106.1 亿元）、石家庄市（6460.9 亿元）、沧州市（3816.9 亿元）、邯郸市（3666.3 亿元）、保定市（3227.3 亿元）、廊坊市（2880.6 亿元）、邢台市（2236.36 亿元）、承德市（1618.6 亿元）、张家口市（1555.6 亿元）、衡水市（1550.1 亿元）、秦皇岛市（1506.01 亿元）。其中，GDP 最高的是唐山市，为 7106.1 亿元，GDP 最低的是秦皇岛市，为 1506.01 亿元。石家庄市和秦皇岛市的 GDP 同比增长率均为7.3%，是我省GDP增长速度较快的地市；而保定市GDP同比增长率为6%，在河北省11个地市中GDP增长的速度最慢。具体见图3-15。

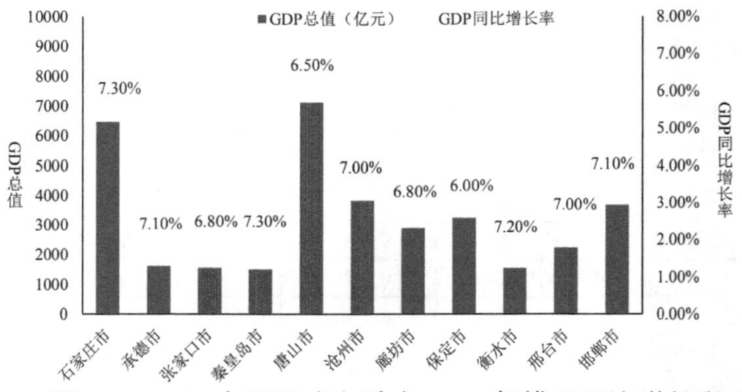

图3-15 2017年河北省各地市GDP规模及同比增长率

（2）地区人口规模。截至2017年末，河北省11个地市的人口规模分别为：石家庄市（1087.99万人）、承德市（380.2万人）、张家口市（465.5万人）、秦皇岛市（311.08万人）、唐山市（789.7万人）、保定市（1046.92万人）、邯郸市（951.11万人）、邢台市（789.92万人）、沧州市（777.83万人）、廊坊市（469.9万人）、衡水市（453.6万人）。河北省人口规模较大的地区有石家庄、保定、邯郸、邢台、唐山和沧州六个地市，其人口规模均在700万以上；承德和秦皇岛两市人口规模相对较小，均在400万以下，其中石家庄市人口规模约为秦皇岛市人口规模的3.5倍。一个地区人口规模越大，则其潜在的文化消费需求也越高，同时可提供的文化产业专业人才也就越充足。具体见图3-16。

图3-16 2017年河北省各地市常住人口规模

（3）消费与投资环境。2017 年，河北省 11 个地市中石家庄市的社会消费品零售总额最高，为 3296 亿元，承德市的最低，为 603.4 亿元；社会固定资产投资总额最高的是石家庄市，为 6353.2 亿元，最低的是秦皇岛市，为 873.4 亿元。2017 年衡水市的社会消费品零售总额比 2016 年增长了 11.3%，是全省社会消费品零售总额同比增长率最高的地区，廊坊市社会固定资产投资总额的同比增长率为 15%，是河北省社会固定资产的投资总额同比增长率最高的地区。良好的消费与投资环境将有助于文化产业的创新发展，并在很大程度上释放出本地区文化产业的市场活力。具体见图 3-17。

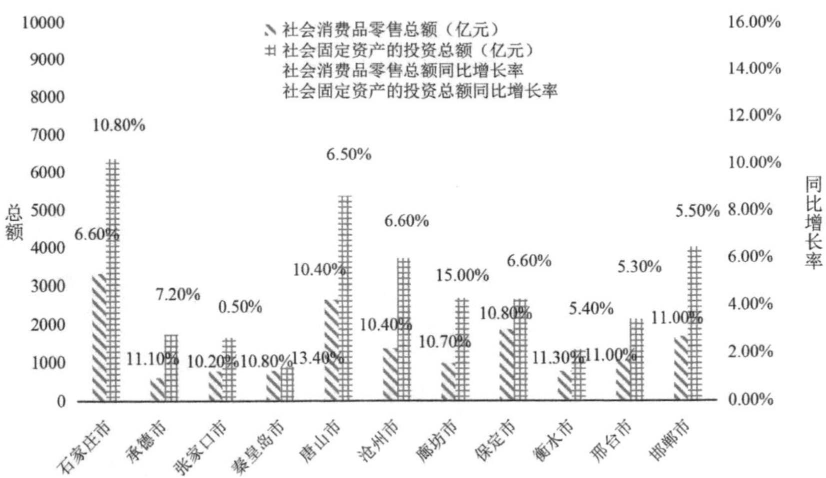

图 3-17 河北省各地市社会消费品零售总额和社会固定资产投资总额及其增长率

总体来说，河北省文化产业资源较为丰富，文化消费市场广阔，加上河北省政府部门出台积极的文化产业扶持政策，以及文化与相关领域加快融合发展，为河北省文化产业创新发展与升级提供了良好环境。

3.4 河北省文化产业发展存在的问题与不足

3.4.1 产业总体规模偏小，整体竞争力不足

虽然河北省文化产业已成为河北省的龙头产业之一，极大地带动了全省的经

济增长，然而相较于北京、上海等经济文化发达省市而言，河北省的文化产业发展规模仍有所不足。由于产业发展起步较晚，加上区位优势不显著，使得河北省文化产业整体规模偏小、产业链规模不够壮大。统计数据显示，2017 年全国文化及相关产业增加值为 34722 亿元，占 GDP 的比重为 4.2%，广东省文化及相关产业增加值约 4817.2 亿元，占 GDP 的比重达到 5.37%，而河北省文化及相关产业增加值仅为 1101.3 亿元，占全省 GDP 比重为 3.24%，相比之下河北省文化及相关产业产值规模偏小，而且比重也有待提高。

从河北省实际情况看，一是以农耕文明为基础，以手工业为主要生产方式的传统文化产业形态的工艺品制作企业数量虽多，但规模较小，效益不高；二是以工业文明为基础，以大规模及其复制为主要生产方式的现代文化产业形态的企业虽不断壮大，但在省内外具有经济、文化影响力的企业太少；三是以信息文明为基础，以数字技术和互联网为主要生产方式的新兴文化产业形态的企业，仍处于起步阶段，尚显稚嫩；四是在下行压力逐步增大的宏观经济形势下，河北省文化企业创新不足，并购重组步伐迟滞，产业链贯通格局与复合发展态势不明显，致使河北省文化产业的整体竞争力不足。

3.4.2 文化产业结构不合理，产业发展布局不均衡

由于受传统计划经济管理体制的影响，河北省文化产业结构不够合理，集约化程度较低。大部分从事文化产业的主体前身都是财政支持性的国有文化企业，一定程度上使得企业的资本容量较小，市场竞争意识也较差，以致企业发展的动力不足。目前，已有一些大型的民营企业进军文化产业领域并建立了一些产业园区，但尚未形成完整的文化产业链条，分散化经营仍是当前河北省文化产业发展的主要形式。与此同时，河北省新型文化产业占比较低，表现为传统文化所占比重较大，而新兴的文化创意产品比重较低。截至 2017 年年底，河北省登记的会展业和动漫业企业总数不足 700 家，占河北省文化企业总数的比例不足 3%，而广电业务的功能也未能够得到充分发挥，除了经营广告外，绝大部分的功能没有

得到有效利用。

河北省文化产业布局不均衡，主要表现为产业区域分布不均衡和城乡发展不均衡两个方面。2017 年，石家庄、唐山、保定三市文化产业从业人员占全省文化产业从业人员总数的 46%；而邯郸、沧州、衡水、邢台四市文化产业从业人员占全省文化产业从业人员的 35%；张家口、承德、秦皇岛三市文化产业从业人员仅占全省文化产业从业人员的 13% 左右。由此可见，河北省文化产业的地区发展有失均衡，总体发展格局是“石唐保”地区发展较快，其他地区发展相对较慢。另外，河北省文化产业发展城乡差距较大，主要体现在文化产业收入规模、从业人员规模以及居民文化消费支出能力等方面。2017 年河北省城市文化经营机构从业人员数量是县级文化经营机构从业人员数量的 1.6 倍，在资产总额上前者是后者的 2.7 倍。

3.4.3 文化产业人才匮乏，创新发展动力不足

文化产业是典型的知识密集型产业，其快速发展离不开大量专业人才的支撑，拥有了高端、专业的文化创意人才就相当于占据了本行业发展的制高点。一方面，与北京、上海、广州等文化产业发展较快的地区相比，河北省在从业人员的数量和质量上均存在一定的差距，特别是缺乏能够独立自主设计、引导消费需求的行业高端专业人才。从数量规模上来看，2017 年河北省规模以上文化企业从业人员共计 19.05 万人，而北京市规模以上文化企业从业人员为 54.14 万人，是河北省的 2.84 倍；江苏省规模以上文化企业从业人员为 117.61 万人，是河北省的 6.17 倍。相比之下，河北省在文化产业从业人员数量上与发达地区还有较大差距，文化产业人才队伍仍需进一步扩大。

另一方面，河北省文化产业人才培养体系相对较为滞后，人才流失也比较严重，特别是熟悉文化产业经营管理和文化特性的人才尤为紧缺。河北省虽然拥有丰富、悠久的文化资源，但是创意开发型人才和创意产业经营型人才都十分匮乏，尤其是文化产业品牌的市场组织人才和新兴文化产业的人才更是难求，这都在很

大程度上制约了河北省文化产业的快速发展。为此，河北省应当以“京津冀一体化”为契机，实施文化创意人才引进战略，构建创意人才培养体系。一是要大力引进人才，提升薪酬福利，解决人员户籍问题，从而留住人才；二是要建立健全人才培养体系，逐步走上“自己培育，自己运用”的道路。

第4章 河北省文化产业空间集聚与行业布局

本章分为两个部分，第一部分围绕文化空间、产业空间集聚以及文化产业空间结构与分布三个问题进行了产业空间集聚理论的探讨与综述；接下来，选取就业比重为权重的区位熵法，分别对华北地区和环渤海地区共计七省市的文化产业空间集聚程度进行了定量评价与分析。第二部分论述了河北省文化产业空间布局的五大战略，即创新驱动战略、融合带动战略、区域协同联动战略、产业集聚发展战略和文化品牌培育战略。在上述五大发展战略指导下，阐明了河北省动漫游戏行业、文化旅游行业、新闻出版行业、广告会展行业、创意设计行业和文化演艺行业的空间布局策略及壮大措施。

4.1 河北省文化产业空间集聚

4.1.1 文化产业空间集聚理论探讨与综述

4.1.1.1 文化空间：现代城市空间的重要组成部分

文化空间最初特指集中展示非物质文化遗产的场所[49]，其后被社会学者界定为富含象征、符号、价值、情感的场所[50]。随着城市文化经济迅速崛起，空间日渐“文化经济化”，并呈现出物理性、社会性和感知性三大特征[51]。当前，政府部门、开发商以及学者通常将文化空间泛化为各类文化设施（博物馆、图书馆、公园等）、文化场所或区域（文化园区、古城、庙宇等）。在文化产业发展理论框架下，更加注重文化生产与文化消费，因此倾向于将文化空间划分为公共性、生产性与消费性三类文化空间[52]。

4.1.1.2 产业空间集聚：文化产业发展的重要趋势与途径

Schoales（2006）研究发现文化产业比其他产业在空间上更倾向于集聚，呈现出产业整合与空间聚合两种趋势[53]，与之相伴的是产业要素在地理空间上的流转与动态分配，并由此受周边地区投资活动溢出效应的影响[54]。实践也表明，文化产业发展能够在特定的区域空间实现高度的集聚，而这种空间集聚不但能强化产业间的扩散效果，也能增强创新的外部化效应，最终扩大文化产业集聚优势，可见产业集聚是文化产业壮大发展的重要途径。京津两地文化产业的发展以及雄安新区的建立都将对河北省文化产业空间布局产生深远的影响。当前，常用于产业集聚测度的方法包括空间基尼系数[55]、E-G 指数、赫芬达尔指数[56]以及区位熵[57]等。区位熵可以有效地衡量某一地区特定产业的专业化水平和相对集中程度，计算数据容易获取且评价过程并不复杂，被广泛应用。

4.1.1.3 文化产业空间结构与空间分布：双重力量作用的结果

从宏观层面来看，市场经济机制和政府管制共同促成了产业空间结构的变动[58]；而从微观视角出发，产业空间分布是企业主体对可能区位比较择优的结果[59]。不难看出，经典区位理论更加关注经济因素，而企业区位选择侧重于降低成本、提高收益。麻书豪（2017）指出，在文化企业区位选择过程中，政府部门的干预发挥了关键作用，其相关扶持政策与环境规制对文化企业预期收益与成本支出产生影响，进而影响文化企业区位选择[60]。随着城市不断更新与建设，文化企业拥有越来越多的空间载体，一定程度上也引导着文化企业空间分布[61]。在已有研究成果中，较少涉及河北省文化产业空间布局领域的研究，有关河北省文化产业空间格局演化机制及其影响因素的研究基本处于空白状态，亟待进行深入而系统的研究。

4.1.2 文化产业空间集聚水平测定

4.1.2.1 选定研究方法

当前用来测度产业集聚水平的常见方法包括基尼系数、赫芬达尔指数、区位熵和E–G指数等。在上述测量方法中，区位熵可以衡量某一地区文化产业的专业化水平和相对集中程度，同时计算过程较为简单、数据获取要求也相对较低，故而被广泛应用。以就业比重为权重和以产值比重为权重是常见的两类区位熵测算方法，前者突出区位因素，后者强调产业结构。由于本书要对华北地区和环渤海地区的文化产业集聚水平进行分省份研究，因此选取就业比重为权重的区位熵（LQ）作为产业集聚水平的度量标准，其计算公式如下：

$$LQ_{ij}=\frac{E_{ij}}{E_i}\bigg/\frac{E_j}{E} \tag{4-1}$$

在公式4-1中，E_{ij}表示省份j产业i的就业人数，E_i表示全国31个省市产业i的就业总人数；E_j表示城市j的就业人数，E表示全国31个省市的总就业人数。依据区位熵的测定结果，一般可将文化产业的集聚程度划分为五个等级，按照由低到高的顺序依次为：低于0.50的可以称为低集聚文化产业，处于0.51~1.00之间的可以称为较低集聚文化产业，处于1.01~1.50之间的可以称为较高集聚文化产业，位于1.51~2.00之间的可以称为高集聚文化产业，而高于2.00

的文化产业则称为极高集聚文化产业。

4.1.2.2 数据来源与选取

从全国的地理区域划分来看，河北是华北地区五省市（包括北京、天津、河北、山西、内蒙古）之一；而从整个环渤海经济圈视角来看，河北又是环渤海经济圈（包括北京、天津、河北、辽宁、山东）的重要组成部分。当前，中国正在大力贯彻实施“京津冀协同发展”战略，河北省文化产业将迎来重要的发展机遇。为了更好地从经济视角和地理视角来分析河北省文化产业空间集聚问题，与周边省份进行更客观地横向比较与分析，本章除了对华北地区五省市的文化产业集聚水平进行了定量分析外，还对环渤海经济圈内的省份进行横向比较与分析。

计算所用数据主要选取自《中国统计年鉴（2005）》《中国统计年鉴（2009-2018）》《中国文化及相关产业统计年鉴（2005）》《中国文化及相关产业统计年鉴（2009-2018）》。相关指标数据经整理后如表 4-1、表 4-2 所示。

表 4-1 2004—2017 年分地区城镇就业总人数

单位：万人

年份 地区	2004	2008	2013	2014	2015	2016	2017
北京	723.63	852.5	1162.79	1309.2	1415.74	1476.67	1547.11
天津	246.22	316.77	434.81	437.35	453.5	465.1	470.86
河北	444.59	756.85	1083.52	1029.84	1073.6	1150.35	1107.66
山西	453.11	508.61	696.13	702.54	712.54	753.65	785.38
内蒙古	244.69	414.9	645.31	738.77	714.6	720.7	780.02
辽宁	867.73	933.53	1301.78	1340.23	1195.07	1082.59	1071.25
山东	1100.17	1403.21	2052.59	2127.66	2142.14	2130.91	2147.73
全国	13214.49	20925.66	32493.04	35144.44	37042.05	38598.47	40318.56

表 4-2 2004—2017 年分地区文化产业企业从业人员数

单位：万人

年份 地区	2004	2008	2013	2014	2015	2016	2017
北京	55.51	58.20	83.13	89.49	88.72	89.96	109.31

续表

地区\年份	2004	2008	2013	2014	2015	2016	2017
天津	15.10	15.71	32.54	35.09	33.73	31.94	32.33
河北	25.53	24.10	40.25	45.69	47.14	55.31	54.04
山西	14.42	13.45	13.46	14.08	13.59	14.11	17.10
内蒙古	10.11	9.84	8.16	16.00	15.43	17.32	20.44
辽宁	28.25	27.46	32.25	31.85	27.59	24.42	31.20
山东	75.17	77.45	118.23	135.75	149.03	159.70	156.55
全国	873.26	1008.22	1548.27	1701.15	1791.60	1897.37	1940.25

4.1.2.3 文化产业区位熵计算结果

按照就业比重区位熵的计算公式，将上述七省市 2004—2017 年的统计数据代入公式进行计算，得到七省市的文化产业就业区位熵分子数值（见表 4-3）、文化产业就业区位熵分母数值（见表 4-4）和文化产业就业区位熵数值（见表 4-5）。

表 4-3 2004—2017 年分地区文化产业就业区位熵分子计算数值

地区\年份	2004	2008	2013	2014	2015	2016	2017
北京	0.063566	0.057725	0.053691	0.052608	0.049522	0.047413	0.056338
天津	0.017292	0.015582	0.02102	0.02063	0.018825	0.016831	0.016663
河北	0.029235	0.023904	0.025999	0.026857	0.026313	0.029153	0.027852
山西	0.016513	0.01334	0.008692	0.008277	0.007585	0.007437	0.008813
内蒙古	0.011577	0.00976	0.00527	0.009404	0.00861	0.009127	0.010534
辽宁	0.03235	0.027236	0.020832	0.018722	0.015402	0.012873	0.016081
山东	0.08608	0.076819	0.076363	0.079798	0.083182	0.08417	0.080685

表 4-4 2004—2017 年分地区文化产业就业区位熵分母计算数值

地区\年份	2004	2008	2013	2014	2015	2016	2017
北京	0.05476	0.040739	0.035786	0.037252	0.03822	0.038257	0.038372

续表

年份 地区	2004	2008	2013	2014	2015	2016	2017
天津	0.018633	0.015138	0.013382	0.012444	0.012243	0.01205	0.011678
河北	0.033644	0.036169	0.033346	0.029303	0.028983	0.029803	0.027473
山西	0.034289	0.024306	0.021424	0.01999	0.019236	0.019525	0.019479
内蒙古	0.018517	0.019827	0.01986	0.021021	0.019292	0.018672	0.019346
辽宁	0.065665	0.044612	0.040063	0.038135	0.032263	0.028047	0.02657
山东	0.083255	0.067057	0.06317	0.06054	0.05783	0.055207	0.053269

表 4-5 2004—2017 年分地区文化产业就业区位熵计算数值

年份 地区	2004	2008	2013	2014	2015	2016	2017
北京	1.1608	1.4169	1.5003	1.4122	1.2957	1.2393	1.4682
天津	0.9280	1.0293	1.5708	1.6578	1.5376	1.3968	1.4268
河北	0.8690	0.6609	0.7797	0.9165	0.9079	0.9782	1.0138
山西	0.4816	0.5489	0.4057	0.4140	0.3943	0.3809	0.4524
内蒙古	0.6252	0.4922	0.2654	0.4474	0.4463	0.4888	0.5445
辽宁	0.4927	0.6105	0.5200	0.4909	0.4774	0.4590	0.6052
山东	1.0339	1.1456	1.2089	1.3181	1.4384	1.5246	1.5147

4.1.3 文化产业空间集聚水平分析

在上述计算结果的基础上，分别对华北地区五省市（北京、天津、河北、山西、内蒙古）以及环渤海地区五省市（北京、天津、河北、辽宁、山东），沿纵向时间序列和横向时间节点两个维度作进一步深入分析，具体见图 4-1。

就华北地区来看，2004 年山西文化产业属于低集聚文化产业，内蒙古、河北、天津三省市属于较低集聚文化产业，而北京则进入到较高集聚文化产业行列。进入 2008 年后，内蒙古的区位熵得分为 0.4922，属于低集聚文化产业，山西、河北两省的区位熵得分分别为 0.5489 和 0.6609，属于较低集聚文化产业，其中山西的文化产业集聚程度比2004年有所提升，进入到更高集聚水平。2008年北京、天津的区位熵得分分别为1.4169和1.0293，比2004年各自区位熵得分分别提高了0.2561和0.1013，其文化产业呈较高集聚状态。与2008年相比，2013年内蒙古和山西两省的区位熵得分分别下降了0.2268和0.1432，内蒙古降幅显著，山西回到低集聚文化产业行列。2008—2013年六年间河北的区位熵得分增加了0.1188，表明河北省文化产业集中度水平有所提升。就北京、天津两大直辖市来看，2013年其区位熵得分分别增加至1.5003和1.5708，进入到高集聚文化产业行列。其中，天津的文化产业集聚水平增幅显著，表明本地区文化产业发展迅速，政策扶持、人才聚集和资本市场的活跃共同促进了这一利好局面。

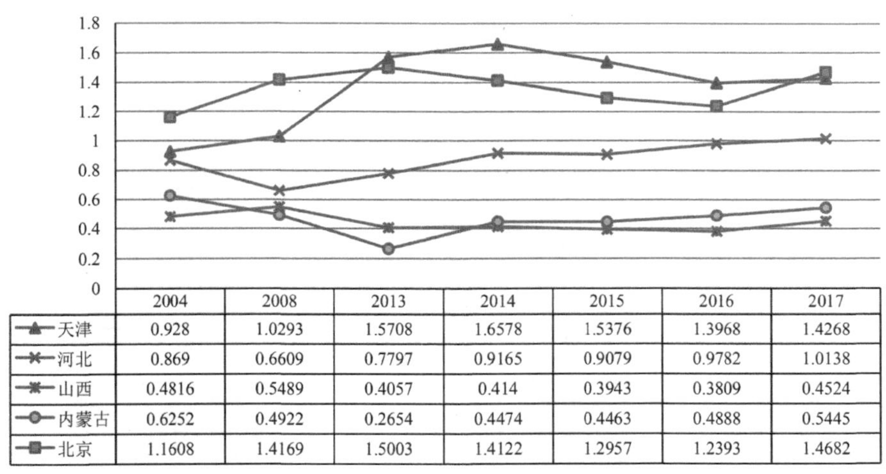

	2004	2008	2013	2014	2015	2016	2017
天津	0.928	1.0293	1.5708	1.6578	1.5376	1.3968	1.4268
河北	0.869	0.6609	0.7797	0.9165	0.9079	0.9782	1.0138
山西	0.4816	0.5489	0.4057	0.414	0.3943	0.3809	0.4524
内蒙古	0.6252	0.4922	0.2654	0.4474	0.4463	0.4888	0.5445
北京	1.1608	1.4169	1.5003	1.4122	1.2957	1.2393	1.4682

图4-1 2004—2017年华北地区文化产业就业区位熵计算结果

2014—2017年四年间，北京和天津的区位熵得分先是前三年逐年下降而后至2017年又有所回升，其中2016年两大直辖市分别降至各自的最低点，为1.2393和1.3968；到了2017年北京、天津的区位熵得分分别为1.4682和1.4268，其文化产业均呈现较高集聚状态。从河北来看，这四年间除了2015年略有降低外，其余年份河北的区位熵得分均逐年上升，至2017年达到最高点，为1.0138，是河北省首次进入到较高集聚文化产业行列。深层次来看，河北省文化产业集聚水平的大幅提升，一方面是得益于河北省重视文化产业发展、打造文化强省的结果；

另一方面与国家出台“京津冀一体化协同发展”战略以及河北经济区位影响力的不断提升有着必然的内在联系。长远来看，由于地处环渤海经济圈，受经济区位辐射及带动作用，与文化产业相关的资金、人才和技术要素将有一部分流向至河北，从而为加快河北省文化产业创新发展与升级增添更大活力与动力。相比之下，华北地区的另外两省——山西和内蒙古，其文化产业区位熵得分四年间始终处于0.38~0.54之间波动，文化产业集聚水平较低，与河北之间的差距不断加大。

如图4-2所示，从整个环渤海地区来看，2004—2017年山东省文化产业区位熵得分整体呈逐年上升趋势，其区位熵得分由2004年的1.0339增加至2017年的1.5147，十四年间增加了0.4808，增幅超过46.5%。2004—2015年十二年间山东省文化产业呈较高集聚状态，进入到2016和2017年，山东迈入到高集聚文化产业省份行列。在环渤海地区五省市中，山东文化产业的区位熵得分要略高于天津市该指标得分，而略低于北京市文化产业区位熵得分，综合排名第2位。山东有着丰富的文化资源和良好的区位优势，加上政府的政策扶持，促进了本地区文化产业集聚式发展。

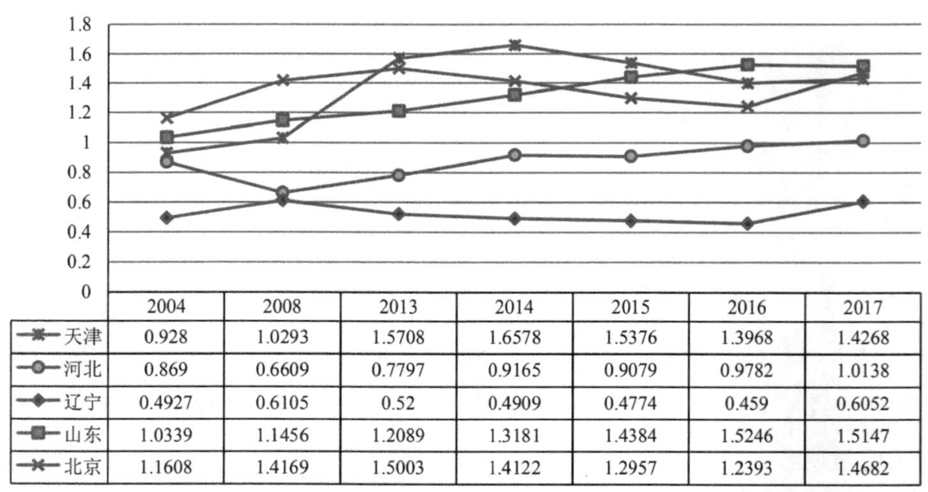

	2004	2008	2013	2014	2015	2016	2017
天津	0.928	1.0293	1.5708	1.6578	1.5376	1.3968	1.4268
河北	0.869	0.6609	0.7797	0.9165	0.9079	0.9782	1.0138
辽宁	0.4927	0.6105	0.52	0.4909	0.4774	0.459	0.6052
山东	1.0339	1.1456	1.2089	1.3181	1.4384	1.5246	1.5147
北京	1.1608	1.4169	1.5003	1.4122	1.2957	1.2393	1.4682

图4-2 2004—2017年环渤海地区文化产业就业区位熵计算结果

相比之下，2004—2017年十四年间辽宁省文化产业区位熵得分始终处于小幅波动过程中。其中，2008年达到最高值为0.6105，2016年又降至最低值0.4590，到了 2017 年辽宁省区位熵得分为 0.6052，其余年份该指标数值整体低于 0.50，文化产业呈低集聚状态。整体来看，辽宁省文化产业区位熵得分处于环渤海地区五省市的最末位，其文化产业集聚度有较大提升空间。进一步分析可知，辽宁省文化产业占其 GDP 的比重相对较低，这与其长期偏重于“工业化”的产业结构及产业布局相关。此外，辽宁文化产业专业人才的匮乏和资本市场的乏力，也使得辽宁文化产业空间布局相对分散，产业整体竞争力不强。当前，区域间文化产业资源要素的流动不断加快，区域间文化产业的转移与承接不断凸显。只有建设好文化产业配套设施，扶植壮大本地区龙头文化企业，推进文化产业集聚式发展，才能有效整合本地区乃至跨地区的文化产业资源，提高自身文化产业竞争力。

4.2 河北省文化产业空间布局

4.2.1 文化产业空间布局战略

为了更好地实现河北省文化产业高质量、高效率、高效益的“三高”发展目标，构建产业结构合理、发展动力强劲的现代文化产业体系，在国家层面出台的发展文化产业一系列新政指引下，同时参考《河北省文化产业振兴规划（2010—2015）》《关于进一步推进全省文化产业发展的意见》《河北省文化产业发展“十三五”规划》等相关政策文件。本书提出了河北省文化产业空间布局应贯彻实施的五大发展战略，即创新驱动战略、融合带动战略、区域协同联动战略、产业集聚发展战略和文化品牌培育战略。

4.2.1.1 创新驱动战略

河北省文化产业应深入实施科技创新与文化创新“双轮驱动”发展战略，将创新作为推动河北省文化产业快速发展的强大引擎。其中，科技创新是核心，而创意人才发挥重要支撑作用，要全方位地实现理念创新、模式创新、业态创新、内容创新以及服务创新，大力培育“互联网 +”等文化经济新动能，切实转变河北省文化产业发展方式，推动文化产业结构优化升级。

4.2.1.2 融合带动战略

牢固树立“文化 +”理念，大力促进河北省文化产业与科技、金融、制造业、教育、旅游、农业、城建、商务以及互联网等产业的深度融合。借助创意、设计、品牌等文化要素拓展价值、优化资源配置，丰富文化产业市场主体，拓展文化产业链的长度与宽度，建立与相关领域、相关产业高水平、深层次、宽领域的融合发展格局，最终实现河北省文化产业结构优化升级以及产业整体规模的不断壮大。

4.2.1.3 区域协同联动战略

以京津冀一体化协同发展为契机，切实推进京津冀文化产业协同联动发展，加强区域间文化资源整合和高端要素集聚，加强产业链上下游和区域间分工协作，由此提高文化资源使用效率与产业要素资源有序流动。同时，与北京、天津两地的文化生产与市场需求进行精准对接，改善供给效率和质量，并联合打造文化产业带和文化品牌，以此来塑造河北省文化产业的核心竞争优势。

4.2.1.4 产业集聚发展战略

基于河北省各地市独特的文化资源与区域功能定位，因地制宜建立多个地域特色鲜明的文化产业集群，使得文化产业在推动河北省经济发展、公共文化服务体系建设等方面发挥重要作用。同时，要重点打造县域文化产业基地，发挥文化强县的示范引领带动作用，依托文化遗产、文化旅游等特色资源，大力发展县域文化休闲、娱乐项目，并加强县域间共性文化资源整合协作，由此加快河北省县域文化产业创新集聚发展。

4.2.1.5 文化品牌培育战略

河北省文化产业要走规模化、集约化和专业化的发展道路，应建立门类齐全、结构合理、科技含量高、竞争力强的现代文化产业发展体系。在此战略发展目标下，要打造知名、认可度高的河北省文化品牌，以此来提升河北省文化产业的整体竞争力。在整合河北省特色文化资源的基础上，打造“美丽河北”文化品牌。对已有重点品牌持续完善，并充分借助新媒体、新技术来扩大河北省文化影响力。

4.2.2 文化产业细分行业布局策略

在上述五大发展战略指导下，本章论述了河北省动漫游戏行业、文化旅游行业、新闻出版行业、广告会展行业、创意设计行业和文化演艺行业的空间布局策略及壮大措施。

4.2.2.1 动漫游戏行业

（1）打造知名动漫游戏品牌。依托河北省动漫产业园区，整合重点动漫游戏企业的资源与力量，通过加强企业自主创新能力，培育一批全国知名的动漫游戏企业和品牌。扶持精英动漫、铸梦动画、深度动画等重点企业推动产品与服务升级，扩大河北省动漫游戏品牌影响力与市场占有率。

（2）构建完善的动漫游戏产业链。加大动漫游戏产品及其衍生品的开发力度，着力提升动漫产品质量，创造系列化精品。经过一段时间后，形成覆盖创意设计、生产制作、流通营销、客户服务、衍生品开发以及版权交易等模块的全产业链与获利环节。同时，通过与科技、金融、互联网以及其他产业的融合发展，实现河北省动漫游戏产业链的纵向延伸与横向拓宽。

（3）促进动漫游戏产业与互联网融合发展。借助互联网技术和互联网平台，一方面可以与影视、文学、曲艺等领域展开多样化融合，另一方面也可以与服务业、制造业等关联产业进行融合。具体来说，可借助数字制作技术、网络传播技术实现动漫内容的互联网化。大力发展网络游戏、手机游戏、微动漫、微视频等，丰富产品种类，提高动漫游戏产品创意附加值，并为之搭建立体化的营销服务平台。

（4）建立动漫衍生品交易平台。依托省内的石家庄动漫大厦、石家庄国际动漫交易博览会等载体，建立促进河北省动漫衍生品交易的平台，为河北省动漫游戏产业市场主体的丰富、衍生品交易规模的不断壮大提供重要支撑。

4.2.2.2 文化旅游行业

河北省拥有深厚的文化积淀与文化资源基础，同时自然景观数量较多、种类丰富，旅游产业的发展条件十分优越，加上当前文化与旅游的结合越来越紧密，因此河北省文化旅游产业的发展前景十分广阔。

其一，开发富有河北特色的文化旅游路线与消费热点。河北省的旅游线路文化特色鲜明，又有其各自主题。总体来说，可以分为七类，即燕赵史迹、壮美太行、锦绣长城、浪漫滨海、冬奥冰雪、多彩京畿和坝上风光，以上共同构成河北省“诚义燕赵·美丽河北”这一文化旅游主题。在七大旅游主题的引领下，河北省可以结合不同地区特色以及独特文化资源，打造若干个辐射面广、吸引力强的旅游项目，并加大宣传力度。

其二，策划开发文化旅游商品。文化旅游商品的创意开发与生产不仅可以增加文化旅游行业收入，也能够更好地吸引游客，提高客户满意度。从具体操作来说，一方面可以精心策划与创意开发旅游纪念品、工艺礼品；另一方面，可以在景区建设旅游购物休闲综合体，提高旅游业商品消费收入水平，同时也能更好地宣传河北省文化旅游品牌。

其三，提供旅游文化服务，探索在旅游景区开展特色文化演出服务，可以与专业院团合作，提升河北省文化旅游的内涵与吸引力，同时也可以订制旅游服务，不断创新文化旅游营销模式，激发更大的文化旅游市场活力。

4.2.2.3 新闻出版行业

当前，随着互联网技术与信息技术的飞速发展，以及行业受众群体的信息偏好、阅读习惯和接受方式的转变，倒逼新闻出版行业转型升级。在此背景下，高耗能、高污染的传统印刷行业工序与环节要逐步被替换和淘汰，而绿色印刷、数字出版等新型业态将不断壮大。

其一是要推动河北省出版行业改革，国有出版发行公司要逐步走向市场化运营，同时要完善企业治理结构，提升管理运营效率。

其二是要打造原创出版精品，搭建精品图书推广服务平台，同时要逐步推进以内容为核心的数字出版管理体系的搭建，并在传播路径、阅读终端上实现多元化、网络化与智能化。

其三是要推动河北省出版行业的媒体融合与品牌创新工作，实现传统出版与推进工作，由此塑造鲜明的品牌特色与行业竞争优势。

其四是要壮大发展出版印装行业集群。河北省廊坊市具有扎实的印装产业基础，应进一步提升其综合竞争力，使其成为高端印装产业集聚地，并通过资源整合与产业协作分工提升河北省中南部地区印装产业的集聚效应和辐射能力。此外，积极对接京、津两地的出版、印装企业落户河北省，进一步壮大本省出版印装产业的规模和影响力。

4.2.2.4 广告会展行业

广告会展业是近年发展起来的一项资源消耗少、影响范围大、经济效益高的文化行业。随着商业活动的不断增多与繁荣，贸易往来的日益频繁，河北省应加快发展广告会展业。会展业的关键就是品牌，为此河北省应做大做强会展品牌。河北省的秦皇岛、唐山、廊坊、石家庄等地有着雄厚的会展活动资源与广泛的社会影响力，在此基础上要通过精良的创意策划、充实的活动内容、高效的宣传手段，提升会展活动的内涵、品位与影响力。

其中，国际知名、国内领先的品牌有4个：中国•沧州国际武术节、中国•吴桥国际杂技艺术节、张北草原音乐节、中国•石家庄国际动漫博览交易会。

国内知名、影响较大的有3个：中国涉县女娲文化节、中国崇礼国际滑雪节、中国唐山评剧艺术节。

文化底蕴深厚、发展前景良好的有5个：中国井陉拉花文化艺术节、中国（蔚县）国际剪纸艺术节、中国秦皇岛长城文化节、中国承德国际旅游文化节、白洋淀荷花节。

应构建京津冀三省市会展业协同发展机制，进行资源整合与优势互补，促进三省市会展业螺旋上升式发展。一是要搭建会展业信息服务平台，实现三省市展会、展馆、参展商信息共享；二是围绕2022北京—张家口冬奥会，策划相关交易会、展示会，充分挖掘展会商机，并借此壮大河北省会展业综合实力。

4.2.2.5 创意设计行业

创意设计行业是文化产业中具有高附加值、高延展性、高利润回报率等显著特征的新兴行业，是河北省未来要重点发展的文化行业之一。由于当前广告设计、工业设计、游戏软件设计以及工艺美术设计等领域快速发展，加上消费者对于商品设计的外观与美感有了更高的诉求，因而整个创意设计行业的发展前景十分广阔，并能够与关联产业融合、互动发展，从而有效地带动河北省文化产业结构优化升级，提升河北省文化产业发展的内涵与软实力。

为加快河北省创意设计行业跨越式发展，应重点做好以下几方面工作。

一是搭建全省创意设计平台，着力提升文化企业自主创新能力。龙头企业和骨干企业在河北省创意设计业发展过程中发挥着关键的引领作用。为此，河北省应加大对这些创意设计企业的支持力度。包括建立省级创意研发机构、企业工业设计中心，同时辅之以政策与资金扶持，多方面加快龙头企业自主创新能力的培育。同时，要做大做强一批创意设计品牌，增强企业的市场竞争力与品牌认可度。此外，要依托省级创意设计平台与文化产业园区对一批成长性高的小微企业进行培育，最终丰富并壮大文化创意设计产业链与文化产业生态圈。

二是提升区域联动协作水平，加强产学研合作力度。河北省与京、津两大直辖市同处于京津冀经济圈，三地可以充分发挥各自资源优势，进行互补；并在产品创意开发、技术攻关以及市场拓展等方面进行相互配合、共同提升。具体来说，河北省可以与京、津两大直辖市的设计企业、行业机构和高等院校展开全方位、深层次的合作，利用两市的技术、人才、组织管理优势充分挖掘开发河北省传统文化特色创意产品。同时，不断推进京津冀地区创意设计产业协同发展生态圈的建设。可采取的实施措施包括：联合或轮流举办设计产业论坛，创意设计产品的展示、推介以及交易活动等。

三是优化创意设计行业外部发展环境。产业创新发展离不开良好的外部环境。河北省应进一步完善、优化创意设计行业的内外发展环境，使产业创新发展拥有丰厚的“土壤”。其一是积极贯彻落实国家发展创意设计行业的政策与战略方针，推进河北省传统文化资源传承与传播、主题活动开展以及创意产品开发；其二是大力举办文化创意设计领域的各种赛事，激发人们对于该领域的关注度与投资商的投资兴趣，以推动创意设计的交流、推广和交易活动；其三是扩大文化市场开放水平，促进文化文物单位与社会机构的深层次合作，以利于资源的高效利用和文化创意市场的不断繁荣。

4.2.2.6 文化演艺行业

总体来说，河北省传统文化资源丰富、历史悠久，且形成了河北梆子、评剧、沧州武术、吴桥杂技等一批具有较强社会品牌影响力、运营模式相对成熟的演艺品牌。当今，随着人们物质生活水平的不断提高，城镇居民对于业余文化生活有了更高的追求，这就为河北省文化演艺市场开发创造了巨大的空间。河北省文化演艺机构需要不断深挖省内历史文化资源，同时在演艺内容及形式上不断创新和精益求精，力争形成多元化、分层次的文化演艺格局，开发出系列化的精品演艺项目。

丰富和繁荣河北省文化演艺事业可从以下几个方面着手推进。

其一，加强文艺精品创作。河北省的地区特色文化、长城文化、滨海文化、草原文化以及名人文化积淀深厚，与演艺事业有着广泛的结合点，均值得进一步挖掘与创作开发。可结合互联网技术、虚拟现实技术，植入网络平台，进一步丰富艺术品种与表现形式，开发出更多反映时代精神、美丽河北等主题的优秀文艺作品。

其二，繁荣文化演艺市场。河北省创造开发的演艺精品最后总是要投放到消费市场当中，这样演艺产品才能够实现其自身价值。为此，河北省应进一步培育、繁荣文化演艺市场，使得文化演艺行业释放出更大的发展活力。具体来说，一是要完善现有文化演艺市场结构，使得市场供给的演艺产品更加符合居民消费需求偏好，并有效地引导民众进行文化消费，提升整体文化消费水平；二是盘活利用率不高的文化设施资源，可以尝试政府购买服务的方式，达到剧场、院团和优秀剧目资源有效对接的目标。

其三，推动跨区域、跨行业文化艺术交流与合作。文化交流是促进文化繁荣、市场开拓的有效手段。京津冀地区有着先天的地缘优势，而且在文化上有着很多的共同点和相通之处，一方面可以跨地区进行文化汇演、文化交流，整合三省市的艺术创作力量，打造更多的舞台艺术精品；另一方面，可以借助京津两地的技术力量、专业人才对河北省进入保护名录的戏曲剧种、民俗项目进行抢救性保护、留存，从而使得河北省的传统特色文化项目得以更好地传承、发展。

第 5 章 区域文化产业升级能力评价体系与模型构建

文化产业升级能力是决定并衡量一个地区文化产业发展水平的重要因素之一。为此，本章选定全国 27 个省（自治区、直辖市）的文化产业为研究对象，构建区域文化产业升级能力评价指标体系，共包含文化产业升级产出能力、产业资源投入能力和升级环境支撑能力 3 个一级指标，下设 8 个二级指标和 25 个三级指标。在此基础上，选用突变级数法作为评价工具，阐述其基本的评价步骤，包括确定评价体系各层次的突变系统类型，由分歧方程导出归一公式以及变量取值与归一公式综合评价。

5.1 文化产业升级研究综述

当前，创意和创新成为一国传统产业向价值链高端跃迁，参与更高层次国际分工的加速器[62]，尤其是依靠创意驱动的文化产业，成为中国经济发展的新引擎与关键增长点。一方面，中国文化产业实现了快速发展，到2018年中国文化及相关产业增加值为3.87万亿，占GDP的比重为4.3%，文化产业在促进区域产业结构调整与升级、在推动经济提质高效增长方面发挥着关键作用，因而成为国内很多地区重点发展的经济支柱产业。另一方面，中国文化产业的资源与布局较为分散，产业链的整体规模、吸附能力及成熟度尚不够高，并且与金融、科技以及关联产业的融合发展水平一般[63]，因此使得中国文化产业整体升级能力不强，参与全球价值链高端环节分工的能力也有待进一步提升。此外，不同地区文化产业又在产业结构、文化资源、区位及市场环境等方面存在较大差异，导致中国文化产业发展呈现出显著的区域性差异。在此背景下，不同地区该如何客观、准确地衡量自身的产业升级现状，其资源投入和产出绩效水平如何，是否具备支撑本地区文化产业升级的能力，成为具有重大现实意义的产业发展问题。

关于国内文化产业升级的研究主要集中于两方面：一是文化产业如何借助高新技术或与其他产业进行跨界融合从而推动自身发展与升级。文化产业具有知识密集、高收入弹性和强关联性的显著特征，因而能够与其上下游产业的投入产出进行技术关联，并对其他产业起到提升或渗透作用。顾江、郭新茹（2010）指出，将高新技术融入文化产业价值链的各个环节，能够促进文化资源的高效开发利用和文化产业价值链的拓展延伸[64]。钟雅琴（2016）则表示，持续推进文化、科技、创意和资本间的深度融合对于促进文化产业转型升级与效益提升有着重要意义[65]。二是通过文化产业推动区域传统产业发展与升级以及地区综合升级能力的提升。蔡旺春、李光明（2011）认为可借助与文化产业进行延伸融合、交叉融合以及关联融合，从而加快某一区域制造业发展与升级[66]。刘冰峰、闫宁宁（2016）以景德镇陶瓷业为例，论述了文化产业创新能力对于区域产业升级的影响及作用[67]。不难看出，很多学者是从定性层面对文化产业升级进行了相关研究，而从定量层面围绕某一地区文化产业升级能力的研究尚处于空白状态，而本书恰好能够在很大程度上弥补上述研究的不足。

5.2 文化产业升级能力评价模型设计

5.2.1 建立评价指标体系

5.2.1.1 指标设立原则

本章基于以下原则设置文化产业升级能力评价指标体系。

（1）科学性原则。文化产业升级能力评价指标体系的设置要能够揭示产业自身发展过程，反映产业升级能力的本质特征，做到主观构想与现实情况相统一。在实际选取各个层次指标的过程中，一是要体现决策单元的整体功能；二是要兼顾所选指标的代表性、全面性。同时保证各个指标间的独立性，不存在包含关系，力求运用数据来源准确的指标以保证计算结果的准确性、得出结论的科学性。

（2）可行性原则。产业升级能力评价指标的设置要考虑其实际的可操作性。所选指标数据应易于获取，计算和操作起来较为简便，为了保证数据的真实可靠性，应参照国家相关统计年鉴或文化产业发展报告。同时，各指标含义、计算方法与口径应明确具体，构成的产业升级能力评价指标体系既要符合评价目标需要，又不超越客观实际条件。

（3）可比性原则。产业升级能力评价研究的重点是不同省市间文化产业升级能力的横向比较，因此在选取指标时应做到：指标的统计口径和范围、计算方法应相同，有助于同一地区沿时间序列的纵向比较和同一时间不同地区的横向比较。此外，评价指标应与国民经济核算体系相一致，与国家统计标准相协调，这样的研究将更具有科学性，也有更大的参考价值。

（4）整体性和系统性原则。在设计评价指标体系时，既要考虑构成整体的各个要素没有遗漏，全面反映产业发展的总体水平与潜力；又要使得指标体系的整体评价功能大于各个分指标的评价之和。系统性原则是指在选取评价指标时，要从全局出发，系统地反映产业升级能力的特征，指标之间既相互独立，又存在关联和补充，从而构成一个评价整体。

5.2.1.2 评价工具选择

突变理论是研究不连续现象的一个新型数学分支，主要研究某一系统或过程由一种稳定性态到另一种稳定性态的跃进，是一种用拓扑学和奇点理论研究跃迁、不连续和突然质变的数学方法，被广泛应用于自然科学与社会科学领域。文化产业发展本身是一种典型的突变现象，从系统论的角度看，产业是一个开放的系统，是一个“有机”的整体。系统的自组织是一个不可逆的动态过程，在此基础上一步步地生长、发展；在外界的随机扰动下，因素协同作用被放大，促使系统向更高的层次——临界规模跃迁，直至这个整体消亡或转化。按照突变理论分析，文化产业是通过“平衡状态—非平衡状态—动态平衡状态”的过程实现创新发展与升级的，因而突变理论适用于文化产业升级能力评价研究。

突变级数法是一种基于突变理论的多指标集成技术，该方法不需要对评价指标赋以权重，同时它又将各评价指标的相对重要性考虑在内，实现了定性与定量方法相结合，既可减少主观性又不失科学性、合理性[68]，评价结果客观、准确。目前，还没有将突变级数法应用于文化产业升级能力评价的先例，本书依据文化产业特征与发展趋势，创造性地采用突变级数法对全国 27 个省市文化产业升级能力作定量研究。

5.2.1.3 评价指标体系构成

根据研究目的，将评价总指标进行多层次且分主次的分解，排列成树状目标层次结构，将评价总指标分解成子指标，再到下层子指标，计算时，仅需知道最下层指标数据[69]。各层级指标一般不超过 4 个，确定好评价指标后，对各指标进行重要性程度排序，重要指标放前面，次要指标则排后面。区域文化产业升级能力评价指标体系的设置见表 5-1。

表 5-1 中国区域文化产业升级能力评价指标体系

目标层	系统层	准则层	指标层	选取依据	指标特性
文化产业升级能力 A	产业升级产出能力 A_1	产业成长与集聚能力 B_1	产业总产值增加额 C_1	产出能力集聚水平	阶段指标 2011—2015 年正向
			产业总产值增长率 C_2		
			产业成长程度 C_3		
			产业集中度变化率 C_4		
		科技创新与产出能力 B_2	新产品销售收入增加额 C_5	自主研发创新驱动	
			新产品销售收入增长率 C_6		
			专利授权增加数 C_7		
		资源转化与获利能力 B_3	产业劳动生产率 C_8	经济效益	时点指标 2015 年正向
			产业年度总资产周转率 C_9		
	产业升级投入能力 A_2	产业资金与人员投入 B_4	产业固定资产投资总额 C_{10}	产业资金投入	
			R&D 经费内部支出额 C_{11}		
			文化产业从业人员占城镇劳动人员比重 C_{12}		
			R&D 人员折合全时当量 C_{13}		
		政府资金与基建投入 B_5	地区文化事业费占财政支出比重 C_{14}	政策扶持	
			地区人均文化事业费支出额 C_{15}		
			地区文化事业实际完成基建投资总额 C_{16}		
		机构建设与设施投入 B_6	地区群众文化机构拥有量 C_{17}	机构与设施建设	
			每万人拥有群众文化设施建筑面积 C_{18}		
			每万人公共图书馆建筑面积 C_{19}		
	升级环境支撑能力 A_3	区域经济发展与产业吸附能力 B_7	地区人均 GDPC_{20}	区域经济承载力	
			地区城镇人口所占比重 C_{21}		
			居民人均文化娱乐消费支出额 C_{22}		
			就业增长弹性系数 C_{23}		
		产业基地建设与运营能力 B_8	国家级文化产业示范园区（基地）拥有量 C_{24}	基地建设	
			国家级文化产业示范园区（基地）营业利润 C_{25}		

如表 5-1 所示，区域文化产业升级能力评价指标体系是由 3 个一级指标、8 个二级指标和 25 个三级指标构成，主要从产业升级产出能力、升级投入能力和升级环境支撑能力三方面衡量各地区文化产业升级的能力。其中，产业升级产出能力旨在衡量各地区文化产业在过去一段时期内各方面实力的提升情况，包含产业成长与集聚能力、科技创新与产出能力以及资源转化与获利能力，其三级指标主要选用增长性指标，设定指标时间段为 2011—2015 年。产业升级投入能力指标重点在衡量各地区文化产业目前所具有的各类资源投入能力，包含产业资金与人员投入、政府资金与基建投入、机构建设与设施投入，其三级指标为时点性指标，指标数据取自 2015 年。升级环境支撑能力指标旨在衡量影响某一地区文化产业升级的环境要素和相关资源的支撑能力，包含区域经济发展与产业吸附能力、产业基地建设与运营能力两方面，其三级指标为时点性指标，指标数据取自 2015 年。

5.2.2 指标选取依据及解释

5.2.2.1 文化产业升级产出能力

文化产业升级产出能力是产业创新发展与升级最为直接的效果。文化产业发展的最终目标是为了提升产业活力和经济效益，加快产业发展的速度和质量，因此，文化产业升级产出能力就成为判断产业发展是否取得成效的重要标志，也能在一定程度上揭示产业未来所具有的发展潜力。文化产业升级产出能力包括产业成长与集聚能力、科技创新与产出能力、资源转化与获利能力三方面。由于文化产业创新发展与升级的效果要通过一段时间内产业的具体产出和提升水平来体现，因此文化产业升级产出能力所包含的三方面指标以结果性指标为主，选定评价指标的时间段为 2011—2015 年。其中，产业的成长水平用工业总产值的变化量和变化率指标来衡量，用产业成长程度指标来衡量文化产业对于当地第三产业发展的带动作用。规模以上企业是文化产业发展的主导力量，且产业内企业之间不断进行整合和集中可以提升产业资源利用效率和产业竞争力，因此选取产业集中度指标来作为文化产业产出能力的重要内容。在下述指标中，指标对象是各地区规模以上或限额以上文化企业，基期 =“2011 年”，当期 =“2015 年”。

相关指标的计算公式如下：

$$文化产业成长程度=\frac{当期文化产业总产值—基期文化产业总产值}{基期文化产业总产值}\Big/\frac{当期地区第三产业总产值—基期地区第三产业总产值}{基期地区第三产业总产值}\times 100\% \tag{5-1}$$

$$文化产业就业增长弹性系数=\frac{文化产业从业人员数增长率}{文化产业产值增长率}\times 100\% \tag{5-2}$$

$$文化产业劳动生产率=\frac{文化产业增加值}{文化产业年从业人员平均人数}\times 100\% \tag{5-3}$$

$$文化产业集中度变化率=\left(\frac{当期规模/限额以上文化企业数}{当期文化产业企业总数}—\frac{基期规模/限额以上文化企业数}{基期文化产业企业总数}\right)\Big/\frac{基期规模/限额以上文化企业数}{基期文化产业企业总数} \tag{5-4}$$

5.2.2.2 文化产业资源投入能力

产业资源投入是文化产业创新发展的物质基础和重要保障，而文化产业创新发展与升级是产业自我调整和不断提升的过程，需要产业经营主体投入大量的人力、物力和财力资源。从文化产业发展的整个过程出发，本书在文化产业资源投入下面设置 3 个指标，从企业投入、政府投入和机构建设三方面综合地判断各地区文化产业资源投入的能力和水平。

文化产业资金与人员投入是基础，只有有了资金和人员作保障，支撑产业创新发展与升级的项目开发、技术研发和技术引进等活动才能顺利地开展和实施。产业资金与人员投入共包含 4 个三级指标，即产业固定资产投资总额、R&D 经费内部支出额、文化产业从业人员占城镇劳动人员比重和 R&D 人员折合全时当量。其中，前两项是资金投入指标，分别从固定资产投资和研发经费投入水平来衡量某一地区文化产业创新发展与升级活动的资金投入能力；后两项是产业人员投入指标，体现文化产业从业人员比例和研发人员投入规模。

5.2.2.3 *产业升级环境支撑能力*

良好的产业发展环境有助于文化产业创新与升级活动的顺利进行，以更好地实现预期发展目标。一般来说，经济发展水平高、资本市场活跃的地区，其文化产业升级环境相对较好，有利于吸引文化产业资源要素集聚，从而促进该地区文化产业创新发展与升级。文化产业园区能够集聚各类社会资源，并提高资源利用效率。为此，本书将文化产业升级环境支撑能力界定为影响某一地区文化产业升级的环境要素和相关资源的支撑能力，下面设置区域经济发展与产业吸附能力、产业基地建设与运营能力 2 项二级指标以及 6 项三级指标，其三级指标为时点性指标，指标数据取自 2015 年。

5.3 突变级数法评价的基本步骤

5.3.1 确定评价体系各层次的突变系统类型

突变系统有 3 种常见类型，即尖点突变系统、燕尾突变系统和蝴蝶突变系统，这三类系统的相关内容和特征见表 5-2。

表 5-2 三种常见突变系统类型及其图示

系统类型	模型	归一公式	控制变量	图示
尖点突变系统	$F(X)=X^4+UX^2+VX$	$U=-6X^2$，$V=8X^3$	U、V	X; U V
燕尾突变系统	$F(X)=\frac{1}{5}X^5+\frac{1}{3}UX^3+\frac{1}{2}VX^2+WX$	$U=-6X^2$，$V=8X^3$，$W=-3X^4$	U、V、W	X; U V W
蝴蝶突变系统	$F(X)=\frac{1}{6}X^6+\frac{1}{4}UX^4+\frac{1}{3}VX^3+\frac{1}{2}WX^2+TX$	$U=-10X^2$，$V=20X^3$，$W=-15X^4$，$T=5X^5$	U、V、W、T	X; U V W T

表 5-2 模型中的 $F(X)$ 表示系统某个状态变量 X 的势函数，X 的系数 U、V、W、T 表示该状态变量的控制变量。若一个指标可分解成 2 个子指标，则该系统为尖点突变系统；若一个指标可分解成 3 个子指标，该系统为燕尾突变系统；若一个指标可分为 4 个子指标，该系统为蝴蝶突变系统[70]。

接下来，由底层向上依次确定评价指标体系各层次的突变系统类型。

（1）一级指标系统。文化产业升级能力由 3 个一级指标组成，分别是文化产业升级产出能力 A_1、产业资源投入能力 A_2 和产业升级环境支撑能力 A_3，该指标系统属于燕尾突变且 3 个一级指标互补，控制变量分别记为 A_1、A_2 和 A_3，如图 5-1 所示。

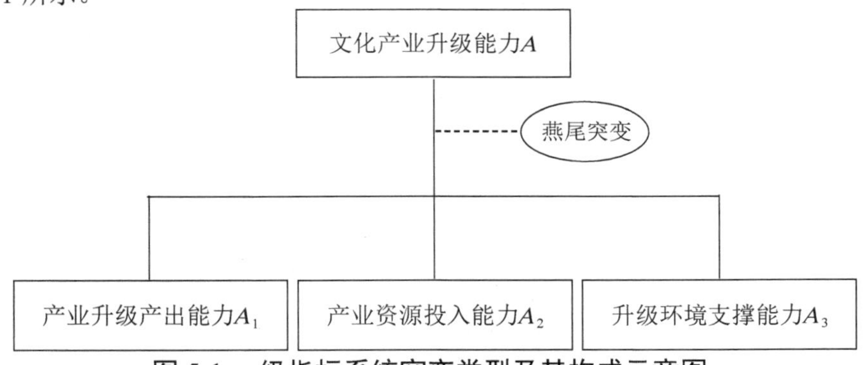

图 5-1 一级指标系统突变类型及其构成示意图

（2）二级指标系统。一级指标文化产业升级产出能力下包含产业成长与集聚能力、科技创新与产出能力和资源转化与获利能力 3 个二级指标，所以该系统属于燕尾突变系统，且为互补型，将控制变量分别记为 B_1、B_2、B_3，如图 5-2 所示。

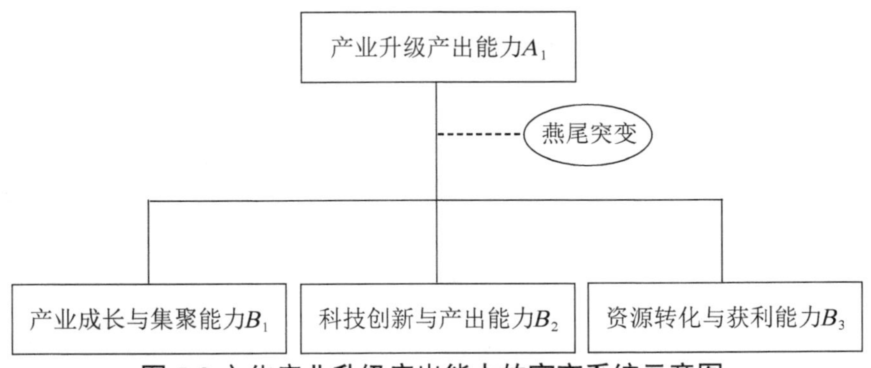

图 5-2 文化产业升级产出能力的突变系统示意图

文化产业资源投入能力指标下面同样包含 3 个二级指标，分别是产业资金与人员投入、政府资金与基建投入、机构建设与设施投入，同样为互补型燕尾突变系统，控制变量记为 B_4、B_5、B_6，如图 5-3 所示。

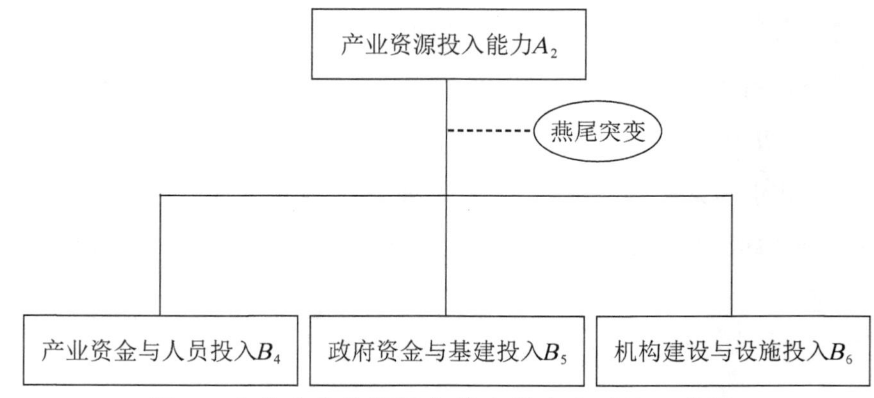

图 5-3 文化产业资源投入能力的突变系统示意图

产业升级环境支撑能力指标下包含 2 个二级指标，分别是区域经济发展与产业吸附能力、产业基地建设与运营能力，为互补型尖点突变系统，控制变量记为 B_7、B_8，如图 5-4 所示。

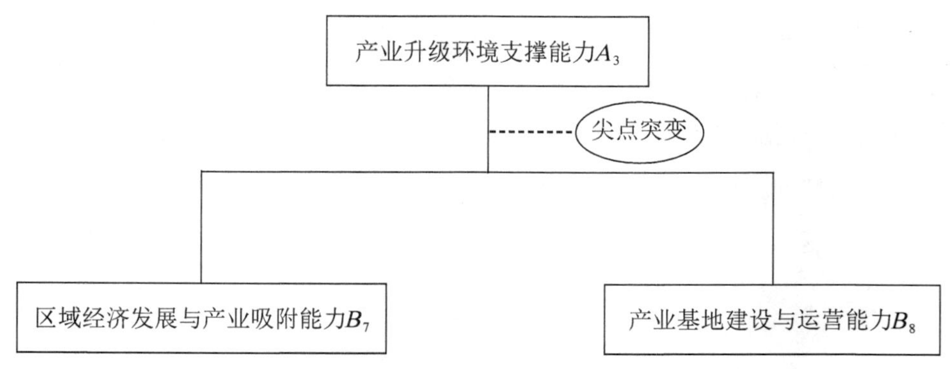

图 5-4 产业升级环境支撑能力的突变系统示意图

三级指标系统。产业成长与集聚能力下面共包括 4 个三级指标，分别是产业总产值增加额、产业总产值增长率、产业成长程度和产业集中度变化率，属于互补蝴蝶突变系统，记为 C_1、C_2、C_3、C_4，见图 5-5。

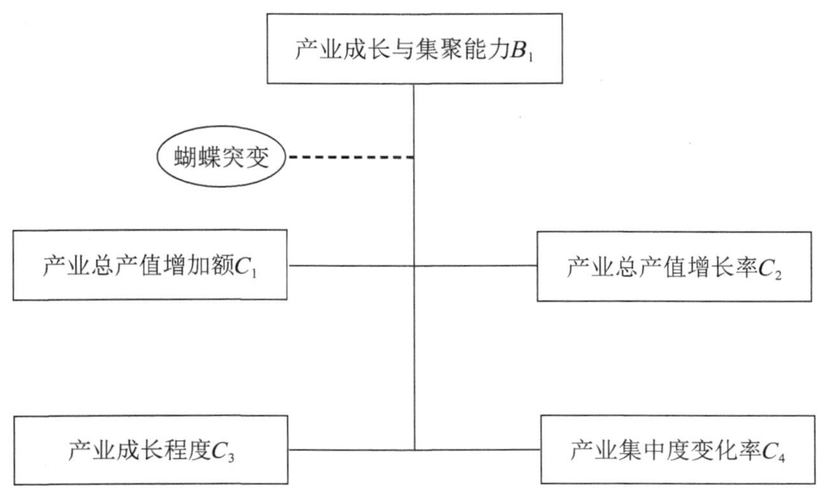

图 5-5 产业成长与集聚能力的突变系统示意

科技创新与产出能力下包括 3 个三级指标，分别是新产品销售收入增加额、新产品销售收入增长率和专利授权增加数，属于互补型燕尾突变系统，控制变量记为 C_5、C_6、C_7，如图 5-6 所示。

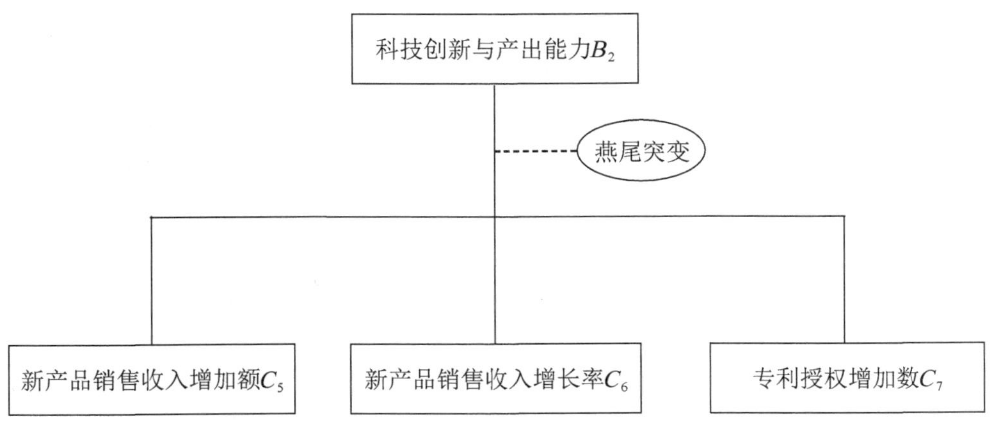

图 5-6 科技创新与产出能力的突变系统示意图

资源转化与获利能力是由 2 个三级指标组成的，分别是产业劳动生产率和产业总资产周转率，该系统互补型尖点突变系统，记为 C_8、C_9，如图 5-7 所示。

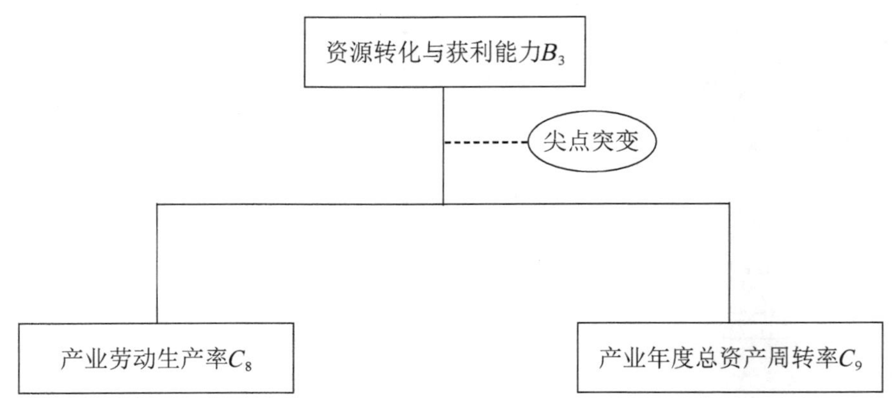

图 5-7 资源转化与获利能力的突变系统示意图

产业资金与人员投入包括 4 个三级指标，分别是产业固定资产投资总额、R&D 经费内部支出额、文化产业从业人员占劳动人员比重、R&D 人员折合全时当量，该系统为互补型蝴蝶突变系统，记控制变量为 C_{10}、C_{11}、C_{12}、C_{13}，如图 5-8 所示。

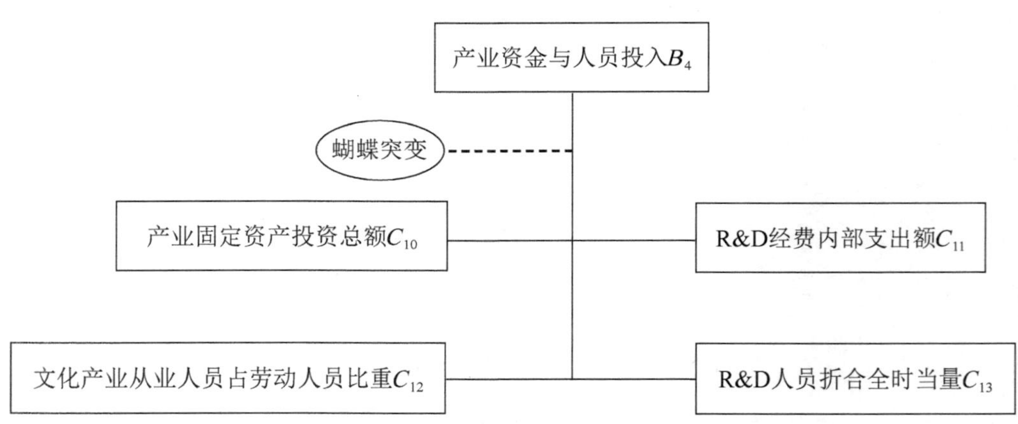

图 5-8 产业资金与人员投入的突变系统示意图

政府资金与基建投入下包括 3 个三级指标，分别是地区文化事业费占财政支出比重、地区人均文化事业费支出额和地区文化事业实际完成基建投资总额，该系统属于燕尾突变系统，且为互补型，将控制变量记为 C_{14}、C_{15} 和 C_{16}，如图 5-9 所示。

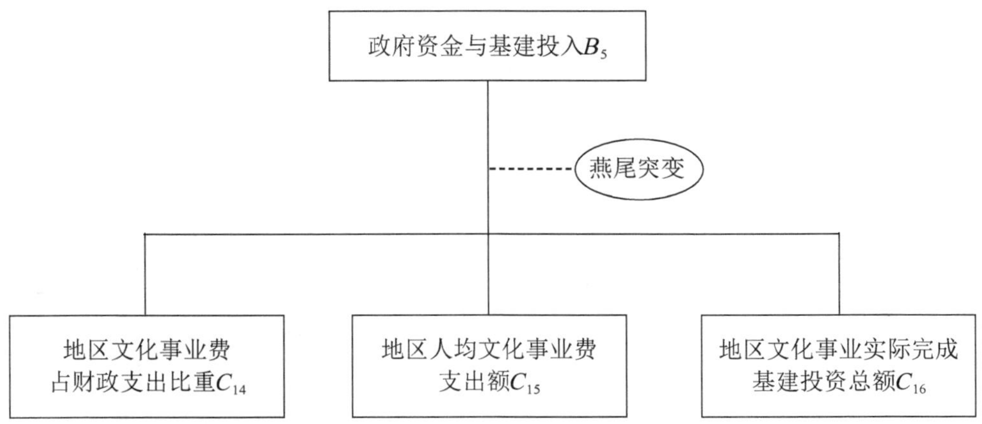

图 5-9 政府资金与基建投入的突变系统示意图

机构建设与设施投入下包括 3 个三级指标，即地区群众文化机构拥有量、每万人拥有群众文化设施建筑面积和每万人公共图书馆建筑面积，该系统属于尖点突变系统，为互补型，将控制变量记分别为 C_{17}、C_{18} 和 C_{19}，如图 5-10 所示。

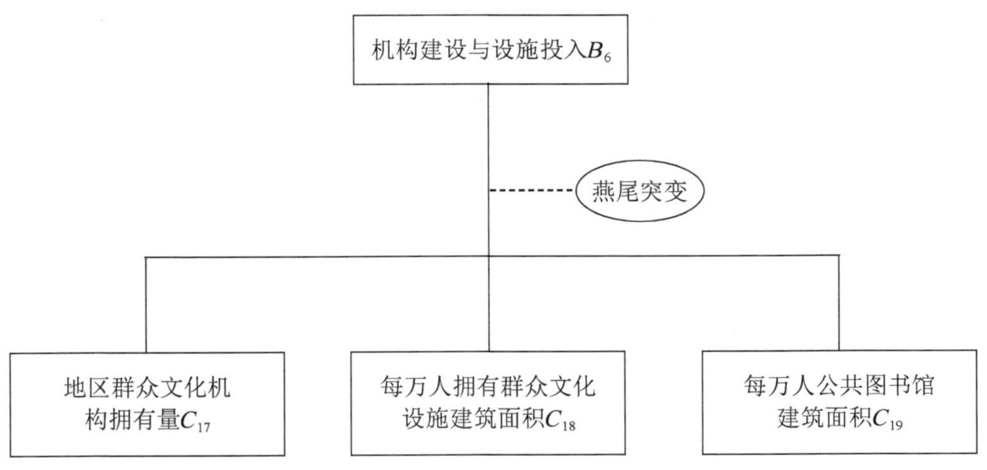

图 5-10 机构建设与设施投入的突变系统示意图

区域经济发展与产业吸附能力下包括 4 个三级指标，分别是地区人均 GDP、地区城镇人口所占比重、居民人均文化娱乐消费支出和就业增长弹性系数，该系统为互补型蝴蝶突变系统，记控制变量为 C_{20}、C_{21}、C_{22} 和 C_{23}，如图 5-11 所示。

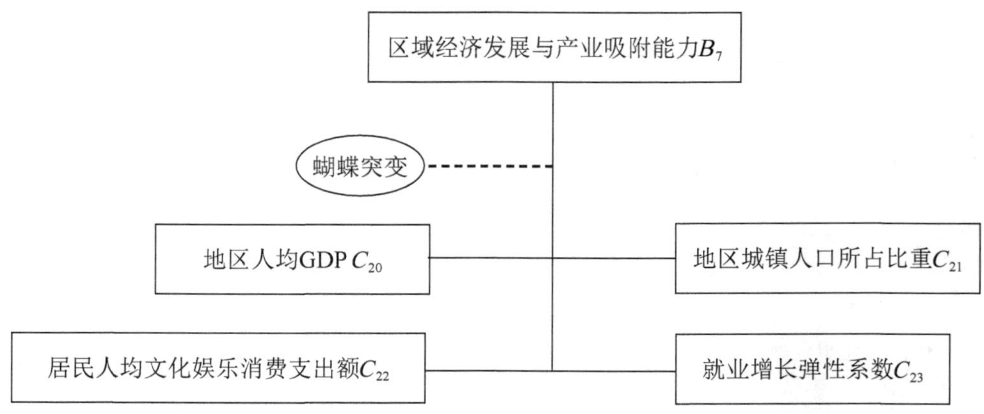

图 5-11 区域经济发展与产业吸附能力的突变系统示意图

产业基地建设与运营能力是由 2 个三级指标组成，分别是国家级文化产业示范园区与基地拥有量和国家级文化产业示范园区与基地营业利润，该系统为互补型尖点突变系统，记控制变量为 C_{24} 和 C_{25}，如图 5-12 所示。

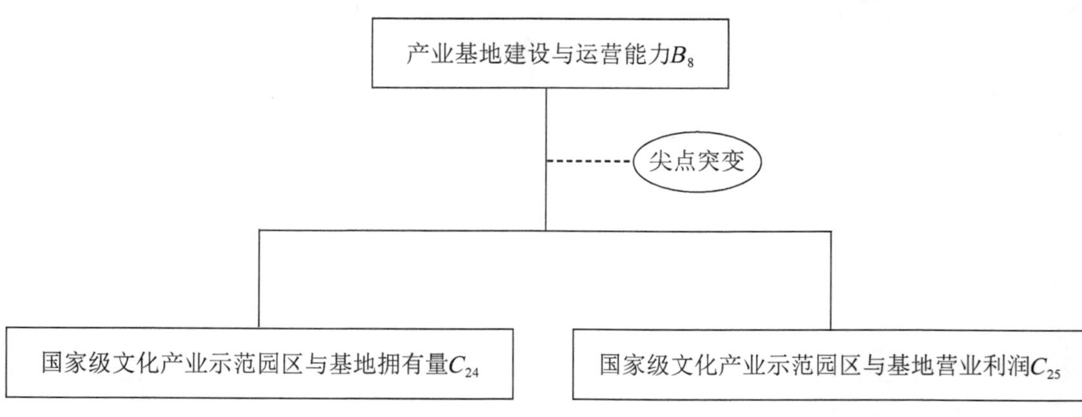

图 5-12 产业基地建设与运营能力的突变系统示意图

5.3.2 由分歧方程导出归一公式

由表 5-2 中突变系统的分歧方程可导出与之对应的归一公式。根据突变理论，F（X）所有的临界点集合成平衡曲面，其方程能通过对 F（X）求一阶导数而得，即 F'（X）=0，其奇点集可通过对 F（X）求二阶导数得到，即 F''（X）=0[71]。由 F'（X）=0 与 F（X）$''$=0，消去 X，可得到突变系统的分歧点集方程，再由分歧点集方程可导出归一公式。其中，尖点突变系统归一公式：$X_U=\sqrt{U}$，$X_V=\sqrt[3]{V}$；燕尾突变系统归一公式：$X_U=\sqrt{U}$，$X_V=\sqrt[3]{V}$，$X_W=\sqrt[4]{W}$；蝴蝶突变系统归一公式：$X_U=\sqrt{U}$，$X_V=\sqrt[3]{V}$，$X_W=\sqrt[4]{W}$，$X_T=\sqrt[5]{T}$ [72]。

5.3.3 变量取值与归一公式综合评价

通过对状态变量取值，并逐级展开定量计算，从而求出评价目标的总评价值。（1）互补原则：若同一对象的各控制变量存在显著关联作用，可互为补充不足时 [73]，则该对象存在互补型控制变量，状态变量取各控制变量的平均值；（2）非互补原则：若各控制变量之间无法弥补彼此间的不足，则该对象存在非互补型控制变量，状态变量取各控制变量中的最小值。

第6章 区域文化产业升级能力评价与分析

本章选定全国27个省（自治区、直辖市）的文化产业为研究对象，利用突变级数法对各地区文化产业升级能力进行定量评价与分析。依据突变级数法的原理及评价步骤，在第5章建立文化升级能力评价指标体系的基础上，首先对各三级指标的原始数据进行标准化处理，并按照突变模型对上一级指标数值进行计算，进而得出27个评价对象一级和二级指标的得分及对应排名；其次，利用系统的归一公式计算出各地区文化产业升级能力的最终得分及排名；最后，按照文化产业升级能力的整体得分情况，将27个省（自治区、直辖市）分为甲、乙、丙三个集团，并对包括河北省在内的各地区文化产业升级状况作深入分析。

6.1 全国27个省市文化产业升级能力综合评价

选取我国不包括港澳台地区在内的27个省（自治区、直辖市）（其中海南、西藏、青海、新疆四省由于部分数据缺失，未作为研究对象），以这些地区的规模以上文化企业作为研究对象，对其文化产业升级能力进行综合评价。由于文化产业升级效果的衡量与评价需要以一段时期为基础，2011—2015年正值我国“十二五”发展时期，全国各地区文化产业发展速度加快，也取得了较为显著的建设成果。因此，结合数据的完整性与可得性，本书将2011—2015年作为各地区文化产业升级能力的评价期。25项三级指标的原始数据来源为《国家统计年鉴（2016）》《中国文化及相关产业统计年鉴（2016）》《中国文化文物统计年鉴（2016）》和《中国文化及相关产业统计年鉴（2012）》。

6.1.1 数据的标准化处理

6.1.1.1 指标原始数据

通过在图书馆、网络查阅全国27个省（自治区、直辖市）的文化产业统计年鉴及其他相关资料，汇总整理出各地区的文化产业升级能力评价指标的原始数据，如表6-1、表6-2和表6-3所示。

表6-1 全国27个省（自治区、直辖市）化产业升级能力评价指标原始数据

指标 地区	产业总产值增加额（亿元）	产业总产值增长率（100%）	产业成长程度（100%）	产业集中度变化率（100%）	新产品销售收入增加额（万元）	新产品销售收入增长率（100%）	专利授权增加数（件）	产业劳动生产率（元/人/年）	产业年度总资产周转率（次）
标记	C_1	C_2	C_3	C_4	C_5	C_6	C_7	C_8	C_9
全国	56499.144	2.074	1.913	0.043	24096597.5	0.476	7974	13.344	0.866
北京	3730.546	1.393	1.673	0.033	62900.5	0.105	234	20.468	0.680
天津	1738.362	3.165	2.232	0.047	2452675.9	1.266	1100	10.927	0.602
河北	1216.185	3.388	3.572	0.037	160625.0	0.428	90	9.434	0.832

续表

指标 地区	产业总产值增加额（亿元）	产业总产值增长率（100%）	产业成长程度（100%）	产业集中度变化率（100%）	新产品销售收入增加额（万元）	新产品销售收入增长率（100%）	专利授权增加数（件）	产业劳动生产率（元/人/年）	产业年度总资产周转率（次）
山 西	190.341	1.645	1.779	0.020	11043.2	0.756	20	9.958	0.420
内蒙古	70.930	0.258	0.274	0.021	116433.5	24.507	18	20.978	0.604
辽 宁	818.871	1.189	1.063	0.026	-165054.4	-0.476	37	12.151	0.859
吉 林	48.675	0.219	0.230	0.025	8322.2	0.675	-5	15.690	0.553
黑龙江	39.372	0.167	0.151	0.021	-6738.1	-0.764	-3	14.293	0.668
上 海	5303.360	2.156	2.870	0.055	885895.0	0.322	366	14.836	0.997
江 苏	8550.279	3.351	2.602	0.056	3150025.4	0.380	1651	15.305	0.922
浙 江	4246.525	1.819	1.750	0.040	4084428.6	0.735	-7	11.286	0.778
安 徽	1874.770	4.975	4.822	0.044	1657814.7	1.204	1020	9.469	0.976
福 建	1998.234	1.923	1.935	0.053	759098.3	0.301	319	12.061	1.129
江 西	1394.605	3.498	2.994	0.042	288963.8	0.994	203	15.025	1.252
山 东	5531.016	2.172	1.749	0.055	136240.9	0.015	1081	15.609	0.845
河 南	2072.521	2.702	2.161	0.052	75135.0	0.085	199	11.604	0.924
湖 北	1546.707	4.030	3.268	0.036	483333.6	0.847	251	11.662	0.593
湖 南	2869.008	4.696	3.997	0.063	4706063.2	12.673	258	19.184	1.264
广 东	8465.041	1.289	1.484	0.054	1452243.7	0.126	50	11.939	1.092
广 西	466.780	1.752	1.529	0.029	-9274.9	-0.204	36	9.433	0.894
重 庆	1542.346	5.355	3.038	0.029	1097813.0	3.411	5	14.933	1.013
四 川	1301.923	1.810	1.655	0.043	2656972.5	0.810	761	11.981	0.752
贵 州	182.074	2.341	1.791	0.032	21601.8	2.404	50	7.715	0.358
云 南	297.049	1.322	1.043	0.025	9214.8	0.050	147	10.806	0.480
陕 西	515.652	2.190	1.887	0.032	17584.2	0.559	45	12.887	0.502
甘 肃	112.308	1.963	1.608	0.022	-3298.0	-0.853	3	7.250	0.474
宁 夏	17.377	0.488	0.367	0.033	-15055.1	-0.405	35	9.673	0.294

数据来源：《中国文化及相关产业统计年鉴（2016）》《中国文化及相关产业统计年鉴（2012）》《中国文化文物统计年鉴（2016）》

表 6-2 全国 27 个省（自治区、直辖市）文化产业升级能力评价指标原始数据

指标 地区	产业固定资产投资总额（万元）	R&D 经费内部支出额(万元）	文化产业从业人员占城镇劳动人员比重（100%）	R&D 人员折合全时当量（人/年）	地区文化事业费占财政支出比重（%）	地区人均文化事业经费支出额（元）	地区文化事业实际完成基建投资总额（万元）	地区群众文化机构拥有量（个）
标 记	C_{10}	C_{11}	C_{12}	C_{13}	C_{14}	C_{15}	C_{16}	C_{17}
全 国	288979574	4254034	0.046	122568	0.390	49.680	827573	44291
北 京	3542565	28584	0.081	974	0.480	127.080	33628	349
天 津	5549753	183908	0.083	5149	0.480	99.390	3325	260
河 北	19268584	36013	0.045	1330	0.330	24.960	33720	2402
山 西	6429921	804	0.030	88	0.530	49.670	21354	1540
内蒙古	4027952	677	0.022	55	0.540	91.160	26009	1179
辽 宁	8316394	56859	0.029	2234	0.370	37.740	21118	1543
吉 林	4954848	108	0.019	0	0.490	56.810	4685	979
黑龙江	4486806	690	0.017	51	0.380	40.030	1964	1641
上 海	1959561	127049	0.068	2760	0.590	151.340	24122	237
江 苏	26412230	796801	0.061	25007	0.420	50.580	148761	1396
浙 江	14423125	378904	0.065	14710	0.730	88.140	54842	1417
安 徽	11734126	119474	0.049	4478	0.280	23.810	3785	1559
福 建	10873550	222765	0.068	5455	0.470	48.850	9102	1222
江 西	14574845	26647	0.063	1369	0.290	27.840	2410	1881
山 东	27991192	755572	0.063	11970	0.360	30.440	21669	1971
河 南	18418138	89268	0.055	4389	0.300	21.730	11098	2533
湖 北	13851636	73255	0.037	1720	0.380	40.270	17955	1399
湖 南	16621908	240276	0.074	7550	0.340	28.570	58728	2677
广 东	14012029	764408	0.091	24462	0.420	49.710	40948	1742

续表

指标 / 地区	产业固定资产投资总额（万元）	R&D 经费内部支出额（万元）	文化产业从业人员占城镇劳动人员比重（100%）	R&D 人员折合全时当量（人/年）	地区文化事业经费占财政支出比重（%）	地区人均文化事业经费支出额（元）	地区文化事业实际完成基建投资总额（万元）	地区群众文化机构拥有量（个）
广 西	8963321	2538	0.042	120	0.420	35.910	112038	1291
重 庆	11873347	28965	0.036	729	0.450	56.270	7898	1045
四 川	9387277	287576	0.036	6910	0.530	48.240	49045	4785
贵 州	5208059	3483	0.028	33	0.300	33.980	922	1665
云 南	4536707	13930	0.026	508	0.410	40.320	18597	1564
陕 西	9442561	10316	0.035	334	0.470	54.090	10451	1591
甘 肃	3850166	2674	0.033	129	0.380	43.780	7873	1455
宁 夏	1190989	1232	0.032	102	0.510	87.760	7256	266

数据来源：《中国统计年鉴（2016）》《中国文化及相关产业统计年鉴（2016）》

表 6-3 全国 27 个省（自治区、直辖市）文化产业升级能力评价指标原始数据

指标 / 地区	地区每万人拥有群众文化设施建筑面积（平方米）	地区平均每万人公共图书馆建筑面积（平方米）	地区人均 GDP（万元）	地区城镇人口所占比重（%）	居民人均文化娱乐消费支出（元）	就业增长弹性系数（%）	国家级文化产业示范园区（基地）机构数（个）	国家级文化产业示范园区（基地）营业利润（千元）
标 记	C_{18}	C_{19}	C_{20}	C_{21}	C_{22}	C_{23}	C_{24}	C_{25}
全 国	280	94.7	5.258	56.10	760.1	0.360	335	60336595
北 京	329.2	113.6	10.603	86.50	2592.1	0.444	25	-42738
天 津	205	167.4	10.691	82.64	1120.0	0.409	5	81506
河 北	163.7	59.2	4.014	51.33	553.7	0.298	15	2947108
山 西	267.3	114.3	3.484	55.03	544.3	0.345	11	406556
内蒙古	300.8	135.5	7.101	60.30	828.2	1.614	6	-22635
辽 宁	283.6	126.7	6.542	67.35	856.0	0.326	10	225399

续表

指标 地区	地区每万人拥有群众文化设施建筑面积（平方米）	地区平均每万人公共图书馆建筑面积（平方米）	地区人均GDP（万元）	地区城镇人口所占比重（%）	居民人均文化娱乐消费支出（元）	就业增长弹性系数（%）	国家级文化产业示范园区（基地）机构数（个）	国家级文化产业示范园区（基地）营业利润（千元）
吉 林	185.3	98.9	5.108	55.31	616.7	0.115	12	147230
黑龙江	214	76.6	3.957	58.80	500.5	0.468	10	4904175
上 海	567.7	173.2	10.402	87.60	2372.8	0.232	19	6309779
江 苏	475.2	129.3	8.791	66.52	1266.7	0.438	15	1061153
浙 江	677.4	171.7	7.743	65.80	1093.0	0.297	16	1444817
安 徽	166	65	3.582	50.50	412.4	0.243	10	206052
福 建	325.7	99.1	6.767	62.60	803.4	0.361	8	2371065
江 西	235.3	80.1	3.663	51.62	552.3	0.454	14	132171
山 东	255.8	83.8	6.398	57.01	640.7	0.313	15	1054972
河 南	142.4	57.9	3.903	46.85	573.7	0.415	12	3591865
湖 北	206.2	91.9	5.050	56.85	551.8	0.234	6	189930
湖 南	223.4	61.1	4.261	50.89	740.7	0.510	13	5939353
广 东	359	115.9	6.711	68.71	1139.6	0.297	27	2076539
广 西	157.7	72	3.506	47.06	449.0	0.291	9	285716
重 庆	305.9	97.6	5.210	60.94	653.7	0.279	7	12997
四 川	262.6	68.5	3.663	47.69	584.7	0.401	13	115878
贵 州	217.8	63.7	2.976	42.01	506.5	0.445	6	82792
云 南	222.6	75.1	2.872	43.33	533.8	0.474	8	68166
陕 西	231.8	64.4	4.751	53.92	576.7	0.305	12	26272355
甘 肃	279.1	84.3	2.612	43.19	438.5	0.445	7	22754
宁 夏	391.7	158.8	4.360	55.23	612.6	1.124	5	23399

数据来源：《中国统计年鉴（2016）》《中国文化及相关产业统计年鉴（2016）》

6.1.1.2 对原始数据进行无量纲化处理

由于评价体系内各指标在内容、量纲及量纲单位方面均有所不同，依据突变级数法综合评价的要求，在使用归一公式之前，应将各个控制变量的原始数据转化到 [0、1] 之间 [74]。利用公式 6-1 对非标准化数据进行无量纲化处理：

$$Y_{ij}=\frac{M_{ij}-\mathrm{Min}X_{ij}}{\mathrm{Max}X_{ij}-\mathrm{Min}X_{ij}} \tag{6-1}$$

（其中，i=1，2，3⋯，25；j=1，2，3⋯，27）从而计算出文化产业升级产出能力、产业资源投入能力和产业升级环境支撑能力指标标准值，见表 6-4、表 6-5 和表 6-6。

表 6-4 全国 27 个省（自治区、直辖市）文化产业升级能力评价指标标准化数据

指标 / 地区	产业总产值增加额	产业总产值增长率	产业成长程度	产业集中度变化率	新产品销售收入增加额	新产品销售收入增长率	专利授权增加数	产业劳动生产率	产业年度总资产周转率
标　记	C_1	C_2	C_3	C_4	C_5	C_6	C_7	C_8	C_9
北　京	0.435	0.236	0.326	0.286	0.047	0.038	0.145	0.963	0.398
天　津	0.202	0.578	0.446	0.622	0.537	0.084	0.668	0.268	0.317
河　北	0.140	0.621	0.733	0.380	0.067	0.051	0.059	0.159	0.555
山　西	0.020	0.285	0.349	0.000	0.036	0.063	0.016	0.197	0.129
内蒙古	0.006	0.017	0.026	0.003	0.058	1.000	0.015	1.000	0.319
辽　宁	0.094	0.197	0.195	0.122	0.000	0.015	0.027	0.357	0.582
吉　林	0.004	0.010	0.017	0.106	0.036	0.060	0.001	0.615	0.267
黑龙江	0.003	0.000	0.000	0.010	0.033	0.004	0.002	0.513	0.385
上　海	0.619	0.383	0.582	0.801	0.216	0.046	0.225	0.553	0.725
江　苏	1.000	0.614	0.525	0.838	0.681	0.049	1.000	0.587	0.647
浙　江	0.496	0.318	0.342	0.450	0.872	0.063	0.000	0.294	0.499
安　徽	0.218	0.927	1.000	0.551	0.374	0.081	0.619	0.162	0.703
福　建	0.232	0.338	0.382	0.759	0.190	0.046	0.197	0.350	0.861

续表

地区\指标	产业总产值增加额	产业总产值增长率	产业成长程度	产业集中度变化率	新产品销售收入增加额	新产品销售收入增长率	专利授权增加数	产业劳动生产率	产业年度总资产周转率
江 西	0.161	0.642	0.609	0.494	0.093	0.073	0.127	0.566	0.988
山 东	0.646	0.386	0.342	0.807	0.062	0.034	0.656	0.609	0.568
河 南	0.241	0.489	0.430	0.744	0.049	0.037	0.124	0.317	0.650
湖 北	0.179	0.744	0.667	0.359	0.133	0.067	0.156	0.321	0.309
湖 南	0.334	0.873	0.823	1.000	1.000	0.533	0.160	0.869	1.000
广 东	0.990	0.216	0.285	0.795	0.332	0.039	0.034	0.342	0.822
广 西	0.053	0.305	0.295	0.200	0.032	0.026	0.026	0.159	0.619
重 庆	0.179	1.000	0.618	0.203	0.259	0.168	0.007	0.560	0.741
四 川	0.151	0.317	0.322	0.539	0.579	0.066	0.463	0.345	0.472
贵 州	0.019	0.419	0.351	0.266	0.038	0.128	0.034	0.034	0.066
云 南	0.033	0.223	0.191	0.102	0.036	0.036	0.093	0.259	0.192
陕 西	0.058	0.390	0.372	0.269	0.037	0.056	0.031	0.411	0.214
甘 肃	0.011	0.346	0.312	0.043	0.033	0.000	0.006	0.000	0.185
宁 夏	0.000	0.062	0.046	0.285	0.031	0.018	0.025	0.176	0.000

表 6-5 全国 27 个省（自治区、直辖市）文化产业升级能力评价指标标准化数据

地区\指标	产业固定资产投资总额	R&D 经费内部支出额	文化产业从业人员占城镇劳动人员比重	R&D 人员折合全时当量	地区文化事业费占财政支出比重	地区人均文化事业费支出额	地区文化事业实际完成基建投资总额	地区群众文化机构拥有量
标 记	C_{10}	C_{11}	C_{12}	C_{13}	C_{14}	C_{15}	C_{16}	C_{17}
北 京	0.088	0.036	0.861	0.039	0.444	0.813	0.221	0.025
天 津	0.163	0.231	0.886	0.206	0.444	0.599	0.016	0.005
河 北	0.675	0.045	0.373	0.053	0.111	0.025	0.222	0.476
山 西	0.195	0.001	0.179	0.003	0.556	0.216	0.138	0.286
内蒙古	0.106	0.001	0.062	0.002	0.578	0.536	0.170	0.207

续表

指标 地区	产业固定资产投资总额	R&D 经费内部支出额	文化产业从业人员占城镇劳动人员比重	R&D 人员折合全时当量	地区文化事业费占财政支出比重	地区人均文化事业费支出额	地区文化事业实际完成基建投资总额	地区群众文化机构拥有量
辽 宁	0.266	0.071	0.166	0.089	0.200	0.124	0.137	0.287
吉 林	0.140	0.000	0.026	0.000	0.467	0.271	0.025	0.163
黑龙江	0.123	0.001	0.000	0.002	0.222	0.141	0.007	0.309
上 海	0.029	0.159	0.685	0.110	0.689	1.000	0.157	0.000
江 苏	0.941	1.000	0.588	1.000	0.311	0.223	1.000	0.255
浙 江	0.494	0.475	0.640	0.588	1.000	0.512	0.365	0.259
安 徽	0.393	0.150	0.430	0.179	0.000	0.016	0.019	0.291
福 建	0.361	0.279	0.692	0.218	0.422	0.209	0.055	0.217
江 西	0.499	0.033	0.614	0.055	0.022	0.047	0.010	0.361
山 东	1.000	0.948	0.624	0.479	0.178	0.067	0.140	0.381
河 南	0.643	0.112	0.515	0.175	0.044	0.000	0.069	0.505
湖 北	0.472	0.092	0.273	0.069	0.222	0.143	0.115	0.255
湖 南	0.576	0.301	0.771	0.302	0.133	0.053	0.391	0.536
广 东	0.478	0.959	1.000	0.978	0.311	0.216	0.271	0.331
广 西	0.290	0.003	0.338	0.005	0.311	0.109	0.752	0.232
重 庆	0.399	0.036	0.249	0.029	0.378	0.266	0.047	0.178
四 川	0.306	0.361	0.254	0.276	0.556	0.205	0.326	1.000
贵 州	0.150	0.004	0.149	0.001	0.044	0.095	0.000	0.314
云 南	0.125	0.017	0.122	0.020	0.289	0.143	0.120	0.292
陕 西	0.308	0.013	0.237	0.013	0.422	0.250	0.064	0.298
甘 肃	0.099	0.003	0.212	0.005	0.222	0.170	0.047	0.268
宁 夏	0.000	0.001	0.198	0.004	0.511	0.509	0.043	0.006

表 6-6 全国 27 个省（自治区、直辖市）文化产业升级能力评价指标标准化数据

指标 地区	地区每万人拥有群众文化设施建筑面积	地区平均每万人公共图书馆建筑面积	地区人均GDP	地区城镇人口所占比重	居民人均文化娱乐消费支出	就业增长弹性系数	国家级文化产业示范园区（基地）机构数	国家级文化产业示范园区（基地）营业利润
标 记	C_{18}	C_{19}	C_{20}	C_{21}	C_{22}	C_{23}	C_{24}	C_{25}
北 京	0.349	0.483	0.989	0.976	1.000	0.220	0.909	0.000
天 津	0.117	0.950	1.000	0.891	0.325	0.196	0.000	0.005
河 北	0.040	0.011	0.174	0.204	0.065	0.122	0.455	0.114
山 西	0.233	0.489	0.108	0.286	0.061	0.153	0.273	0.017
内蒙古	0.296	0.673	0.556	0.401	0.191	1.000	0.045	0.001
辽 宁	0.264	0.597	0.486	0.556	0.204	0.141	0.227	0.010
吉 林	0.080	0.356	0.309	0.292	0.094	0.000	0.318	0.007
黑龙江	0.134	0.162	0.166	0.368	0.040	0.235	0.227	0.188
上 海	0.795	1.000	0.964	1.000	0.899	0.078	0.636	0.241
江 苏	0.622	0.619	0.765	0.538	0.392	0.215	0.455	0.042
浙 江	1.000	0.987	0.635	0.522	0.312	0.122	0.500	0.057
安 徽	0.044	0.062	0.120	0.186	0.000	0.086	0.227	0.009
福 建	0.343	0.357	0.514	0.452	0.179	0.164	0.136	0.092
江 西	0.174	0.193	0.130	0.211	0.064	0.226	0.409	0.007
山 东	0.212	0.225	0.469	0.329	0.105	0.132	0.455	0.042
河 南	0.000	0.000	0.160	0.106	0.074	0.200	0.318	0.138
湖 北	0.119	0.295	0.302	0.326	0.064	0.079	0.045	0.009
湖 南	0.151	0.028	0.204	0.195	0.151	0.263	0.364	0.227
广 东	0.405	0.503	0.507	0.586	0.334	0.121	1.000	0.081
广 西	0.029	0.122	0.110	0.111	0.017	0.117	0.182	0.012

续表

指标 地区	地区每万人拥有群众文化设施建筑面积	地区平均每万人公共图书馆建筑面积	地区人均GDP	地区城镇人口所占比重	居民人均文化娱乐消费支出	就业增长弹性系数	国家级文化产业示范园区（基地）机构数	国家级文化产业示范园区（基地）营业利润
重 庆	0.306	0.344	0.322	0.415	0.111	0.110	0.091	0.002
四 川	0.225	0.092	0.130	0.125	0.079	0.191	0.364	0.006
贵 州	0.141	0.050	0.045	0.000	0.043	0.220	0.045	0.005
云 南	0.150	0.149	0.032	0.029	0.056	0.240	0.136	0.004
陕 西	0.167	0.056	0.265	0.261	0.075	0.127	0.318	1.000
甘 肃	0.256	0.229	0.000	0.026	0.012	0.220	0.091	0.002
宁 夏	0.466	0.875	0.216	0.290	0.092	0.673	0.000	0.003

6.1.2 全国27个省（自治区、直辖市）文化产业升级能力综合评价

根据突变级数法的基本原理和突变模型，对各地区文化产业升级能力进行综合评价。以河北省为例，评价过程如下：

C_1、C_2、C_3 和 C_4 构成蝴蝶突变模型，按互补原则：

$X_{C_1}=\sqrt{0.1405}$ =0.374823；$X_{C_2}=\sqrt[3]{0.6207}$ =0.853034；

$X_{C_3}=\sqrt[4]{0.7362}$ =0.925146；$X_{C_4}=\sqrt[5]{0.3796}$ =0.823877；

B_1=（$X_{C_1}+X_{C_2}+X_{C_3}+X_{C_4}$）/4=（0.374823+0.853034+0.925146+0.823877）/4=0.744220.

C_5、C_6 和 C_7 构成燕尾突变模型，按互补原则：

$X_{C_5}=\sqrt{0.0669}$ =0.258572；$X_{C_6}=\sqrt[3]{0.0505}$ =0.369730；

$X_{C_7}=\sqrt[4]{0.0585}$ =0.491809；

B_2=（$X_{C_5}+X_{C_6}+X_{C_7}$）/3=（0.258572+0.369730+0.491809）/3=0.373370.

C_8 和 C_9 构成尖点突变模型，按互补原则：

$X_{C_8}=\sqrt{0.1591}$ =0.398894；$X_{C_9}=\sqrt[3]{0.5548}$ =0.821714；

B_3=（$X_{C_8}+X_{C_9}$）/2=（0.398894+0.821714）/2=0.610304.

C_{10}、C_{11}、C_{12} 和 C_{13} 构成蝴蝶突变模型，按互补原则：

$X_{C_{10}}=\sqrt{0.6745}$ =0.821299；$X_{C_{11}}=\sqrt[3]{0.0451}$ =0.355868；

$X_{C_{12}}=\sqrt[4]{0.3731}$ =0.781543；$X_{C_{13}}=\sqrt[5]{0.0532}$ =0.556095；

B_4=（$X_{C_{10}}+X_{C_{11}}+X_{C_{12}}+X_{C_{13}}$）/4=（0.821299+0.355868+0.781543+0.556095）/4=0.628701.

C_{14}、C_{15} 和 C_{16} 构成燕尾突变模型，按互补原则：

$X_{C_{14}}=\sqrt{0.0111}$ =0.333333；$X_{C_{15}}=\sqrt[3]{0.0249}$ =0.292093；

$X_{C_{16}}=\sqrt[4]{0.2218}$ =0.686301；

B_5=（$X_{C_{14}}+X_{C_{15}}+X_{C_{16}}$）/3=（0.333333+0.292093+0.686301）/3=0.437242.

C_{17}、C_{18} 和 C_{19} 构成燕尾突变模型，按互补原则：

$X_{C_{17}}=\sqrt{0.4760}$ =0.689952；$X_{C_{18}}=\sqrt[3]{0.0398}$ =0.341462；

$X_{C_{19}}=\sqrt[4]{0.0113}$ =0.325858；

B_6=（$X_{C_{17}}+X_{C_{18}}+X_{C_{19}}$）/3=（0.689952+0.341462+0.325858）/3=0.452424.

C_{20}、C_{21}、C_{22} 和 C_{23} 构成蝴蝶突变模型，按互补原则：

$X_{C_{20}}=\sqrt{0.1736}$ =0.416617；$X_{C_{21}}=\sqrt[3]{0.2044}$ =0.589091；

$X_{C_{22}}=\sqrt[4]{0.0648}$ =0.504591；$X_{C_{23}}=\sqrt[5]{0.1223}$ =0.656867；

B_7=（$X_{C_{20}}+X_{C_{21}}+X_{C_{22}}+X_{C_{23}}$）/4=（0.416617+0.589091+0.504591+0.656867）/4=0.541791.

C_{24} 和 C_{25} 构成尖点突变模型，按互补原则：

$X_{C_{24}}=\sqrt{0.4545}$ =0.674199；$X_{C_{25}}=\sqrt[3]{0.1136}$ =0.484337；

B_8=（$X_{C_{24}}+X_{C_{25}}$）/2=（0.674199+0.484337）/2=0.579269.

B_1、B_2 和 B_3 构成燕尾突变模型，按互补原则可知：

$X_{B_1}=\sqrt{0.7442}$ =0.862682；$X_{B_2}=\sqrt[3]{0.3734}$ =0.720079；

$X_{B_3}=\sqrt[4]{0.6103}$ =0.883866；

A_1=（$X_{B_1}+X_{B_2}+X_{B_3}$）/3=（0.862682+0.720079+0.883866）/3=0.822209.

B_4、B_5 和 B_6 构成燕尾突变模型，按互补原则：

$X_{B_4}=\sqrt{0.6287}$ =0.792907；$X_{B_5}=\sqrt[3]{0.4372}$ =0.758998；

$X_{B_6}=\sqrt[4]{0.4524}$ =0.820137；

A_2=（$X_{B_4}+X_{B_5}+X_{B_6}$）/3=（0.792907+0.758998+0.820137）/3=0.790681.

B_7 和 B_8 构成尖点突变模型，按互补原则：

$X_{B_7}=\sqrt{0.5418}$ =0.736065；$X_{B_8}=\sqrt[3]{0.5793}$ =0.833604；

A_3=（$X_{B_7}+X_{B_8}$）/2=（0.736065+0.833604）/2=0.784835.

A_1、A_2 和 A_3 构成燕尾突变模型，按互补原则：

$X_{A_1}=\sqrt{0.8222}$ =0.906757；$X_{A_2}=\sqrt[3]{0.7907}$ =0.924699；

$X_{A_3}=\sqrt[4]{0.7848}$ =0.941227；

A（产业升级能力）=（$X_{A_1}+X_{A_2}+X_{A_3}$）/3=（0.906757+0.924699+0.941227）/3=0.924228.

按同样方法和步骤，可得到其他省市的产业成长与集聚能力、科技创新与产出能力、资源转化与获利能力、产业资金与人员投入、政府资金与基建投入、机构建设与设施投入、区域经济发展与产业吸附能力和产业基地建设与运营能力等指标的得分，并对各指标得分进行排名，具体见表 6-7、表 6-8 和表 6-9。

表 6-7 全国 27 个省（自治区、直辖市）文化产业升级产出二级指标得分和排名

地区	产业成长与集聚能力		科技创新与产出能力		资源转化与获利能力	
	得分	排名	得分	排名	得分	排名
北 京	0.702975	15	0.389795	15	0.858322	3
天 津	0.752119	11	0.691402	3	0.599749	22
河 北	0.74422	13	0.37337	18	0.610304	21
山 西	0.392173	24	0.315397	21	0.475013	24
内蒙古	0.265665	26	0.53027	6	0.841677	4
辽 宁	0.552358	20	0.216504	25	0.716212	12

续表

地区	产业成长与集聚能力		科技创新与产出能力		资源转化与获利能力	
	得分	排名	得分	排名	得分	排名
吉 林	0.318465	25	0.255698	24	0.713854	14
黑龙江	0.11250	27	0.184606	26	0.721865	11
上 海	0.835911	3	0.504128	7	0.820816	6
江 苏	0.916536	1	0.729974	2	0.815424	7
浙 江	0.751072	12	0.443702	13	0.667784	16
安 徽	0.832320	4	0.643923	5	0.645512	17
福 建	0.727762	14	0.486164	9	0.77163	9
江 西	0.754084	10	0.439827	14	0.874295	2
山 东	0.813766	6	0.491143	8	0.804165	8
河 南	0.757734	9	0.382987	16	0.714661	13
湖 北	0.762039	7	0.466393	10	0.621328	19
湖 南	0.871589	2	0.814418	1	0.966197	1
广 东	0.820358	5	0.448267	12	0.760683	10
广 西	0.591191	19	0.291644	22	0.625403	18
重 庆	0.759143	8	0.450928	11	0.826495	5
四 川	0.676606	16	0.663121	4	0.682748	15
贵 州	0.606134	18	0.37696	17	0.294024	25
云 南	0.52044	22	0.356745	19	0.54283	23
陕 西	0.630488	17	0.332108	20	0.619653	20
甘 肃	0.522136	21	0.153636	27	0.285098	26
宁 夏	0.40923	23	0.278309	23	0.21004	27

表 6-8 全国 27 个省（自治区、直辖市）文化产业升级投入二级指标得分和排名

地区	产业资金与人员投入		政府资金与基建投入		机构建设与设施投入	
	得分	排名	得分	排名	得分	排名
北 京	0.527841	17	0.761912	3	0.564929	17
天 津	0.67894	9	0.622259	11	0.515801	23
河 北	0.628701	11	0.437242	22	0.452424	26
山 西	0.377713	21	0.651559	9	0.662435	7
内蒙古	0.302073	24	0.73803	4	0.675786	6
辽 宁	0.546219	15	0.51773	18	0.685406	5
吉 林	0.194125	26	0.57647	13	0.535785	20
黑龙江	0.182561	27	0.427291	23	0.567242	16
上 海	0.566233	14	0.819797	2	0.642121	9
江 苏	0.961404	1	0.721272	5	0.748516	2
浙 江	0.819205	4	0.859108	1	0.835366	1
安 徽	0.669258	10	0.208426	27	0.463542	24
福 建	0.726096	6	0.576154	14	0.646092	8
江 西	0.618202	12	0.275685	24	0.607181	14
山 东	0.933537	2	0.480085	21	0.634049	10
河 南	0.709193	7	0.241009	25	0.23684	27
湖 北	0.611618	13	0.525666	17	0.578196	15
湖 南	0.788362	5	0.510335	19	0.557867	19
广 东	0.91838	3	0.626333	10	0.719067	4
广 西	0.447446	19	0.655717	8	0.459521	25
重 庆	0.540478	16	0.574743	15	0.620365	11
四 川	0.68706	8	0.696629	6	0.719522	3
贵 州	0.359019	23	0.22211	26	0.518111	22

续表

地区	产业资金与人员投入		政府资金与基建投入		机构建设与设施投入	
	得分	排名	得分	排名	得分	排名
贵 州	0.359019	23	0.222110	26	0.518111	22
云 南	0.415411	20	0.549654	16	0.564286	18
陕 西	0.477073	18	0.594446	12	0.527901	21
甘 肃	0.372474	22	0.497054	20	0.614601	12
宁 夏	0.278088	25	0.656183	7	0.607442	13

表 6-9 全国 27 个省（自治区、直辖市）文化产业升级环境二级指标得分和排名

地区	区域经济发展与产业吸附能力		产业基地建设与运营能力	
	得分	排名	得分	排名
北 京	0.931239	1	0.476731	11
天 津	0.859755	3	0.08388	26
河 北	0.541791	19	0.579269	5
山 西	0.54258	18	0.389866	15
内蒙古	0.785958	5	0.152308	25
辽 宁	0.716724	8	0.346763	17
吉 林	0.443077	23	0.378672	16
黑龙江	0.580499	16	0.524792	8
上 海	0.889001	2	0.710189	3
江 苏	0.803632	4	0.510831	9
浙 江	0.751419	6	0.545446	6
安 徽	0.382302	25	0.344091	18
福 建	0.707976	9	0.410132	13
江 西	0.550476	17	0.413811	12
山 东	0.652724	10	0.510506	10

续表

地区	区域经济发展与产业吸附能力		产业基地建设与运营能力	
	得分	排名	得分	排名
河 南	0.529991	20	0.540494	7
湖 北	0.585573	14	0.209991	23
湖 南	0.605032	13	0.606666	4
广 东	0.741229	7	0.715922	2
广 西	0.455931	22	0.329183	19
重 庆	0.633174	12	0.214967	22
四 川	0.527050	21	0.392506	14
贵 州	0.351695	26	0.190769	24
云 南	0.430912	24	0.265401	20
陕 西	0.584850	15	0.782038	1
甘 肃	0.341347	27	0.218514	21
宁 夏	0.650342	11	0.06798	27

利用各系统的归一公式对三级指标得分逐步向上综合，得出各地区文化产业升级产出能力、文化产业升级投入能力和文化产业升级环境支撑能力 3 个二级指标的得分，直至得出各地区文化产业升级能力的总得分。具体得分和排名见表 6-10。

表 6-10 全国 27 个省（自治区、直辖市）文化产业升级能力得分和排名

地区	文化产业升级产出能力		文化产业升级投入能力		文化产业升级环境支撑能力		文化产业升级能力	
	得分	排名	得分	排名	得分	排名	得分	排名
北 京	0.843816	14	0.835610	10	0.873100	3	0.942377	7
天 津	0.877174	6	0.841726	9	0.682487	21	0.929892	10
河 北	0.822209	16	0.790681	16	0.784835	10	0.924228	14
山 西	0.712373	23	0.79456	15	0.733565	15	0.898565	21

续表

地区	文化产业升级产出能力		文化产业升级投入能力		文化产业升级环境支撑能力		文化产业升级能力	
	得分	排名	得分	排名	得分	排名	得分	排名
内蒙古	0.760886	20	0.786663	18	0.710292	17	0.904484	19
辽 宁	0.754539	21	0.817309	13	0.774573	12	0.913914	18
吉 林	0.706074	24	0.70947	25	0.694556	19	0.881693	23
黑龙江	0.608853	27	0.682771	27	0.784256	11	0.867301	27
上 海	0.887332	4	0.861188	6	0.917530	1	0.957367	3
江 苏	0.936009	2	0.935822	2	0.847923	4	0.968402	1
浙 江	0.844447	13	0.937255	1	0.841949	6	0.951824	5
安 徽	0.890731	3	0.745372	23	0.659524	23	0.917215	16
福 建	0.858881	11	0.860256	7	0.792194	9	0.940416	8
江 西	0.865281	9	0.773276	20	0.743566	14	0.925557	12
山 东	0.879349	5	0.880519	4	0.803567	8	0.947668	6
河 南	0.838711	15	0.720688	24	0.771289	13	0.916506	17
湖 北	0.845428	12	0.820373	11	0.679805	22	0.921208	15
湖 南	0.952964	1	0.850422	8	0.812191	7	0.957649	2
广 东	0.868321	7	0.911591	3	0.877766	2	0.956462	4
广 西	0.773777	18	0.787007	17	0.682849	20	0.903982	20
重 庆	0.863867	10	0.818029	12	0.697382	18	0.926173	11
四 川	0.867864	8	0.87879	5	0.729079	16	0.937828	9
贵 州	0.745765	22	0.684399	26	0.584351	27	0.87305	24
云 南	0.762999	19	0.776795	19	0.649539	24	0.896831	22
陕 西	0.791258	17	0.794639	14	0.843036	5	0.924659	13
甘 肃	0.662964	25	0.762621	21	0.593284	26	0.868498	26
宁 夏	0.656528	26	0.759715	22	0.607282	25	0.868500	25

6.2 评价结果分析与建议

根据上述各地区文化产业升级能力的得分及排名情况，对全国 27 个省（自治区、直辖市）进行产业升级能力分类，分类结果见表 6-11。由上述评价结果可知，不同地区文化产业各层级评价指标的得分及排名与总体评价结果不完全一致，有些指标甚至反差较大。下面就逐一对各地区进行分析，并提出相应的对策建议。

表 6-11 全国 27 个省（自治区、直辖市）文化产业升级能力分类

类别	分类标准	数量	省市
甲类集团	≥ 0.94	8	江苏、湖南、上海、广东、浙江、山东、北京、福建
乙类集团	0.91~0.94	10	四川、天津、重庆、江西、陕西、河北、湖北、安徽、河南、辽宁
丙类集团	≤ 0.91	9	内蒙古、广西、山西、云南、吉林、贵州、宁夏、甘肃、黑龙江

6.2.1 甲类集团的评价结果分析与建议

甲类集团内 8 个地区文化产业升级能力得分均在 0.94 以上，排在 27 个省（自治区、直辖市）的前 8 名，除浙江、北京、福建三省市文化产业升级产出能力分别排第 13 名、第 14 名和第 11 名以及北京产业升级产出能力排在第 10 名外，其他产业升级产出与投入指标均排名前 10 名，表明这 8 个地区文化产业发展较为均衡，综合实力强。

6.2.1.1 江苏省评价结果分析与建议

江苏省文化产业升级能力最强，其产业升级产出能力排第 2 名，资源投入能力排第 2 名，但其产业基地建设与运营能力排第 9 名，文化产业基地运营效率有待进一步提高。江苏省充分发挥产业自身能力和市场机制作用，降低政府直接投入，使资源得到更加高效配置，推动了本省文化产业创新发展与提质升级。

6.2.1.2 湖南省评价结果分析与建议

湖南省的产业升级产出与资源投入能力分别排第 1 名和第 8 名，其文化产业环境支撑能力排第 7 名，湖南省文化产业投入产出效率很高，加上产业升级环境

较好，提升了本省文化产业升级能力的整体排名。总体来说，湖南省文化产业成长速度快，科技创新能力强，并且有着很高的资源转化效率，这是湖南省文化产业发展的重要竞争优势。然而，湖南省的政府资金与基建投入、机构建设与设施投入却均排第 19 名，较为落后，表明其政府资金投入以及文化机构与设施投入不足，需要在产业后续发展过程中不断加大投入力度。

6.2.1.3 上海市评价结果分析与建议

上海市的文化产业升级三项一级评价指标分别排第 4 名、第 6 名和第 1 名，文化产业整体升级能力居第 3 名。上海市是长三角地区乃至中国的经济门户，经济基础雄厚，资金、人才、技术等相关资源充足，这为本地区文化产业创新发展与升级创造了利好环境，故而其文化产业环境支撑能力排在首位。上海市的文化产业产出与资源投入情况较为均衡，整体运营效率高，后续应该在发展高端文化产业方面做出更多的努力与突破。

6.2.1.4 广东省评价结果分析与建议

广东省占据珠三角地区的有利区位优势，其文化产业发展起步较早，且先天各项条件优越。广东的文化产业升级产出能力与产业资源投入能力分别排第 7 名和第 3 名，产业投入相对高于自身产出水平，因而投入产出绩效较好。广东省文化产业升级环境支撑能力排名仅次于上海，居第 2 名，这为本省文化产业创新发展与升级注入了很大活力。与此同时，广东省经济开放水平高，政策支持力度大，促进了文化产业资本市场繁荣与产业规模壮大。从二级评价指标来看，广东省的政府资金与基建投入排名第 10 名，而科技创新与产出能力、资源转化与获利能力分别排第 12 名和第 10 名。由于市场配置资源的效率要高于人工干预，因而近年来广东省不断减少政府直接投入，充分发挥市场机制的作用，这也成为经济发达地区产业发展的一种重要趋势与发展方向。此外，广东省在文化产业创新产出方面还有待进一步提高，应持续提升本地区文化产业资源整体转化效率。

6.2.1.5 浙江省评价结果分析与建议

浙江省的文化产业升级三项一级评价指标得分分别为 0.844、0.937 和 0.842，对应的排名为第 13 名、第 1 名和第 6 名，浙江省文化产业整体升级能力得分为 0.952，在全国 27 个省市中排第 5 名。不难看出，浙江省文化产业属于高投入—中产出升级绩效类型，即在资源投入方面有着显著的竞争优势，而其产出水平一般，故而拉低了文化产业整体升级能力。与上海、广东等地区相比，浙江省文化产业发展环境仍有进一步优化、提升的空间。就二级指标得分而言，浙江省的产业成长与集聚能力、科技创新与产出能力、资源转化与获利能力分别排第 12 名、第 13 名和第 16 名，三项指标得分及排名位次均不高，所以导致本省文化产业升级产出能力一般。浙江省民营文化企业数量较多，且文化创意产业发展水平较高，建立了一批运营相对成熟的文化产业园区，这些都是本省文化产业发展的利好条件。后续发展过程中，浙江省应加强文化体制改革与文化产业结构调整，加强文化企业的创意设计能力与创新产出水平，从而扭转当前浙江省文化产业产出与产业资源投入不均衡的发展现状，最终进一步提高本省文化产业升级能力。

6.2.1.6 山东省评价结果分析与建议

山东是齐鲁文化的发祥地，传统文化资源丰富、历史积淀深厚，并在自然环境上有着得天独厚的优势，故而为本省文化产业发展创造了良好的资源要素条件。山东省的文化产业升级三项一级评价指标分别排名第 5 名、第 4 名和第 8 名，其文化产业整体升级能力排第 6 名。由此可见，山东省文化产业发展的分项指标相对均衡，能够确保该地区文化产业稳步增长。在山东省所有的二级评价指标中，其政府资金与基建投入指标排第 21 名，最为靠后；而机构建设与设施投入、区域经济发展与产业吸附能力、产业基地建设与运营能力指标均排名第 10 名。由此可见，山东省的政府资金投入与文化基础设施建设是其发展短板，应着力改善和提升，同时应进一步提升山东省的区域吸引力，扩大产业市场开放水平，并加强本省文化产业基地建设与运营能力。

6.2.1.7 北京市评价结果分析与建议

北京是中国的首都，同时也是中国的政治、经济、文化和教育中心。作为多个朝代的国都，北京有着悠久的历史，文化资源丰富多彩；同时各种文化文物机构、演艺机构以及产业专业人才云集，这都为北京市发展文化产业与创意产业创造了肥沃的“土壤”。北京市成为中国文化创意产业的领航者，并在新闻传播、软件、设计服务、网络及计算机服务等四大领域积聚了显著的优势。北京市的文化产业升级产出能力、产业资源投入能力分别排第 14 名和第 10 名，相对一般，提升空间较大；相比之下，其产业升级环境支撑能力较强，排名第 3 名。在甲类集团的 8 个省市中，北京市的产业投入与产出能力较为靠后，因此虽然具有良好的发展环境，却未能使其产业升级能力处于领先地位。在二级评价指标中，北京市的政府资金与基建投入、资源转化与获利能力指标排名均为第 3 名，较为靠前，然而其他指标不具有较强的竞争力。深入分析后会发现，北京市的政府资金投入在文化产业发展过程中发挥着重要作用，这样一来市场配置资源的效率难以得到充分发挥，且文化产业体制机制也不够灵活，因而本地区文化产业发展速度与资本市场活力一般。当前，京津冀一体化协同发展已上升至国家战略，后续发展过程中北京市应考虑如何与其他两地进行资源互补、协同发展，以此来发挥自身产业优势，并探索将文化产业部分环节与功能输出转移，从而对外释放出更大的产业发展活力。

6.2.1.8 福建省评价结果分析与建议

目前，福建省文化产业已突破千亿元关口，并拥有了广电网络、新闻出版、工艺美术、动漫游戏 4 个特色领域。福建省文化产业在发展过程中凸显出“科技含量高、产品创新能力强、业态覆盖面广”等显著优势，发展势头较为强劲。从一级指标来看，福建省的文化产业升级三项一级评价指标分别排第 11 名、第 7 名和第 9 名，整体处于中等偏上水平，且产业投入能力要领先于产出能力。从二级指标得分情况来看，福建省的文化产业成长速度快，而且产业资源转化效率高，为产业发展注入了充足的动力；不足之处是其政府资金与基建投入能力相对一般，排名第 14 名，后续发展过程中应进一步提升政府的产业政策扶持力度与产业基础设施建设水平。此外，福建省正在大力打造一批国家级文化产业园区，国家级工业设计中心的建设为数字内容生产、动漫游戏产业的跨越式发展创造了有利环境。总体来说，运用“互联网 +”理念与科学技术手段逐步打造优势文化产业，以及打造运营成熟的文化产业园区，成为福建省文化产业创新发展的重要路径。

6.2.2 乙类集团的评价结果分析与建议

乙类集团内 10 个省（自治区、直辖市）文化产业升级能力得分处于 0.91~0.94 之间，大部分地区的文化产业升级产出能力、产业资源投入能力和产业升级环境支撑能力指标及排名处于中间位置，有一定的综合实力但缺乏竞争优势。

6.2.2.1 四川省评价结果分析与建议

四川省是一个文化资源大省，其文化产业发展水平与整体经济实力在整个西南地区处于领先地位。根据文化部文化产业司与中国人民大学联合发布的 2016 年“中国文化消费指数”和“中国省市文化产业发展指数”，四川省的文化消费指数在全国排名第 9，而其文化产业发展指数位列全国第 7 名，双双进入全国前 10 名。由此可见，四川省的文化产业市场活力与居民消费能力保持着较高水平。从产业发展规模来看，2016 年四川省文化产业增加值达到 1400 亿元，占 GDP 的比例为 4%。四川省的 27 个文化产业园区共有从业人员 13.3 万人，总资产约 388 亿元；2016 年实现营业收入约 164 亿元，同比增长 23.17%，共计实现利润 15.1 亿元。总体来说，四川省文化产业保持着快速的发展速度，并且文化产业园区运营效率较高。

四川省的文化产业升级三项一级评价指标得分分别为 0.868、0.879 和 0.729，对应的排名分别为第 8 名、第 5 名和第 16 名，其文化产业整体升级能力得分为 0.938，处于全国 27 个省（自治区、直辖市）的第 9 名。深入分析发现，四川省的文化产业升级产出能力和产业资源投入能力水平均比较靠前，属于“中产出—高投入”升级绩效类型，但其产业升级环境支撑能力排名较为落后，拉低了本省文化产业升级能力的整体排名，因此四川省当务之急是不断优化文化产业发展环境，释放出更大的产业发展活力。在文化产业升级产出方面，四川省的产业成长与集聚能力、资源转化与获利能力分别排第 16 名和第 15 名，比较靠后，说明本省文化产业的资源转化效率仍有待提升。四川省的科技创新与产出能力排名第 4 名，具有显著的创新优势。在产业升级环境方面，其区域经济发展与产业吸附能力、产业基地建设与运营能力分别排第 21 名和第 14 名，缺乏竞争优势。四川省周边地区经济发展水平相对靠后，而中心城市产业吸引力又一般，这使得产业资源流动、资本市场发展受限。为此，地区政府应进一步提升产业政策的扶持力度，建立健全资本市场体系，并进一步加强文化产业园区建设，以此来加快文化产业创新、繁荣发展。

6.2.2.2 天津市评价结果分析与建议

天津作为中国的四大直辖市之一，是中西文化汇集交融地，同时也是中国文化产业集聚区。天津市的历史文化资源丰富，文化底蕴深厚，而滨海新区开放的政策优势也为本地区文化产业创新发展提供了有利条件。近年来，天津市已发展起来了包括动漫、网络游戏、广告传媒、演艺娱乐、艺术、影视音像、图书出版、工业和建筑设计、时尚设计以及咨询策划在内的 10 个行业。天津市文化产业的整体发展格局已基本成型——南开区的民俗文化旅游，滨海新区的软件、动漫与数字内容，西青区的民俗艺术和文化旅游以及和平区的历史文化旅游等。总体来说，天津市文化产业发展的先天基础条件优越，并且区位优势十分显著，随着优势文化产业的不断打造，其产业未来发展动力强劲，发展前景十分明朗。

天津市的文化产业升级三项一级评价指标排名分别为第 6 名、第 9 名和第 21 名，其文化产业整体升级能力排名第 10 名。由此可见，天津市的文化产业产出水平与资源投入水平都比较高，具有一定的竞争优势；但其文化产业升级环境支撑能力相对不足，因此拉低了本地区文化产业整体升级能力排名。从二级评价指标来看，天津市的科技创新与产出能力强，排名第 3 名，凸显出其在文化产品创意开发方面的竞争优势；但天津市的资源转化与获利能力排名第 22 名，比较靠后，应进一步着力提升本地区文化企业的运营产出效率。产业资源投入方面，天津市的产业资金与人员投入、政府资金与基建投入、机构建设与设施投入三项指标分别排名第 9 名、第 11 名和第 23 名。不难看出，前两项指标排名处于中上位置，但其文化机构与文化设施建设投入排名明显靠后。

客观分析后可知，当前天津市的文化基础设施建设相对较为完善，而且很多建设项目是在前些年完成的，因此导致近年来天津市在文化机构与设施建设方面的资金投入处于较低水平。产业升级环境方面，天津市的区域经济发展与产业吸附能力排名第 3 名，这与其城市综合实力相一致，但其文化产业基地建设与运营能力排名第 26 名，在全国 27 个省（自治区、直辖市）中处于倒数第 2 名，导致其产业升级环境支撑能力排名靠后。结合天津市实际发展情况来看，近年来天津市的文化产业园区与基地建设速度很快，也形成了较为成熟的产业发展格局。然而由于 2015 年天津文化产业基地营收情况不佳，才导致了上述排名劣势，可在后续发展过程中针对文化产业基地建设与运营效率采取有针对性的提升对策。

6.2.2.3 重庆市评价结果分析与建议

重庆地处中国西南地区，是中国四大直辖市之一，其综合经济实力与城市吸引力较强，为本地区文化产业创新发展与升级创造了良好的外部环境。长江文化与山城文化在重庆市得到了很好的发展，同时也代表了本地区的文化精髓。重庆市的传统文化资源、文化文物机构以及非遗项目数量在全国处于前列，这为本地区文化资源挖掘、文化产品开发以及文化产业壮大注入了强大的内在动力，同时也使得重庆市的文化产业发展更具有区域特色。整体来看，重庆市的文化产业近年来保持快速增长，并且产业资本市场十分活跃。2010 年全市文化产业增加值为 238 亿元，占本地区 GDP 的比重为 3.0%；到了 2017 年重庆市文化产业增加值达到 663 亿元，占全市 GDP 的比重提升至 3.4%。八年间，重庆市文化产业增加值增长率为 178.6%，文化产业增加值占 GDP 的比重也提升了 0.4 个百分点。从产业发展格局来看，重庆市目前已经初步形成了文化产业十大门类，且文化用品生产、文化创意设计和工艺美术品在十大门类中的规模占比处于前三位。目前全市注册的文化企业数量达到 7.6 万家，注册资本金总额突破 2000 亿元，且非公有资本占据重要份额。继四川之后，重庆市凭借丰富的文化资源、完善的产业链条以及活跃的资本市场成为我国西南地区的又一个文化产业重要集聚地。

重庆市的文化产业升级产出能力、产业资源投入能力和产业升级环境支撑能力得分分别为0.864、0.818和0.697，对应的指标排名分别为第10名、第12名和第18名，整体上属于“中投入—中产出”升级绩效类型，其文化产业升级环境支撑能力处于中等偏下水平。重庆市文化产业整体升级能力得分为0.926，在27个省市中排名第11名，具有一定竞争实力，发展动力充足，上升空间也很大。从产业升级产出情况看，重庆市的文化产业发展速度较快，产业资源转化效率也较高，该两项指标分别排第8名和第5名，但是其文化产业科技创新能力一般，排第11名，后续应进一步加强创意设计和新产品开发能力。产业资源投入方面，重庆市的产业资金与人员投入、政府资金与基建投入和机构建设与设施投入分别排名第16名、第15名和第11名，表明该地区产业资源投入能力相对不足，后续应大力吸引、培育文化产业专业人才，加大政府资金投入力度，并进一步完善文化机构与基础设施建设。重庆市的区域经济发展与产业吸附能力指标排名第12名，稍微落后于其产业整体升级能力排名；重庆市文化产业基地建设与运营能力排名第22名，缺乏竞争优势，因此本地区文化产业升级环境有待进一步优化。目前，重庆市已经建成国家级文化产业园区10个，后续应加强园区的资源优化配置、信息化管理等方面工作的力度，从而取得更好的园区建设成效。

6.2.2.4 江西省评价结果分析与建议

“十二五”期间，江西省文化产业实现快速发展，文化产业总量不断攀升，在江西省经济创新发展与转型升级过程中发挥着关键作用。从产业升级能力评价结果看，江西省的文化产业升级三项一级评价指标排名分别为第9名、第20名和第14名，其文化产业整体升级能力排名第12名，处于乙类集团中较为靠前的位置。不难发现，江西省文化产业整体上属于“低投入—中产出”升级绩效类型，相对于自身较好的文化产业产出水平，其文化产业资源投入能力明显不足，而且文化产业发展环境一般。江西省的文化产业成长与集聚能力、科技创新与产出能力、资源转化与获利能力三项指标分别排第10名、第14名和第2名，可见前两个指标水平处于中间位置，但其文化产业资源转化效率却很高，全国排名第2名；

就文化产业资源投入情况而言，江西省的文化产业资金与人员投入、政府资金与基建投入、机构建设与设施投入分别排名第 12 名、第 24 名和第 14 名，凸显出明显的产业资金与相关资源投入劣势，尤其是政府资金和文化基础设施建设投入力度不足，这在很大程度上制约了本地区文化产业的持续增长。

江西省的区域经济发展与产业吸附能力、产业基地建设与运营能力两项指标分别排名第 17 名和第 12 名，进一步提升的空间较大。结合江西省经济整体运行情况可知，江西省地处中部地区，其综合经济实力与区域产业投资环境一般，而且文化产业发展起步较晚，尤其是在创意设计、动漫游戏、会展传媒等新兴文化领域方面积累不足，支撑本地区文化产业发展的软硬环境亟待完善和提升。江西省是文化资源大省，其自然资源和红色旅游资源丰富，因而在某一时期内可以基于这些资源的深度开发来促进文化产业实现跨越式发展。但从长远来看，文化产业的持续繁荣发展有赖于技术创新、高端人才、资本市场和文化产业园区等重要因素的支撑与驱动。所以，未来江西省应进一步丰富文化产业门类，打造特色鲜明、重点突出、优势互补、辐射能力强的文化产业发展格局，并出台积极的产业融资政策、税收政策、人才引进与培育政策，由此逐步优化、完善本地区文化产业发展的软硬环境，从而释放出更大的产业发展活力。

6.2.2.5 陕西省评价结果分析与建议

陕西省是中华文明的重要发祥地之一，拥有厚重的历史文化底蕴，文化资源丰富多样、积淀深厚。其中，红色文化资源更具革命性和先进性，民俗文化特色鲜明，形成了陕南、陕北、关中三大具有较强影响力的区域民俗文化，同时陕西的现代文化丰富多彩，辐射面广。从文化资源数量来看，陕西省拥有 3 处世界文化遗产、74 项国家非物质文化遗产名录项目，各级文化产业示范基地 52 家，由此建立起门类较为齐全、产业链条比较完整的文化产业体系。历史文化深厚、红色文化浓郁为陕西省文化产业发展积聚了显著的资源优势，同时也为本地区文化产业布局以及文化产品创意开发指明了主要方向。“十二五”时期，陕西省文化产业年均增长率超过 30%，高出同期 GDP 增速 16.7 个百分点。当前，文化产业在促进陕西省经济结构调整、扩大地区就业和带动居民消费方面发挥着重要作用。陕西省的政府工作报告中指出，“十三五”期间陕西省文化产业要实现年均增速 25% 以上，并切实提升文化产业整体规模与升级能力。

从陕西省的评价指标数据来看，其文化产业升级三项一级评价指标得分分别为 0.791、0.795 和 0.843，对应的各指标排名分别为第 17 名、第 14 名和第 5 名，陕西省的文化产业整体升级能力得分为 0.925，在全国 27 个省市中排第 13 名，处于中游位置。不难看出，陕西省的文化产业升级产出能力略显不足，而产业资源投入能力一般；虽然是文化大省，拥有良好的外部发展环境，但其 3 个指标的均衡性较差，因此文化产业整体升级能力不强，未能进入到甲类集团队列。就文化产业产出水平而言，其三项二级指标排名均处于 20 名左右，可见其产业集聚水平、创新产出以及资源转化效率均有很大提升空间，这与其他东部省市相比，存在较大劣势。从产业资源投入情况来看，其政府资金与基建投入排名第 12 名，相对靠前，而另外两项产业资源投入二级指标排名第 20 名左右，以上反映出陕西省文化产业在人力资源、资金投入以及文化设施建设方面存在不足，难以支撑其文化产业持续高速增长。

陕西省的区域经济发展与产业吸附能力排第 15 名，处于中游水平，这与其地处西部，经济发展活力和产业市场开放水平一般有一定的内在联系。相比之下，陕西省的产业基地建设与运营能力排第 1 名，在基地建设与运营方面有着显著的竞争优势，能够弥补其自身一定的不足。长远来看，陕西省文化产业发展前景较为广阔，但其当前发展的短板也十分突出，为了走出文化产业发展困境，应该在文化产业结构调整、文化产业资本市场繁荣以及区域产业融合发展方面进行更多的探索与努力，以此来逐步提升文化产业升级产出和资源投入水平，从而大幅增强本地区文化产业整体升级能力。

6.2.2.6 河北省评价结果分析与建议

河北省位于中国华北地区，环抱首都北京，东与天津毗连，东南部、南部衔山东、河南两省，西部与山西为邻，北部与内蒙古交界，总面积为18.88万平方千米。

截至2018年末，河北省拥有常住人口7556.30万人，实现地区生产总值36010.3亿元，其中第三产业增加值为16632.2亿元，占比为46.19%。“十二五”时期以来，河北省坚持创新引领、深化改革、融合发展，文化产业政策体系逐步完善，发展环境日益优化。同时，河北省在文化产业发展理念、发展水平、竞争实力等方面与先进省份还有一定差距。发展理念上，重加工生产轻内生增值、重外延扩张轻创新驱动；区域间文化产业发展不平衡，石家庄、衡水两市文化产业增加值占GDP比重超过4%，其他9个地市均低于2.5%。

河北省文化产业升级产出能力、产业资源投入能力以及产业升级环境支撑能力三项一级指标的得分分别为0.822、0.791和0.785，相对应的指标排名分别为第16名、第16名和第10名。河北省文化产业整体升级能力得分为0.924，对应的指标排名为第14名，处于全国27个省（自治区、直辖市）的中间位置，被划分至乙类集团。整体来看，河北省的文化产业升级产出能力与产业资源投入能力均排名第16名，较为均衡，属于“中投入—中产出”升级绩效类型，这与河北省文化产业整体发展水平大体吻合，具有一定的竞争力且提升空间较大。与前两项一级评价指标相比，河北省的文化产业升级环境支撑能力指标排名更靠前，凸显出一定的竞争优势，这与河北省日益完善的文化产业发展环境、丰富的传统文化资源以及“京津冀一体化”协同发展战略的贯彻实施密切相关。

从二级评价指标来看，河北省的科技创新与产出能力、资源转化与获利能力的指标得分分别为0.373和0.610，对应的指标排名为第18名和第21名；而政府资金与基建投入、机构建设与设施投入两项二级指标的得分为0.437和0.452，分别排名第22名和第26名。以上数据凸显出河北省科技创新投入与产出能力相对不足，资源转化与获利能力也较低，制约了河北省文化产业的整体升级能力。由于河北省文化企业科技投入不足，使得文化企业新产品产出水平不高，获得授权的专利数量也相对较少。文化产业经营获利能力不强与河北省文化产业结构有一定关系，同时也反映出河北省文化企业的管理水平还有待进一步提升，需要做好产业资源的高效利用以及企业产出效率的进一步提升。

从长远来看，河北省一方面应着力加强政府资金、文化机构以及基础设施建设投入，同时配合京津冀一体化协同发展战略和雄安新区的建设，进一步扩大本地区的经济开放力度；另一方面需持续扩大文化产业基地对于文化企业的孵化能力和吸引力，为促进河北省文化企业快速发展搭建坚实的平台。此外，河北省还应不断优化文化产业资源配置与信息化管理水平，提高文化产业经济效益；加大文化产业资金与专业人才投入，夯实文化产业发展基础，从而加快河北省文化产业创新发展与升级进程。

6.2.2.7 湖北省评价结果分析与建议

2016 年湖北省文化产业增加值为 954 亿元，占全省 GDP 的比重为 2.92%。总体来说，湖北省文化产业整体规模偏小，集约化程度偏低，而与中部其他省份相比其文化产业发展又相对滞后。湖北省的文化产业升级三项一级评价指标得分分别为 0.845、0.820 和 0.680，对应的指标排名分别为第 12 名、第 11 名和第 22 名，其文化产业整体升级能力得分为 0.921，对应的排名为第 15 名。从一级指标得分情况来看，湖北省的文化产业升级产出能力与产业资源投入能力大体上处于中等偏上水平，属于“中投入—中产出”升级绩效类型，但其产业升级环境支撑能力指标排名明显落后于前两者，故而拉低了本省文化产业升级能力整体排名。

就二级评价指标而言，湖北省的文化产业成长与集聚能力、科技创新与产出能力、资源转化与获利能力分别排第 7 名、第 10 名和第 19 名，可见其产业成长速度较快，科技创新产出方面也表现不错；但其文化产业资源转化效率不高，使得产业整体运营效益与发展质量有所降低，这与本地区文化企业规模偏小以及企业管理效率偏低有一定的内在联系。湖北省的产业资金与人员投入、政府资金与基建投入以及机构建设与设施投入 3 个二级指标分别排第 13 名、第 17 名和第 15 名，凸显出湖北省文化产业在资源投入方面乏力。结合本地区文化产业实际发展状况可知，其基层文化建设的财政投入不足，文化人才严重缺乏，加上湖北省现代公共文化服务体系建设存在短板，导致当前本省文化产业发展的驱动力和后劲不足。湖北省的区域经济发展与产业吸附能力、产业基地建设与运营能力两项二级指标分别排第 14 名和第 23 名，同样缺乏竞争优势，一是区域吸引力和产业吸附能力不强，二是文化产业园区建设和运营水平也有待提高。当前，国家层面制定了“中部崛起”发展战略和“长江流域经济带”发展战略，湖北省作为中部的六大重要省份之一，应抓住上述战略发展契机，充分挖掘本地区文化资源，积极开拓本省文化市场。通过发展新兴文化产业，不断优化调整文化产业机构，加大政府政策与资金投入力度，以及扶持一批本土文化龙头企业等措施，不断壮大本省文化产业规模，加快推动湖北文化产业升级。

6.2.2.8 安徽省评价结果分析与建议

近年来，安徽省文化产业实现了较快增长，2017 年安徽省共创造文化产业增加值约 1088.3 亿元，同比增长 11.5%，占本省 GDP 的比重为 4.03%，呈现出良好的文化产业发展态势。深入分析安徽省文化产业发展实践，总结出其成功的重要经验：一是将无形的文化资源用于有形的文化产业项目上，从而实现安徽省丰厚历史文化资源的创造性转化与创新性发展；二是培育出一批本土文化骨干企业，建立一流的文化产业园区和文化企业品牌，推动产业转型升级。从产业升级能力评价结果来看，安徽省的文化产业升级三项一级评价指标得分分别为 0.891、0.745 和 0.659，对应的指标得分排名分别为第 3 名、第 23 名和第 23 名；其文化产业整体升级能力得分为 0.917，在全国 27 个省（自治区、直辖市）中排名第 16 名，处于中下游位置，缺乏较强的竞争优势但有着较大的提升空间。进一步分析可知，安徽省的文化产业升级产出能力特别突出，仅次于江苏、湖南两省，但其文化产业资源投入能力排名第 23 名，非常靠后，两者之间的均衡性很差，属于典型的“低投入—高产出”升级绩效类型。同时，安徽省的文化产业升级环境支撑能力排名也较为靠后，落后于中部地区的其他省份。由此可见，安徽省文化产业发展有着鲜明的产出优势，同时其资源投入劣势与环境支撑能力不足也非常明显。

就二级评价指标而言，安徽省的产业成长与集聚能力、科技创新与产出能力分别排第 4 名和第 5 名，比较靠前，这与其文化产业快速发展趋势相一致；但其资源转化与获利能力排第 17 名，反映出其文化产业虽然增速较快，但资源转化的效率与市场效益有待提高，目前更多的是规模型增长。产业资源投入方面，其产业资金与人员投入、政府资金与基建投入、机构建设与设施投入分别排第10名、第27名和第24名，反映出安徽省文化产业资金与人员投入方面一般，并且在文化基础建设以及文化机构建设方面存在短板，以上不利因素使其文化产业资源投入指标排名靠后，同时也为该地区文化产业持续健康发展埋下了一定的“隐患”。产业发展环境方面，安徽省的区域经济发展与产业吸附能力、产业基地建设与运营能力两项二级指标分别排名第25名和第18名，不具备竞争优势。与湖南、湖北等中部地区相比，安徽省的综合经济实力略显一般，文化产业资本市场活力也稍有不足；而与陕西、四川等文化资源大省相比，其文化底蕴和积累又不够深厚，因而使得其文化产业整体发展环境缺乏优越性。在面临文化产业资源投入能力不足，且产业发展环境又一般的困境下，安徽省正是通过发展壮大文化产业市场主体这把“利剑”，才使得本地区文化产业整体上处于良性发展态势。从长远来看，安徽省应着力解决自身产业发展“短板”问题，才能从根本上实现文化产业的跨越式发展。

6.2.2.9 河南省评价结果分析与建议

河南是中华文明的重要发祥地之一，其所代表的中原文化是中华民族传统文化的主干，在整个民族文化发展史上占据着重要地位。基于这样的历史文化背景，河南省文化积淀深厚，并且是文化资源大省，可重点开发的根亲文化资源就有黄帝文化、汉字文化、中华姓氏文化、河洛文化、功夫文化以及原典文化六大项。同时，河南省境内的世界级文化遗产、古都名城名镇、遗址公园以及非物质文化遗产种类齐全、数量众多，这为本地区文化资源开发、文化产品创意设计以及文化旅游项目建设打下了先天的优良基础。从产业发展数据方面看，2015年河南省文化及相关产业实现增加值1111.9亿元，比上年同期增长12.9%，文化产业增加值占GDP的比重首次超过3.0%；全省共有法人单位数52100余家，年末从业人员数超过108万人，且均保持着良好的增长态势。2015年河南省的文化制造业、文化批发零售业和文化服务业分别有7410家、8853家和35840家，对应的数量占比为 14.2%、17.0% 和 68.8%，可见文化服务业占据着大部分份额。

就河南省文化产业升级能力评价结果而言，其文化产业升级产出能力与产业资源投入能力分别排名第 15 名和第 24 名，整体上属于“低投入—中产出”升级绩效类型，本省文化产业在产出水平与资源投入能力方面均不具备竞争优势；河南省的产业升级环境支撑能力指标排名第 13 名，略高于其他 2 个一级指标排名，由此其文化产业整体升级能力得分为 0.917，在全国 27 个省市中位列第 17 名，在中部六省份中排名第 5 名，相对靠后。从文化产业发展二级评价指标来看，河南省的产业成长与集聚能力、科技创新与产出能力以及产业升级环境支撑能力三项指标分别排第 9 名、第 16 名和第 13 名，反映出其产业成长与集中度水平较好，但在科技创新产出与资源转化效率方面仍有不小的提升空间。相比之下，河南省的产业资源投入指标均衡性较差，除了产业资金与人员投入排第 7 名外，其政府资金与基建投入、机构建设与设施投入两项二级指标排名均处于 25 名之外，反映出河南省文化产业在政府资金投入、文化基础建设以及文化设施建设方面整体上的乏力与不足，这是当前河南省要重点解决的难题。由于地处内陆，经济开放水平与资本市场活跃度不高，河南省的区域经济发展与产业吸附能力指标排第 20 名；其产业基地建设与运营能力指标排第 7 名，比较靠前，这与河南省近年来大力发展文化产业园区，构建现代文化产业体系的战略目标是分不开的。总体来说，河南省作为中原地区的文化与经济大省，其资源优势、区位优势比较显著，未来应在优化调整文化产业结构，加大产业资金与人员投入力度以及扶持壮大本土化的文化龙头企业方面做更多的探索与努力。

6.2.2.10 辽宁省评价结果分析与建议

辽宁省历史悠久，文化灿烂，拥有众多独特文化资源，同时世界文化遗产分布广泛；辽宁省作为通往关内的交通要道和对外开放的重要门户，有着较好的区位优势，加上完备的工业体系以及较强的科教实力，使其发展文化产业有着先天的优越条件。与此同时，近年来东北地区经济呈现出下滑态势，经济增长乏力，加上人口的不断外流，使得本地区文化产业发展的软环境受到较大影响。总体来说，辽宁省文化产业在东北地区有着一定的竞争优势，但与国内发达地区相比，其文化产业发展规模、质量和效益均有不小的差距，尤其是在培育新兴文化产业、发展壮大本地区文化龙头企业及知名文化品牌方面任重而道远。从辽宁省文化产业升级能力评价结果来看，其文化产业升级产出能力、产业资源投入能力以及产业升级环境支撑能力三项指标分别排第21名、第13名和第12名，整体上属于“中投入—低产出”升级绩效类型，并且文化产业发展环境一般。

就产业升级能力二级评价指标而言，其文化产业成长与集聚能力、科技创新与产出能力以及资源转化与获利能力分别排第20名、第25名和第12名，可见辽宁省的文化产业不仅规模不大，而且产业成长速度也相对缓慢，尤其是文化产品创意开发与产出能力也亟待进一步提高。相比前两项产出指标，辽宁省的产业资源转化效率还相对靠前，这在很大程度上是基于本地区历史文化资源的深度开发。产业资源投入方面，其产业资金与人员投入、政府资金与基建投入和机构建设与设施投入分别排第15名、第18名和第5名，同样凸显出“不均衡”的指标发展态势，但总体水平要好于文化产业产出水平，尤其是文化机构建设与设施投入方面。就产业发展环境而言，辽宁省的区域经济发展与产业吸附能力、产业基地建设与运营能力分别排名第8名和第17名。辽宁省的沈阳、大连等城市吸引力较强，且近年来在不断加强文化体制改革和招商引资力度，使得区域经济发展与产业吸附能力指标排名比较靠前，但由于本地区在文化产业园区建设方面进度缓慢、成效不高，使得后者指标排名相对靠后。

6.2.3 丙类集团的评价结果分析与建议

丙类集团内9个省市的文化产业升级能力得分均在0.91以下，与甲、乙集团相比，丙类集团的文化产业升级能力不足，表现为三个一级评价指标的平均水平不高，且二级评价指标的均衡性较差，但有着很大的提升空间。深入分析后可知，丙类集团内的9个省市绝大多数位于西部地区，而西部地区经济发展水平不高，也缺乏显著的区位优势；与此同时，西部地区文化消费市场、文化资本市场规模不够庞大，活跃度也不高，加上区域文化资源不够丰富，综合导致区域文化产业升级能力不强。

6.2.3.1 内蒙古自治区评价结果分析与建议

内蒙古自治区横跨中国东北、华北和西北三大地区，凭借狭长的地形拱卫北疆，自古以来便有丰富的生态资源与矿产资源。然而，其文化资源并不丰富，也缺乏深厚的文化底蕴，加上文化产业发展的投融资环境以及文化消费市场一般，由此导致内蒙古自治区文化产业整体规模与升级能力受限。

在内蒙古自治区文化产业升级能力一级评价指标中，其文化产业升级产出能力、产业资源投入能力和产业升级环境支撑能力分别排第 20 名、第 18 名和第 17 名，文化产业整体升级能力排第 19 名。不难看出，内蒙古自治区文化产业整体上属于“低投入—低产出”升级绩效类型，且三项一级指标排名相差不大，均处于靠后位置，有较大提升空间。透过本地区文化产业发展的二级评价指标可知，其各分项指标发展水平均衡性差。其中，文化产业成长与集聚能力、科技创新与产出能力以及资源转化与获利能力分别排第 26 名、第 6 名和第 4 名，很明显后两项产出指标要遥遥领先于文化产业成长与集聚能力指标；而文化产业资源投入方面，其产业资金与人员投入、政府资金与基建投入、机构建设与设施投入分别排第 24 名、第 4 名和第 6 名，体现出内蒙古自治区在文化基础设施、文化机构建设方面投入力度较大，但在文化产业资金与专业人才投入方面较为乏力。综上所述，内蒙古自治区各项二级指标排名不均衡，尤其是文化企业作为文化产业发展的重要主体，未能发挥出关键性的引领作用。

从更深层次来看，内蒙古地区地域辽阔，自然环境较为恶劣，人口分布稀疏，该地区自古以游牧文化为主，地区饮食粗犷，语言各地不一，这造成了内蒙古地区文化产业难以集中发展，且产业集聚发展能力弱，由此文化产业发展受到限制，整体获利能力较低。实际上，以草原文化与民族文化为卖点的特色文化难以实现本地区文化产业的跨越式发展，同时产业基地建设与运营能力又跟不上区域经济发展水平；而以内蒙古草原、古迹、沙漠、湖泊、森林组成的“五大奇观”为卖点的旅游产业发展方式落后，整体产出能力低。上述原因共同导致了内蒙古自治区文化产业升级能力不足，整体水平处于下游。在今后发展过程中，内蒙古地区政府应抓住各方面有利契机，加快发展民族文化产业，打造特色产业文化。同时结合本地区发展战略与产业优势，构建现代文化产业市场体系，发展新型文化产业，提升文化产业基地建设与运营能力，由此多措并举，从根本上提升内蒙古地区的文化产业升级能力。

6.2.3.2 广西壮族自治区评价结果分析与建议

广西壮族自治区位于中国华南地区，是一个以壮族为主的多民族聚集区，具有丰富的特色民族文化资源。截至 2018 年末，广西壮族自治区拥有常住人口 4926 万人，实现地区生产总值 20352 亿元，其中一、二、三产业的增加值比重分别为 14.8%、39.7% 和 45.5%。“十二五”期间广西壮族自治区文化产业增加值达到 424.22 亿元，占全区地区生产总值的 2.52%。文化建设在推动广西地区经济发展、丰富群众生活、优化社会环境等方面的作用明显增强，广西文化软实力和综合影响力大幅提升。

广西壮族自治区的文化产业升级产出能力、产业资源投入能力以及产业升级环境支撑能力的得分分别为0.774、0.787和0.683，对应的指标排名分别为第18名、第 17 名和第 20 名。广西壮族自治区文化产业整体升级能力得分为 0.904，在全国 27 个省（自治区、直辖市）中排名第 20 名，属于“中投入—中产出”升级绩效类型，具有较大幅度的提升空间。广西壮族自治区的产业资金与人员投入、政府资金与基建投入、机构建设与设施投入的指标得分分别为0.447、0.656和0.460，对应的指标排名分别为第 19 名、第 8 名和第 25 名，可见其政府资金与基建投入占据一定的优势，但在文化机构建设与设施投入方面却较为靠后。广西壮族自治区文化产业的科技创新与产出能力不足，且产业成长速度较慢、资源转化低下，由此综合导致了其文化产业升级产出能力得分及排名不高。

与东部发达地区相比，广西壮族自治区在公共文化服务水平方面存在较大差距，后续发展过程中应强化此项工作。同时，党中央明确提出，要加强贫困地区公共文化服务体系建设并给予更多投入，这为加快广西壮族自治区公共文化服务建设提供了重要契机。整体来看，广西壮族自治区文化建设取得了一定成效，且其文化产业整体实力不断增强，处于丙类集团中比较靠前的位置。未来发展过程中，广西壮族自治区应充分挖掘其民族文化资源，促进文化与旅游、科技以及金融等多领域融合发展，从而使本地区文化产业的整体规模与综合实力取得更大的突破。

6.2.3.3 山西省评价结果分析与建议

山西省位于中国华北地区，是典型的黄土覆盖的山地高原，为中华文明的发源地之一。截至 2018 年末，山西省常住人口 3718.3 万人，实现地区生产总值 16818 亿元，其中第三产业增加值 8988 亿元，占比为 53.44%。山西省有着丰厚的历史文化资源，同时也是全国重点文化保护单位最多的省份，但由于山西省文化产业发展起步晚，且文化产业各类资源要素集聚度不高，导致山西省文化产业规模不大，竞争力不强。

山西省的文化产业升级产出能力、产业资源投入能力以及升级环境支撑能力的得分分别为 0.712、0.795 和 0.734，对应的指标排名分别为第 23 名、第 15 名和第 15 名。山西省文化产业整体升级能力得分为 0.899，在全国 27 个省（自治区、直辖市）中排名第 21 名，在丙类集团 9 个省市中排名第 3 名，具有一定的竞争力，可向乙类集团不断跃迁。山西省的产业升级二级评价指标得分均衡性较差，其产业成长与集聚能力、科技创新与产出能力以及资源转化与获利能力三项指标的排名分别为第 24 名、第 21 名和 24 名，整体上处于下游位置，表明山西省文化产业升级产出能力较低。相比之下，山西省的政府资金与基建投入、机构建设与设施投入两项二级指标分别排名第 9 名和第 7 名，双双进入前十，表明山西省在文化产业升级投入，尤其是政府资金投入和机构建设投入方面具有一定竞争优势，为其后续创新发展与升级提供了一定的物质基础。

近年来，山西省文化产业取得的发展与其政府部门的政策扶持与资金投入是密不可分的。山西省的文化事业费占财政支出的比重达 0.53%，足见政府部门对山西省文化产业支持力度之大。然而，文化产业是典型的资本密集型和技术密集型产业，需要充分发挥市场机制的作用，提升文化企业的主体地位。就山西省而言，需要不断培育壮大山西省的龙头文化企业，加大对于小微文化企业的孵化和支持力度，促进本地区文化产业集聚式发展。同时，牢牢把握国家“中部崛起”战略机遇，扩大跨区域间的交流与合作，进一步增强文化产业市场的招商引资力度，优化文化产业升级的软环境。

6.2.3.4 云南省评价结果分析与建议

云南省是人类文明的重要发祥地之一，富有璀璨的文化底蕴和绚丽多彩的自然风光。云南省文化旅游业凭借源远流长的民族文化资源和得天独厚的美景迅速发展壮大，为云南省经济发展做出了重大贡献。云南省文化旅游业虽然取得快速的发展，但也存在诸多问题，包括：云南省文化旅游业过度密集分布、乡镇村民思想观念落后、产业意识低、品牌概念模糊、缺乏高素质劳动人才等。

从产业升级定量评价结果来看，云南省的文化产业升级产出能力、产业资源投入能力和产业升级环境支撑能力三项一级指标的得分分别为 0.763、0.777 和 0.650，与之相对应的指标排名分别为第 19 名、第 19 名和第 24 名。云南省的文化产业整体升级能力得分为 0.897，在全国 27 个省（自治区、直辖市）中排第 22 名，处于下游位置，缺乏显著的竞争优势，但存在较大的提升空间。从文化产业投入与产出二级评价指标来看，云南省的各项指标得分与排名整体的处于落后状态。由此可见，云南省要想改变文化产业发展落后的现状，需要地区政府的大力扶持和制定科学的产业战略规划，并积极响应国家科技创新战略，引入和培养高素质产业人才；深度开发与利用历史文化及自然资源，化资源优势为经济优势，并不断完善文化基础设施建设等。在产业资金与人员、政府资金与基建、机构建设与设施等方面进行着重投入，进一步提升区域经济发展与产业吸附能力、产业基地建设与运营能力，从而有效改善云南省文化产业发展环境，增强云南省文化产业整体升级能力。

6.2.3.5 吉林省评价结果分析与建议

吉林省位于中国东北地区中部，与辽宁、内蒙古、黑龙江相连，并与俄罗斯、朝鲜接壤，地处东北亚地理中心位置。截至 2018 年末，吉林省总人口为 2704.1 万人，地区生产总值为 15074.6 亿元，其中第三产业产值占比为 49.77%。近年来，吉林省在文化产业园区建设方面取得显著成效。建有 1 个国家级文化产业园区，11 个国家级文化产业示范基地，9 个省级文化产业重点园区，并且还建设了一批有地方特色的文化街区，这些园区、街区在推动本省文化产业集聚发展、文化与科技旅游等融合发展等方面均发挥了重要作用。同时，吉林省文化产业发展也存在很多制约因素。一是文化企业集中度不够高，规模较小；二是经济结构不合理，发展粗放，有效需求不足；三是未形成对文化产业的多元投资机制，文化资本市场活力不足。

吉林省的文化产业升级产出能力、产业资源投入能力和升级环境支撑能力三项一级指标的得分分别为 0.706、0.709 和 0.695，对应的排名分别为第 24 名、第 25 名和第 19 名。吉林省的文化产业整体升级能力得分为 0.882，在全国 27 个省（自治区、直辖市）中排第 23 名，在整个丙类集团中居于中间位置，在东北三省中排第 2 名，具有一定升级能力，且存在较大提升空间。就三级评价指标来看，吉林省的总产值增加额指标得分为 0.004，专利授权增加数指标得分仅为 0.001，但其余各项的数值都处于中等甚至偏上。另外，吉林省的 R&D 经费内部支出额和 R&D 人员全时当量两项指标的得分均为 0，处于 27 个省（自治区、直辖市）中的最后 1 名，表明吉林省在研发经费资金和人员投入方面明显不足，这会在较长一段时期内降低吉林省文化产业创新发展的动力，同时也制约本地区文化产业提质升级。综合来说，吉林省文化产业发展机遇与挑战并存，而且挑战主要来源于自身的产业结构与资源投入瓶颈，需要在后续发展过程中逐步解决。

6.2.3.6 贵州省评价结果分析与建议

贵州是一个多民族聚集地区，历史悠久，民族文化资源丰富，被称为“文化千岛”。贵州省绚丽的民族文化资源为其民族文化产业发展打下坚实的基础，这对于加快贵州民族文化产业发展、促进西部地区经济增长都有十分重要的意义。与中东部地区经济发展较快的省市相比，贵州省在GDP总量、人均GDP以及服务业规模等方面均存在较大差距。结合实际情况来看，贵州省处于我国文化产业发展较为缓慢的丙类集团，且面临着文化产业基础薄弱、创新能力不足等诸多问题。

从文化产业升级一级评价指标来看，贵州省的文化产业升级产出能力、产业资源投入能力以及产业升级环境支撑能力分别排第22名、第26名和第27名，文化产业整体升级能力排第24名，位置相对靠后，缺乏一定的竞争优势。贵州省的产业总产值增长率、产业成长程度两项三级指标的得分分别为2.341和1.791，在全国27个省（自治区、直辖市）中的排名均处于中等水平；而贵州省的产业成长与集聚能力、科技创新与产出能力以及资源转化与获利能力排名分别为第18名、第17名和第25名。由此可见，从整个丙类集团来看，贵州省在文化产业总产值和和产业成长方面均有不错的表现，但是在产业资源转化与获利能力方面有所欠缺，需要在后续发展过程中不断加强。

未来贵州省应以多彩贵州民族特色文化为内涵，构建现代文化产业体系，深入推进文化市场综合执法改革，充分发挥贵州文化与生态优势，培养市场打造各类文化品牌。与此同时，要大力发展和培养创新高素质人才，加大政府资金投入力度，优化工作环境，充分发挥高层次人才在行业的引领作用，从而大幅增强本地区文化产业整体升级能力。

6.2.3.7 宁夏回族自治区评价结果分析与建议

宁夏回族自治区是中国五大少数民族自治区之一，因得黄河之水哺育形成了源远流长的黄河文明，是历史上的丝绸要道，并享有“塞上江南”的美誉。近年来，宁夏回族自治区加大城乡公共文化设施投资建设，促使文化产业大力发展，虽然得到长足发展，但与各文化产业大省相比仍存在较大差距。一方面，个别地方对文化产业发展没有足够的重视，导致文化产业规模相对弱小；另一方面，仅把文化产品看成精神产品，从而忽略其商品属性以及服务功能，使得本地区文化产业缺少创新与活力。

就宁夏回族自治区文化产业发展一级评价指标而言，其文化产业升级产出能力、产业资源投入能力和产业升级环境支撑能力三项一级指标得分分别为 0.657、0.760 和 0.607，对应的指标排名依次为第 26 名、第 22 名和第 25 名；宁夏回族自治区的文化产业整体升级能力得分为 0.868，在全国 27 个省（自治区、直辖市）中排第 25 名，较为靠后，缺乏竞争优势。宁夏回族自治区的三项一级指标排名均比较靠后，而且差别不大，整体上属于“低投入—低产出”升级绩效类型。透过文化产业发展二级评价指标来看，宁夏回族自治区的大部分文化产业二级产出与投入指标的得分与排名处于落后状态，而其政府资金与基建投入、区域经济发展与产业吸附能力和机构建设与设施投入三项二级指标得分分别为 0.656、0.650、0.607，对应的指标排名分别为第 7 名、第 11 名和第 13 名。这在一定程度上表明宁夏回族自治区政府资金与设施投入相对充足，有一定的区域吸附能力，但后续发展需要增加产业资金与人员的投入，提高产业基地建设与运营的能力。当前，中国正在大力贯彻实施“一带一路”倡议，宁夏回族自治区应抓住这一有利契机，结合宁夏的悠久历史文化与地域特色，探索出一条具有宁夏特色的文化经济发展道路，提高宁夏文化产业的整体升级能力。

6.2.3.8 甘肃省评价结果分析与建议

甘肃省位于中国西北地区，地处黄河中上游，地域辽阔。2018 年甘肃省实现地区生产总值 8246.1 亿元，其三次产业结构比为：11.2∶33.9∶54.9，常住人口达到 2637.3 万人，城镇化率为 47.69%，甘肃省文化产业发展环境持续改善。“十二五”期间，甘肃省文化产业增加值占全省生产总值比重从 1.26% 增长到 2.3%，资产总量从 227.5 亿元增长到 578.45 亿元。与此同时，甘肃省文化产业还存在发展基础薄弱、产业配套程度低、大型骨干企业少、品牌建设相对滞后等问题，缺乏核心竞争力，与其他文化大省相比较为落后。

甘肃省的文化产业升级产出能力、产业资源投入能力和升级环境支撑能力三项一级指标的得分分别为 0.663、0.763 和 0.593，对应的排名分别为第 25 名、第21名和第26名。甘肃省的文化产业整体升级能力得分为0.868，在全国27个省市中排第26名，处于落后位置，文化产业整体升级能力低，产业升级绩效和升级环境也较差，存在很大的提升空间。就甘肃省文化产业升级二级评价指标而言，其产业成长与集聚能力、科技创新与产出能力和资源转化与获利能力的指标得分分别为0.522、0.154和0.285，对应的排名分别为第21名、第27名和第26名，均比较靠后；甘肃省的产业资金与人员投入、政府资金与基建投入、机构建设与设施投入的指标得分分别为0.372、0.497和0.615，对应的排名分别为第22名、第20名和第12名，可见甘肃省除了在文化机构建设与设施投入方面处于居中位置外，其余产业资金、政府资金以及人才投入均存在不足，制约了甘肃省文化产业快速发展。

长远来看，甘肃省应深入贯彻实施创新发展、集聚发展和“文化+”战略。一方面要充分发挥其特色文化资源优势和丝绸之路经济带建设区位优势；另一方面要着力提升本省文化要素聚集力、文化企业竞争力和文化产品供给力，实现文化产业规模化、专业化、集约化发展，切实打造甘肃省文化产业提质升级的独特之路。

6.2.3.9 黑龙江省评价结果分析与建议

黑龙江省位于我国东北部，毗邻俄罗斯，工业历史悠久，是中国的重工业基地与重要的商品粮基地。由于自然资源丰富，各类资源条件适宜工业发展，气候条件适宜农业发展，这直接导致了黑龙江省长久以来以一、二产业为主的产业结构，而文化产业的规模不大、产值比重不高。目前全省正处于经济结构调整与转型升级的关键时期。

黑龙江省文化产业整体升级能力得分为0.867，归属于丙类集团，在全国27个省（自治区、直辖市）中排名最后1名。从文化产业发展一级评价指标来看，黑龙江省文化产业升级产出能力、产业资源投入能力以及升级环境支撑能力指标得分分别为0.113、0.683和0.784，对应的排名分别为第27名、第27名和第11名。由此可见，其文化产业产出与产业资源投入水平均处于末位，而文化产业升级环境也相对一般，属于“低投入—低产出”升级绩效类型，不具备竞争优势。就文化产业升级二级评价指标而言，黑龙江省的文化产业基地建设与经营能力排第8名，相对靠前；但其产业资源转化与获利能力、机构建设与设施投入能力、区域经济发展与产业吸附能力分别排第11名、第16名和第16名。此外，其他如产业成长与集聚能力、科技创新与产出能力、产业资金与人员投入以及政府资金与基建投入指标排名均比较靠后，反映出黑龙江省文化产业发展的内在不足。

进一步分析可知，黑龙江省第三产业发展相对缓慢，长久以来的固化发展模式，造成了黑龙江地区文化产业增长速度慢，科技创新与产出能力不足。长期以来，政府部门更加重视本地区工业发展与农业集约化生产，而对文化产业投入资金较少，导致文化产业发展基础薄弱，不同地市文化产业发展严重不平衡。就文化产业发展对策而言，一是黑龙江省可以当地独特的“冰雪文化”与风土人情作为卖点，加快与旅游产业的融合发展；二是加强文化产业基地建设，推动产业创新发展；三是结合当地便捷的交通条件，带动当地文化产业输入，加大政府资金与基建投入。由此多措并举提升文化产业升级产出能力，增强文化产业整体升级能力。

6.3 研究结论

深入来看，位于甲类集团内的8个省（自治区、直辖市）具有较高的产业成长与集聚能力和科技创新与产出能力，有效地促进了地区文化产业的快速发展，并在文化产业产出能力方面呈现出显著的竞争优势。就地域分布而言，江苏、浙江、上海均位于长三角经济圈，广东位于珠三角经济圈，北京则处于京津冀经济圈，湖南虽地处中南地区，却是承接国家“中部崛起”战略的重要省份之一[75]。由此可见，江苏、湖南、上海、广东、浙江以及北京均拥有良好的区位优势，加上较为雄厚的经济基础，将有助于扩大本地区文化消费，吸引产业高端人才聚集以及活跃产业资本市场，从而为本地区文化产业创新发展与升级创造了有利的外部环境。甲类集团内8个省市文化产业发展的基础扎实、前景广阔，而如何在激烈的市场竞争中保持这一领先优势并实现可持续发展是其应着重解决的现实问题。从长远来看，该8省市应进一步优化现有产业结构，并加强新兴产业布局，推动文化产业与互联网、科技、金融等领域的深度融合，从而释放出更大的产业发展活力。与此同时，加强国外文化产业市场的开发，实施“走出去”战略，是其拓展文化产业发展空间和提升产业综合竞争力的重要举措。

相比之下，乙类集团内10个省（自治区、直辖市）文化产业发展的投入与产出指标均衡性较差，这在很大程度上拉低了其文化产业整体升级能力。进一步分析来看，该10个省市文化产业产出能力偏低的主要原因是其产业成长与集聚能力和科技创新与产出能力两项二级指标排名不高，整体上处于第10名以后，造成了10个省市文化产业升级产出绩效不佳。整体来看，四川、天津、重庆、湖北、河南和河北六省市经济基础较好，文化资源较为雄厚，加上良好的产业发展环境，因而进一步提升的空间很大。当前，国家层面出台了“京津冀一体化协同发展”战略和“一带一路”倡议，这为推动乙类集团内相关省市文化产业快速发展创造了重大契机。具体来说，北京、天津以及河北可以加强彼此间文化产业的协同、联动发展，在文化资源共享、文化市场开发以及科技联合攻关方面做更多的努力与探索；而陕西、重庆两省是国家“一带一路”倡议的核心区域，两省应借此契机全面融入对外经贸合作，优化文化产业发展的软环境，拓展文化产业发展空间。

丙类集团内9个省（自治区、直辖市）文化产业发展相对滞后，其文化产业升级能力也一般，究其原因主要有三个方面：一是该九省传统产业在其国民经济中占比较大，而文化产业起步较晚、基础也相对薄弱，内在发展的动力不足；二是文化产业的投入与产出要么不均衡，要么规模均比较弱小，尤其表现在产业科技创新与产出能力较差、产业资金与人员投入不足以及政府资金投入过少三个方面，这在很大程度上成为本地区文化产业发展的瓶颈因素，并使其文化产业长期处于低位徘徊的不良发展态势；三是文化产业发展的外部环境一般，对于专业人才与产业资本的吸引力差。纵观丙类集团内的9个省份，其文化产业升级环境支撑能力排名整体上处于第 15 名以后，并且地区文化资源与经济基础缺乏竞争优势。为了破除制约本地区文化产业的发展瓶颈，促进九省市文化产业发展水平与升级能力的进一步提升，要做好四方面重点工作：一是牢牢把握国家“一带一路”发展战略机遇，同时提升文化产业发展内在驱动力和外在牵引力；二是充分挖掘本地区文化资源，推动关联产业间的融合发展，切实扩大省内文化消费市场；三是通过发展新兴文化产业，不断优化调整文化产业结构，并加大政府政策与资金投入力度；四是进一步完善文化产业园区与基地建设，大力扶持一批本土文化龙头企业，促进产业集聚式发展，从而不断壮大本省文化产业规模，提升文化产业升级能力[75]。

第7章 河北省文化产业科技创新效率评价分析

基于2013—2017年的文化产业科技创新活动统计数据，本章采用数据包络分析法（Data Envelopment Analysis），对中东部地区十五省市的文化产业科技创新资源配置效率进行定量评价与结果分析。研究发现：北京市文化产业科技创新资源配置的综合技术效率、纯技术效率和规模效率三项指标在2015—2016年排名第1名，处于领先位置，其余年份三项指标排名存在一定波动，处于中等靠后位置。五年间天津市该三项指标排名除个别年份外，整体上处于前两名的位次，具有很高的科技创新资源配置效率。与两大直辖市相比，2013—2017年河北省文化产业的综合技术效率、纯技术效率和规模效率指标排名整体处于中等偏后位置，科技创新效率不高，有较大提升空间。

7.1 DEA方法简介

资源配置是企业战略调整的重要手段，也是企业经营管理的日常工作。资源配置合理与否，对一个企业的成败、产业的兴旺乃至国家经济发展有着重要影响。目前国内学者主要集中于对企业科技资源、金融资源和信息资源等领域配置效率的评价。史安娜等（2015）构建了基于DEA的超效率CCR模型，实证分析了我国30个省域科技资源配置效率[76]。朱尔茜，刘嘉玮（2018）采用DEA方法构建BCC模型和Malmquist指数模型，对我国文化金融服务体系效率进行定量分析，结果表明我国金融体系对文化产业的服务效率偏低，与DEA有效水平还有很大差距[77]。

本书采用的数据包络分析法（简称DEA）是一种基于多投入多产出的效率评价方法，它通过数学模型计算出比较单位之间的相对效率，从而对评价对象作出相应评价。DEA方法具有的优势主要体现在：（1）当输入与输出间客观存在某种关系时，每个输入都可以关联到一个或多个输出，并且无需确定这种关系的函数表达式；（2）它是以决策单元（DMU）各输入输出的权重作为变量，从而避免确定各指标在优先意义下的权重，减少人为的主观性；（3）DEA方法不需要对指标量纲作统一处理，减轻了数据处理工作量。数据包络分析法通过度量决策单元DMU的有效性来描述生产效率，由此确定有效的DMU，并根据这些投影结果，给出DMU各输入输出的目标调整结果。本章运用VRS模型对中东部地区十五省市的文化产业科技创新资源配置效率进行定量评价与分析。

7.2 中东部地区文化产业科技创新效率评价分析

7.2.1 评价指标体系设计

文化的运用和持续创新是文化产业迅速发展的重要动力，而新产品的产出、新技术和新工艺的发明使文化产业有着广阔的市场和丰厚的经济回报，并由此形成强大的产业竞争力。

（1）输入指标选取。资源投入是文化产业创新发展的物质基础和重要保障，产业创新发展与升级是产业自我调整和不断提升的过程，这个过程需要外界大量的人力、物力和财力资源的投入。基于上述文化产业发展客观规律，结合 DEA 方法对多元化输入指标的内在要求，并参考潘玉香[78]、李梦琦[79]等学者的研究成果，本书将文化产业科技创新资源投入下面设置 4 个指标，即 R&D 人员折合全时当量、R&D 经费内部支出、新产品开发项目数和新产品开发经费支出。由此综合地衡量各地区文化产业科技创新资源投入的能力和水平。

（2）输出指标选取。文化产业创新发展与升级正是基于提升产业创新水平、提高产品技术含量和产品附加值而进行的文化产业战略调整[80]。本书选取科技创新产出作为衡量地区文化产业竞争力的重要内容，具体包括新产品销售收入和专利申请数 2 个指标。由此构建了文化产业科技创新资源配置效率评价指标体系，如表 7-1 所示。

表 7-1 区域文化产业科技创新资源配置效率评价指标体系

指标分类	指标	指标解释
输入指标	R&D 人员折合全时当量（人/年）	全职的和折算的人员的工作当量之和
	R&D 经费内部支出（万元）	企事业单位用于内部开展 R&D 活动实际支出
	新产品开发项目数（个）	新产品开发项目数（个）
	新产品开发经费支出（万元）	新产品开发经费支出（万元）
输出指标	新产品销售收入（万元）	新产品销售收入（万元）
	专利申请数（件）	专利申请数（件）

7.2.2 样本选取与数据来源

本书选取中东部地区的北京、天津、河北、山西、上海、江苏、浙江、安徽、福建、江西、山东、河南、湖北、湖南、广东 15 个省市（由于海南省部分数据缺失，

未将其列为研究对象），进行文化产业科技创新效率的横向比较分析，由此来评价和分析中东部地区文化产业科技创新效率的整体水平与不足。同时，为了客观地反映一段时期内京津冀地区文化产业科技创新效率的变化，本章还对2013—2017五年间北京、天津、河北三省市文化产业科技创新效率进行纵向时间序列分析。

通过在网络、图书馆、统计年鉴查阅到中东部地区15个省市文化产业的相关统计数据及文献资料，其中本书所用到的数据主要来源于《中国统计年鉴（2014—2018）》《中国文化及相关产业统计年鉴（2014—2018）》。由于文化制造业是文化产业科技创新的重要来源和基础，加上考虑到数据的可获得性，本书将规模以上文化制造企业作为评价研究对象。搜集、整理出的2013—2017年中东部十五省市文化产业科技创新活动投入产出原始数据如表7-2、表7-3和表7-4和表7-5和表7-6所示。

表7-2 2013年中东部十五省市规模以上文化制造企业科技活动情况

地区	R&D人员折合全时当量（人/年）	R&D经费内部支出（万元）	新产品开发项目数（个）	新产品开发经费支出（万元）	新产品销售收入（万元）	专利申请数（件）
北 京	1107	27035	357	58261	500472	272
天 津	3344	111928	638	95254	5588850	1051
河 北	939	17642	148	22560	351252	115
山 西	81	1401	16	1928	18320	22
上 海	2910	119376	457	139069	2839114	887
江 苏	20942	493061	2830	672455	10423140	4758
浙 江	11889	279393	2193	337844	7091732	5218
安 徽	2490	59751	552	109635	1791829	1438
福 建	3747	132151	487	147984	2801591	1398
江 西	1234	21362	226	21869	241361	146

续表

地区	R&D 人员折合全时当量（人 / 年）	R&D 经费内部支出（万元）	新产品开发项目数（个）	新产品开发经费支出（万元）	新产品销售收入（万元）	专利申请数（件）
山 东	10778	548815	1293	535204	8891208	2811
河 南	3331	72993	229	69045	910761	370
湖 北	1019	32033	214	69668	237478	375
湖 南	1697	88230	211	102665	3368381	310
广 东	23645	743394	4251	877606	11897800	8147

表 7-3 2014 年中东部十五省市规模以上文化制造企业科技活动情况

地区	R&D 人员折合全时当量（人 / 年）	R&D 经费内部支出（万元）	新产品开发项目数（个）	新产品开发经费支出（万元）	新产品销售收入（万元）	专利申请数（件）
北 京	1121	29216	347	65839	585732	236
天 津	4681	200781	1324	172745	5391596	1355
河 北	1300	32035	191	29244	526194	161
山 西	70	1053	18	1492	23248	51
上 海	3655	142380	674	152276	4242120	1309
江 苏	26927	695016	3238	917283	11681501	6605
浙 江	13329	339265	2374	377032	8289196	5724
安 徽	3531	108003	655	157048	2207017	1687
福 建	5516	172336	478	159031	2620118	2181
江 西	1191	21109	287	36981	379715	270
山 东	10564	648013	1415	601576	8700414	2573
河 南	4433	81292	410	73003	856374	539
湖 北	1780	60007	279	60800	759277	494
湖 南	5295	121391	268	154872	3683959	473
广 东	23593	782274	3913	988787	11836013	6898

表 7-4 2015 年中东部十五省市规模以上文化制造企业科技活动情况

地区	R&D 人员折合全时当量（人 / 年）	R&D 经费内部支出（万元）	新产品开发项目数（个）	新产品开发经费支出（万元）	新产品销售收入（万元）	专利申请数（件）
北 京	974	28584	299	58891	660439	403
天 津	5149	183908	648	162386	4390252	1125
河 北	1330	36013	185	31370	535499	181
山 西	88	804	23	2924	25659	24
上 海	2760	127049	498	156551	3637366	860
江 苏	25007	796801	3005	955280	11450167	8706
浙 江	14710	378904	2541	390184	9644357	5893
安 徽	4478	119474	853	150616	3034868	1668
福 建	5455	222765	455	199271	3282472	2169
江 西	1369	26647	206	44815	579731	385
山 东	11970	755572	1254	628843	9357406	3507
河 南	4389	89268	267	70470	960505	337
湖 北	1720	73255	244	71875	1053804	350
湖 南	7550	240276	342	251478	5077421	534
广 东	24462	764408	3381	909689	12984447	6356

表 7-5 2016 年中东部十五省市规模以上文化制造企业科技活动情况

地区	R&D 人员折合全时当量（人 / 年）	R&D 经费内部支出（万元）	新产品开发项目数（个）	新产品开发经费支出（万元）	新产品销售收入（万元）	专利申请数（件）
北 京	1062	27928	263	65176	744121	406
天 津	4526	201328	624	184714	3801159	947
河 北	1688	34518	196	30869	408756	191
山 西	108	2125	15	1504	11885	16

续表

地区	R&D 人员折合全时当量（人 / 年）	R&D 经费内部支出（万元）	新产品开发项目数（个）	新产品开发经费支出（万元）	新产品销售收入（万元）	专利申请数（件）
上 海	2886	138155	552	168896	2974385	1268
江 苏	27493	860286	3358	1066060	15443370	8483
浙 江	13531	405124	2876	422398	10765070	5256
安 徽	5010	202246	1000	258104	3135720	1900
福 建	6029	233419	612	222286	3366523	2479
江 西	1365	46709	345	84052	745502	501
山 东	12844	858061	1553	768454	10599109	4934
河 南	3948	97511	284	71880	802086	521
湖 北	2363	104046	297	95567	1231136	376
湖 南	3732	134685	355	134661	5535301	723
广 东	25564	798784	5120	1186468	15251616	8099

表 7-6 2017 年中东部十五省市规模以上文化制造企业科技活动情况

地区	R&D 人员折合全时当量（人 / 年）	R&D 经费内部支出（万元）	新产品开发项目数（个）	新产品开发经费支出（万元）	新产品销售收入（万元）	专利申请数（件）
北 京	906	38600	292	71481	827643	337
天 津	1888	88885	234	78209	2949748	553
河 北	1365	32265	268	25634	383986	246
山 西	105	2738	37	5996	17786	35
上 海	2281	79400	493	121782	3151846	827
江 苏	25884	956575	3278	1174046	15574390	7024
浙 江	13794	415844	3299	446413	9931516	5181
安 徽	6496	243788	1124	311160	4248783	2730

续表

地区	R&D 人员折合全时当量（人/年）	R&D 经费内部支出（万元）	新产品开发项目数（个）	新产品开发经费支出（万元）	新产品销售收入（万元）	专利申请数（件）
福 建	5632	226326	751	238916	3625434	2269
江 西	1879	56592	493	107770	1132027	999
山 东	15788	1037681	1933	983253	11462801	5115
河 南	3236	97743	317	76756	956626	517
湖 北	2301	91270	359	80425	1442691	817
湖 南	3471	155305	426	167799	3075225	681
广 东	28830	914969	7500	1635610	25451863	15113

7.2.3 中东部地区文化产业科技创新效率评价结果与分析

DEA 模型评价结果。本书利用 DEAP2.1 软件，对 2013—2017 年中东部地区 15 个省市文化产业科技创新效率进行定量评价，计算出的文化产业科技创新活动资源配置效率结果如表 7-7、表 7-8、表 7-9、表 7-10、表 7-11 所示。

表 7-7 2013 年中东部十五省市规模以上文化制造企业科技创新效率评价结果

地 区	综合技术效率得分	纯技术效率得分	规模效率得分	规模报酬状态
北 京	0.513	0.532	0.964	irs
天 津	1.000	1.000	1.000	-
河 北	0.459	0.492	0.933	irs
山 西	0.781	1.000	0.781	irs
上 海	0.827	0.827	0.999	drs
江 苏	0.683	1.000	0.683	drs
浙 江	1.000	1.000	1.000	-
安 徽	1.000	1.000	1.000	-
福 建	1.000	1.000	1.000	-

续表

地 区	综合技术效率得分	纯技术效率得分	规模效率得分	规模报酬状态
江 西	0.445	0.471	0.946	irs
山 东	0.852	1.000	0.852	drs
河 南	0.602	0.623	0.966	irs
湖 北	0.667	0.695	0.961	irs
湖 南	1.000	1.000	1.000	-
广 东	0.741	1.000	0.741	drs

表 7-8 2014 年中东部十五省市规模以上文化制造企业科技创新效率评价结果

地 区	综合技术效率得分	纯技术效率得分	规模效率得分	规模报酬状态
北 京	0.685	0.692	0.989	drs
天 津	1.000	1.000	1.000	-
河 北	0.612	0.630	0.972	irs
山 西	1.000	1.000	1.000	-
上 海	1.000	1.000	1.000	-
江 苏	0.709	1.000	0.709	drs
浙 江	0.947	1.000	0.947	drs
安 徽	0.941	1.000	0.941	drs
福 建	1.000	1.000	1.000	-
江 西	0.649	0.718	0.904	drs
山 东	0.867	1.000	0.867	drs
河 南	0.506	0.524	0.966	drs
湖 北	0.616	0.644	0.957	drs
湖 南	1.000	1.000	1.000	-
广 东	0.657	1.000	0.657	drs

（1）2013 年文化企业科技创新效率评价结果与分析。如表 7-7 所示，2013 年天津、安徽、浙江、湖南、福建 5 个省市的规模以上文化制造企业综合技术效率、纯技术效率和规模效率（以下简称“三项效率指标”）得分均为 1，且其规模报酬不变，处于领先地位。山西、江苏、山东、广东 4 个省份的纯技术效率得分均为 1，其他 2 个效率指标值均在 0.6 以上，其中山西的规模报酬呈现出递增状态，其余 3 个省份的规模报酬递减。在北京、河北、上海、江西、河南、湖北 6 省市中，上海的综合技术效率得分和纯技术效率得分为 0.827，规模效率得分为 0.999，居于该六省市中的第 1 名；江西的三项效率指标得分和规模效率得分分别为 0.445、0.471 和 0.946，整体科技创新效率水平靠后；河南、湖北两省 3 个指标得分大致相同，处于中等靠下位置；北京市的 3 个指标得分并不高，但规模报酬呈现递增状态；河北省的综合技术效率、纯技术效率和规模效率得分分别为 0.459、0.492 和 0.933，在中东部十五省市文化产业科技创新效率的排名比较靠后，但其科技创新效率规模报酬呈现递增状态，表明有着很大的提升空间。

（2）2014 年文化企业科技创新效率评价结果与分析。如表 7-8 所示，2014 年天津、山西、上海、福建、湖南 5 个省市的规模以上文化制造企业三项效率指标得分和规模效率得分均为 1，且其规模报酬不变。与 2013 年对比后发现，天津、福建、湖南三省市的领先地位没变，山西、上海两省市的指标得分及排名上升显著。江苏、浙江、安徽、山东、广东五省的纯技术效率得分均为 1，其他两项效率指标值均在 0.65 以上，其中 5 个省份的规模报酬均呈递减状态。在北京、河北、江西、河南、湖北五省市中，北京市的 3 个效率指标得分比上一年略有提升，但规模报酬由 2013 年的递增变为 2014 年的递减状态；2014 年河北省的综合技术效率、纯技术效率和规模效率得分分别比上一年增加了 0.153、0.138 和 0.039，规模报酬依旧保持递增状态，产业科技创新效率表现出较好的发展势头。江西的三项指标得分增幅也比较明显，但规模报酬由原来的递增变为递减状态。河南省的三项指标得分分别为 0.506、0.524 和 0.966，整体水平比较靠后，规模报酬呈递减状态。本年度湖北的三项效率指标得分分别比上一年下降了 0.051、0.051 和

0.004，规模报酬呈递减状态。整体来看，2014 年中东部 15 个省市中，有 5 个省市规模报酬不变，9 个省市规模报酬递减，仅河北 1 个省份规模报酬递增，这是河北省文化产业科技创新活动积极有利的因素之一。

（3）2015 年文化企业科技创新效率评价结果与分析。透过表 7-9 可知，2015 年中东部十五省市中北京、天津、山西、上海、浙江、福建、湖南七省市的规模以上文化制造企业三项效率指标得分均为 1，规模报酬不变。其中，北京是 2013—2015 年三年间首次进入文化产业科技创新效率领先行列的省市，提升幅度很大。2015 年江苏、山东、广东三省的纯技术效率指标得分为 1，其余两项指标的得分均相同，该三省的另外两项指标得分分别为 0.919、0.946 和 0.742。本年度河北省的综合技术效率、纯技术效率和规模效率得分分别为 0.645、0.696 和 0.926，规模报酬为递增，整体科技创新效率水平比上一年略高。安徽省的三项指标得分均在 0.9 以上，江西省的综合技术效率得分为 0.891，另外两项指标得分均高于 0.9，这 2 个中部省份的规模报酬均呈现递减状态。与其余中部省份相比，2015 年河南、湖北 2 个中部省份的三项指标得分相对靠后。其中，河南省的综合技术效率与纯技术效率得分分别为 0.560 和 0.587，其规模效率得分为 0.955；湖北省的综合技术效率与纯技术效率得分分别为 0.645 和 0.669，其规模效率得分为 0.964。深入分析可知，本年度规模报酬不变的省份比上一年多 2 个，规模报酬递减的省份比上一年减少 4 个，规模报酬递增的省份比上一年多 2 个，由此表明中东部地区规模以上文化制造企业整体科技创新效率水平有明显提升。

表 7-9 2015 年中东部十五省市规模以上文化制造企业科技创新效率评价结果

地 区	综合 技术效率	纯技术效率	规模效率	规模 报酬状态
北 京	1.000	1.000	1.000	-
天 津	1.000	1.000	1.000	-
河 北	0.645	0.696	0.926	irs
山 西	1.000	1.000	1.000	-

续表

地 区	综合 技术效率	纯技术效率	规模效率	规模 报酬状态
上 海	1.000	1.000	1.000	-
江 苏	0.919	1.000	0.919	drs
浙 江	1.000	1. 000	1.000	-
安 徽	0.972	0.978	0.993	drs
福 建	1.000	1.000	1.000	-
江 西	0.891	0.903	0.986	drs
山 东	0.946	1.000	0.946	drs
河 南	0.560	0.587	0.955	irs
湖 北	0.645	0.669	0.964	irs
湖 南	1.000	1.000	1.000	-
广 东	0.742	1.000	0.742	drs

（4）2016 年文化企业科技创新效率评价结果与分析。透过表 7-10 可知，2016 年中东部十五省市中北京、上海、浙江、福建、山东、湖南 6 个省市的规模以上文化制造企业科技创新效率处于领先水平，其三项效率指标得分均为 1，规模报酬不变。其中，除了湖南属于中部省份外其余五省市均位于东部地区。规模报酬递增的省份有 6 个，分别是天津、河北、山西、江西、河南和湖北，比上一年增加了 3 个，该六省市中江西的 3 个指标得分均超过 0.9，整体效率水平较高，湖北省的前两项指标得分分别 0.491 和 0.508，处于靠后位置。2016 年河北省的综合技术效率、纯技术效率和规模效率得分分别为 0.516、0.538 和 0.959，与 2015 年相比前两项指标分别降低了 0.129 和 0.158，而规模效率指标得分增加了 0.033。江苏、安徽和广东三省的规模报酬递减，其中江苏、广东两省的纯技术效率指标得分均为 1，另外两项指标的得分也都在 0.8 以上，而安徽省的三项指标得分分别为 0.906、0.909 和 0.997，总体效率水平高且较为均衡。

表 7-10 2016 年中东部十五省市规模以上文化制造企业科技创新效率评价结果

地 区	综合技术效率	纯技术效率	规模效率	规模报酬状态
北 京	1.000	1.000	1.000	-
天 津	0.699	0.702	0.996	irs
河 北	0.516	0.538	0.959	irs
山 西	0.855	1.000	0.855	irs
上 海	1.000	1.000	1.000	-
江 苏	0.904	1.000	0.904	drs
浙 江	1.000	1.000	1.000	-
安 徽	0.906	0.909	0.997	drs
福 建	1.000	1.000	1.000	-
江 西	0.910	0.915	0.995	irs
山 东	1.000	1.000	1.000	-
河 南	0.628	0.634	0.991	irs
湖 北	0.491	0.508	0.968	irs
湖 南	1.000	1.000	1.000	-
广 东	0.807	1.000	0.807	drs

（5）2017 年文化企业科技创新效率评价结果与分析。如表 7-11 所示，2017 年中东部十五省市中天津、浙江、上海、福建、广东、湖北、江西七省市的规模以上文化制造企业综合技术效率得分、纯技术效率得分和规模效率得分均为 1，规模报酬不变。其中，2013—2017 年五年间江西、湖北两省是首次进入文化产业科技创新效率领先行列的省份，提升幅度很大。过去五年间，规模报酬不变的省份由 2013 年的 5 个增加至 2017 年的 7 个，东部地区中仅有河北、江苏两省未达到规模报酬不变状态，而中部六省中只有河南未曾达到规模报酬不变状态。本年度北京、河北、山西、河南四省市的规模以上文化制造企业科技创新效率呈递

增状态，其中河北省的三项效率指标得分分别为0.827、0.938和0.881，比2016年该三项指标得分分别增加了0.311、0.40和-0.078，比2013年分别增加了0.368、0.446和-0.052。由此可见，五年间河北省规模以上文化制造企业综合技术效率与纯技术效率指标得分均有大幅提升，而规模效率指标得分出现略微下降。此外，2013—2017年五年间北京、山西、河南三省市的三项指标得分也均出现了一定提升，这与本地区加快文化产业技术创新发展密不可分。2017年江苏、安徽、山东、湖南四省的规模报酬呈递减状态，其中江苏、山东的纯技术效率指标得分均为1，山东的另外两项指标得分均为0.918，整体处于较高效率水平；安徽的三项指标得分均高于0.9，比较均衡，综合竞争力较强，而湖南的三项指标得分分别为0.645、0.658和0.981，均衡性较差，存在较大的提升空间。

表7-11 2017年中东部十五省市规模以上文化制造企业科技创新效率评价结果

地 区	综合技术效率	纯技术效率	规模效率	规模报酬状态
北 京	0.824	0.874	0.943	irs
天 津	1.000	1.000	1.000	-
河 北	0.827	0.938	0.881	irs
山 西	0.724	1.000	0.724	irs
上 海	1.000	1.000	1.000	-
江 苏	0.777	1.000	0.777	drs
浙 江	1.000	1.000	1.000	-
安 徽	0.952	0.953	0.999	drs
福 建	1.000	1.000	1.000	-
江 西	1.000	1.000	1.000	-
山 东	0.918	1.000	0.918	drs
河 南	0.682	0.704	0.968	irs
湖 北	1.000	1.000	1.000	-
湖 南	0.645	0.658	0.981	drs
广 东	1.000	1.000	1.000	-

7.3 京津冀地区文化产业科技创新效率评价分析

表 7–12 为 2013—2017 年京津冀三省市规模以上文化制造企业科技创新效率排名。从综合技术效率指标排名来看，2013—2014 年，天津市该指标排名位于中东部十五省市的第 1 名，遥遥领先，北京市和河北省该指标排名靠后，尤其是河北省该指标连续两年排名第 14 名。2015—2017 年间，北京市文化产业综合技术效率排名先是大幅上升至第 1 名后又回落至第 11 名，整体上与 2013 年相比，该指标排名上升 2 名。三年间天津市该指标排名经历了很大波动，其中 2015 年和 2017 年分别排名第 2 名和第 1 名，2016 年天津市该指标排名第 12 名。2015—2017 年三年间，河北省文化产业综合技术效率排名分别为第 13 名、第 14 名和第 10 名，波动相对较小，与 2013 年相比河北省该指标排名提升了 4 名。

表 7-12 2013—2017 年京津冀地区规模以上文化制造企业科技创新效率排名

地区	综合技术效率排名					纯技术效率排名					规模效率排名				
	2013	2014	2015	2016	2017	2013	2014	2015	2016	2017	2013	2014	2015	2016	2017
北京	13	10	1	1	11	13	12	1	1	13	8	6	1	1	11
天津	1	1	2	12	1	1	1	2	12	1	1	1	2	8	1
河北	14	14	13	14	10	14	14	13	14	12	11	7	13	12	13

就纯技术效率排名而言，2013—2017 年五年间北京市该指标排名前两年处于靠后位置，2015—2016 年迅速跃升至第 1 名，而后 2017 年降至第 13 名；天津市文化产业纯技术效率排名除了 2016 年是第 12 名外，其余年份均处于前 2 名，整体技术效率排名靠前。五年间，河北省该指标排名处于中东部地区靠后位置，在第 14 至 12 名次间波动，2017 年比 2013 年提高了 2 名。

从规模效率排名来看，2013—2017 年五年间北京市该指标排名整体上处于先上升后下降的发展状态，2017 年比 2013 年下降了 3 个名次。2013—2015 年天津市文化产业规模效率排名处于前 2 名，2016 年下降至第 8 名后 2017 年又迅速回升至第 1 名，与五年前该指标排名没有变化。五年间河北省该指标排名处于小幅波动中，其中 2014 年排名最高至第 7 名，而后三年的排名分别为第 13 名、第 12 名和第 13 名，该指标 2017 年排名与 2013 年排名相比下降了 2 名。整体来看，这五年间，北京市文化产业的综合技术效率、纯技术效率和规模效率排名在 2015、2016 两年均达到了第 1 名，处于领先位置，其他年份这三项指标排名在第 6 至第 13 名次间波动，处于中等靠后位置。2013—2017 年五年间天津市三项指标排名除个别年份外整体上处于前 2 名的位次，显示出强大的竞争力。与两大直辖市相比，五年间河北省文化产业的三项指标排名整体上处于中后位置，科技创新效率不高，有着较大的提升空间。

第8章 文化产业价值链体系与产业联动发展研究

本章在对中国文化装备制造产业价值链构成与地位分析的基础上，深入剖析国内该产业发展动力，进而创新性地从产业价值链与区域联动发展双重视角提出中国文化装备制造产业发展模式，并以京津冀地区为例，论述其产业联动发展对策。研究发现：中国文化装备制造产业整体上处于全球价值链的低端，四大产业市场主体对于不同区域的贡献差异较大。就区域产业发展动力而言，一是产业市场主体构成与外部发展环境要素的诱导，二是本土企业的自我强化与学习创新。从长远来看，打造产业公共平台、成立配套服务机构和构建产业园区是支撑区域文化装备制造产业联动发展的重要举措。

8.1 中国文化装备制造产业发展背景

过去三十年间，中国文化装备制造产业依托自身的劳动力、土地等要素的低成本优势，通过承接国际产业转移和为跨国公司代工等途径实现了快速发展，并已嵌入到全球产业价值链的中低端环节。然而，伴随着周边国家快速崛起和国际市场竞争加剧，我国原有的人口红利和要素低成本优势日益趋弱，并面临环境约束、产能过剩和需求放缓等一系列问题的严峻挑战[81]。从产业层面看，长期以来我国文化装备制造产业受跨国公司低端锁定而处于被动从属地位，加上其研发创新、集群升级与区域联动发展能力不足，限制了该类产业向更高附加值环节攀升和参与全球价值链更深层次分工；从企业层面看，国内大多数文化装备制造企业停留在低技术的加工与组装环节，自主研发和创新产出能力较弱，对国外核心技术与关键产品的依赖性强，从而导致企业技术升级、自主品牌构建以及核心能力塑造的过程十分缓慢，企业能够获取的产品附加值也较低。因此，中国文化装备制造产业亟待进行创新发展与价值链升级。

目前，中国已进入工业化中后期发展阶段，经济增长速度开始放缓，很难再依靠向发达国家引进高端技术设备、承接国际产业转移来实现真正的产业技术进步与经济增长，将更多地依赖于改变全球价值链的嵌入方式和区域产业联动来推动产业经济增长与价值链升级[82]。同时，国内文化装备制造产业发展的区域性特征愈发显著，配合国家近期出台的“京津冀一体化协同发展”战略、“一带一路”倡议等宏观政策，为促进区域产业布局调整、联动发展和价值链升级提供了重大契机。

8.2 中国文化装备制造产业价值链构成与地位分析

8.2.1 全球文化装备制造产业价值链构成与分析

一般来说，文化装备制造产业的国际分工是按照不同工序或者零部件进行的，与之对应的环节及其价值链特征存在着显著差异。至于文化装备制造企业具体承担产业链上的哪一环节，通常是由其具有的核心能力与资源优势来决定的，并由此导致企业产品的技术含量与附加值不同。综合陈超凡、王赟[83]，李大庆、李庆满[84]等人的研究结论，本书认为全球文化装备制造产业按照本国企业所处产业链的不同位置，整体上又可细分为上、中、下游三类产业（见表 8-1）。其中，上游产业主要是研发、设计环节，对应的分工内容为核心模块及零部件生产，高产品附加值是该环节的突出特征，技术与行业标准是其附加值的重要来源；中游产业主要是合同制造环节，合同制造商通过为整机厂家提供制造服务参与产品附加价值的分配，因而其附加值主要来自服务和产品质量；下游产业通常为整机组装与加工以及分销环节，对应的分工内容以整机组装、普通元器件生产以及分销为主，具有劳动密集型和低附加值特征，人员劳动和市场份额增加是其附加值的主要来源。

表 8-1 全球文化装备制造产业价值链构成与分析

产业链位置	所处环节	对应内容	价值链特征	附加值来源
上游产业	研发、设计	核心模块及零部件生产	技术集约型产品附加值高	技术和行业标准
中游产业	合同制造（新产品与核心部件生产）	为整机厂家提供制造服务	服务密集型附加值一般	精艺制造、服务
下游产业	整机的加工与组装、分销	整机组装一般零部件生产分销	劳动密集型附加值较低	人员劳动市场份额增加

8.2.2 中国在全球文化装备制造产业价值链的地位及分工

随着全球经济一体化进程的加快，日趋成熟的区域集聚协同发展网络已在全球文化装备制造产业中形成，每个相关区域分工负责产业链中的特定环节[85]。然而，受产业链地位和固有增长模式影响，跨国公司往往在研发、设计等核心环节给国内文化装备制造企业设定很高的技术壁垒，而且市场失灵和路径依赖等问题延长了国内企业在制造环节上的学习与升级过程[86]，导致国内文化装备制造产业整体上被俘获在产业链的中低端环节、处于被动地位，Bair（2006）也曾指出参与全球价值链并不能确保产业升级，除非出口导向活动能根植于区域并促进内生增长[87]。因此，单纯依靠承接发达国家的产业转移以及为跨国公司做代工这种模式，国内企业能够从中习得的核心能力以及在产业价值链上的攀升变得非常有限，难以占有绝大部分创造价值。

8.2.3 中国文化装备制造产业市场动力分析

区域文化装备制造产业发展与升级的动力主要来自两个层面：一是产业层面，包括产业市场主体构成以及外部升级环境要素的诱导；二是本土企业的自我强化与学习创新。从产业层面看，东南沿海地区该产业呈现出显著的外向型经济特征，即港澳台资企业和外商投资企业在整个产业市场上占据主导地位，其整体规模、产出水平与市场竞争力更具优势，成为该地区文化装备制造产业发展的核心力量；相反，由于受先天产业基础及政策、体制等方面因素影响，靠近内陆地区的内资企业和国有企业发展相对较好，尤其是内资企业在产业创收和人员吸纳等方面做出更大贡献。基于此，本书认为造成中国不同地区文化装备制造产业的发展水平和升级能力存在巨大差异的关键原因就是产业市场主体结构；同时，产业政策、区域地理位置及经济开放程度也是构成中国文化装备制造产业升级环境的重要因素，会对整个产业的发展与升级过程起到促进或抑制作用。

企业层面动力分析。全球文化装备制造产业产业链可被看成一个大的整体，在其发展过程中，通常会自然选择链上的主体以及链条之间的关系，实行优胜劣汰，从而达到其契约目标或利益的最大化。在这种产业链整合机制的作用下，文化装备制造企业将不断地自我强化，提高自身在产业链上的地位以及分工层次；此外，企业通过协作行动、承担主导企业在全球价值链上自愿放弃的功能以及通过集群的治理模式转变等途径也能实现升级[88]。从现实情况来看，受跨国公司低端锁定和激烈的国际市场竞争影响，国内文化装备制造企业沿着全球价值链向产业高端攀升的发展路径已经被阻断，在整个代工过程中，依旧未能掌握产业核心技术与树立自主品牌。因此，要想从根本上解决内资企业自主研发能力不足的问题，摆脱被跨国公司低端锁定的状态，就应不断提升国内企业的研发创新能力，突出体现在产品研发、技术攻关、新产品和专利产出等各方面能力的增强。

8.3 基于产业价值链与区域联动的文化装备制造产业发展模式

由上述分析可知，单纯依靠承接国际产业转移或者为跨国公司做代工这种途径来嵌入全球价值链，很难实现中国产业技术的真正进步与产业经济的持续增长。同时，中国产业经济的区域化特征日益凸显，区域间的联动与协调发展成为产业结构调整和转型升级的有力推手，国家在促进区域协同发展方面也给予了大力的政策支持。在此背景下，中国文化装备制造产业既面临发展困境，又迎来重大发展机遇，那么究竟该选择何种产业发展模式与路径，成为社会各界重点关注的产业实际问题。

8.3.1 区域环境及其资源条件影响文化装备制造产业集聚发展

通常来说，区位条件对产业聚集地的选择产生重要影响，文化装备制造产业作为典型的资本密集和技术密集型产业，对于区域产业资源、市场发展水平和政策环境等因素提出了更高要求；反过来，这些因素的好坏也将对本地区该产业的发展与升级起到决定性作用。另外，区域产业配套以及产业链的完整程度是影响本地区文化装备制造产业集群发展水平与综合竞争力的关键所在。以京津冀地区为例，当前河北很多文化装备制造企业从事配套设备的生产与组装加工，而北京是我国文化装备制造企业总部和研发中心的所在地，河北在为这些企业提供配套服务时会占据地理优势和成本优势，然而很多装备制造企业的生产基地均不在河北，而是分布在长三角、珠三角等地区。不难看出，北方文化装备制造企业交由南方企业生产零配件，无疑会加大企业的生产成本，也不利于本地区产业链的壮大和产业集群式发展。基于此，中国文化装备制造产业传统的增长模式与产业升级现状间的矛盾不断加大，而通过强化区域企业合作与产业资源整合，继而促进区域产业联动发展是走出当前该产业发展困境的必由之路。

8.3.2 双重视角下区域文化装备制造产业发展模式图解

为此，基于前文分析，结合产业升级战略方向与目标，从产业价值链与区域联动发展双重视角提出区域文化装备制造产业发展模式（见图 8-1）。

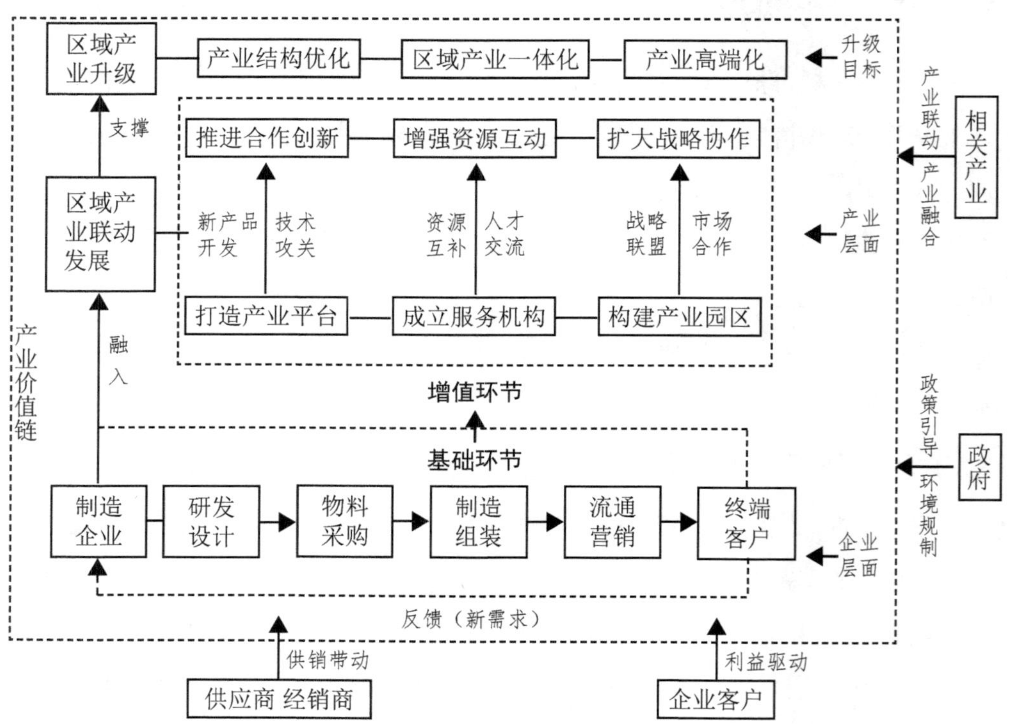

图 8-1 基于产业价值链与区域联动发展双重视角的文化装备制造产业发展模式

图 8-1 中所构建的区域文化装备制造产业发展模式是以产业纵向内涵式延伸和横向外延式延伸为基本框架，在此基础上借助于产业公共平台、中介服务机构以及产业园区的构建，促进区域产业联动发展与价值链攀升，最终实现区域文化装备制造产业发展目标。其中纵向内涵式延伸是由研发设计、物料采购、制造组

装与流通营销四大基础环节构成，由价值链理论可知，文化装备制造企业经营过程中的上述环节均蕴含价值，只是不同环节的附加值差异较大。从单一企业角度看，可将该四大环节视为其经营发展的基础环节；若上升到区域文化装备制造产业层面，还存在很多增值环节。当某个文化装备制造企业融入区域产业联动发展体系中后，可依托该区域的产业公共研发平台、信息化平台以及产业园区等，在新产品研发、技术攻关和资源补给等方面得到其他产业市场主体的协助与支撑，从而扩大原有基础环节的增值效应，实现产业横向外延式延伸。

一方面，文化装备制造企业是区域文化装备制造产业发展的主体，产业发展措施与成果更多的是依附于该主体之上[89]；另一方面，区域产业资源、配套设施、发展平台以及政策环境是产业发展的物质基础与重要依托，对于产业发展效果的好坏产生重要影响。因此，在研究和探讨文化装备制造产业发展模式与对策时，不能仅停留在产业价值链视角，还应将产业升级的区域因素及其环境因素考虑在内，由此保证产业发展的研究及其实施过程并未脱离其赖以存在的本源——区域经济，也更加切合中国当前的产业发展现状。

8.3.3 促进区域文化装备制造产业联动发展的关键支撑工作

具体来看，要促进区域文化装备制造产业联动发展，必须做好三方面支撑工作，分别是打造产业公共平台、成立产业服务机构和构建产业园区。

（1）打造产业公共平台。应重点构建区域文化装备制造产业公共研发平台，提升区域产学研合作水平。实践中是以平台为依托，通过加强文化装备制造企业间的合作创新与联合技术攻关，提高企业技术研发与创新产出能力。由于单个企业的研发资源与投入水平有限，单独进行新产品开发的难度较大，而采取企业间的合作创新模式，不仅能整合区域企业研发创新资源，加强企业间的技术合作，同时也能进一步提升企业的动态学习能力，打破跨国公司对国内企业核心技术的封锁[90]。另外，要充分利用核心城市的区位优势以及“技术溢出”效应，借助产业的回顾、关联和扩散效应，使得核心技术扩散至整个区域，从而推进产业集群发展与升级。

（2）成立配套服务机构。为更好地促进区域文化装备制造产业相关资源、知识产权以及技术成果的高效流动，应大力发展更多的产业配套服务和中介服务机构。其一，这些机构能及时地提供产业信息、促进企业间技术成果的交流与转让；其二，有助于搭建起政府部门、各类企业和科研院所间交流与合作的桥梁。产业配套服务机构可以有多种存在形式，例如协会形式、政府主管部门下设的职能机构，抑或是有企业法人资质的第三方中介机构。

（3）做好区域产业园区共建工作。产业园区是装备制造企业的孵化地，对于产业集群式发展有重要推动作用。目前，国内文化装备制造产业集聚水平较低，产业配套设施也亟待完善，因此可借助产业园区建设的契机，打破行政区划束缚，整合区域文化装备制造产业的各项资源，强化地区间的优势互补与分工协作，不断壮大和完善本区域文化装备制造产业链，从而加快区域产业联动发展。

8.4 京津冀地区文化装备制造产业联动发展分析与对策

8.4.1 京津冀地区文化装备制造产业联动发展现状

随着京津冀一体化协同发展上升为国家战略，京津冀地区将成为中国经济第三增长极，而作为三地政府未来重点发展的主导产业——装备制造业迎来了重大发展契机，将在带动本地区经济发展、促进区域产业结构调整和转型升级等方面发挥更突出的作用。目前，以京津两地为中心城市，以石家庄、唐山、保定、邯郸为重点城市的区域文化装备制造产业格局已基本形成，其产业辐射作用与集聚水平不断增强。但从整个区域来看，由于行政壁垒以及市场发育程度不高等原因，京津冀地区文化装备制造产业较长三角、珠三角地区发展较为滞后，尤其是大多数企业还停留在原件生产、加工组装环节，产品科技含量与附加值不高；同时，三省市间缺乏密切的产业合作，产业竞争与同构现象并存，尚未形成完整、成熟、高效的区域文化装备制造产业产业链，很大程度上制约了京津冀地区该产业的快速发展。

随着京津冀一体化协同发展进程的深入以及相关政策的逐步落实，三省市的功能定位、产业分工、产业协作对接等将出现显著调整，这为本地区文化装备制造产业联动发展与升级提供了有力保障。为此，本书以京津冀地区为例，按照上文提出的双重视角下文化装备制造产业发展模式，系统地分析京津冀地区该产业的发展环境与对策，力求能够为本地区产业联动发展提供理论参考，并有利于政府部门加强区域产业协作、政策扶持和相关法律、法规保障。

8.4.2 京津冀地区文化装备制造产业联动发展环境分析

8.4.2.1 产业发展优势及劣势

优势方面，京津冀地区拥有较强经济实力和显著区位优势，在劳动力、技术、资金等方面能够实现资源优势互补，同时该地区先进制造产业带日趋成熟，呈现出产业集群化发展态势；劣势方面，本地区经济发展不均衡，在产业结构上缺乏梯次性配置，产业融合度较低，关联效益不高，区域内大型风投公司数量较少，产业创新融资渠道有限。

8.4.2.2 产业发展机会与挑战

机会方面，京津冀一体化协同发展战略为京津冀文化装备制造产业联动发展带来了重要契机，而科技革命和信息化又使得产业创新发展与升级的节奏进一步加快；挑战方面，受国际尖端技术封锁，中国文化装备制造产业依然处于产业链低端锁定状态，且京津冀地区面临着艰巨的节能减排压力，与产业快速发展间的矛盾不断增大，亟待进行产业结构调整与升级。

8.4.3 京津冀地区文化装备制造产业联动发展对策

8.4.3.1 以“点”带“面”，构建区域产业联动发展新格局

通过加强区域内各城市间的联动发展与分工协作，能够有效避免由于单一地区生产要素和资源不足而对文化装备制造产业发展带来的制约，有助于实现区域产业资源的合理配置与集群升级。北京作为京津冀地区文化装备制造产业技术研

发、人才培养与对外交流中心，是整个区域产业发展的重要核心点，具有强大的辐射与带动作用；而天津作为国内先进制造业研发基地、国际航运核心区和金融创新示范区，对于京津冀地区文化装备制造产业规模的壮大、价值链地位的提升以及产业发展环境的优化发挥关键支撑作用。与京津直辖市相比，河北虽然在文化装备制造产业规模、技术研发和创新人才方面不具有优势，但可依托自身的劳动力、土地及其他资源优势，充分发挥作为国内商贸物流重要基地的作用，积极打造京、津两市文化装备制造产业科技创新成果产业化基地，承接京津两地的文化装备制造产业转移，从而不断壮大和完善区域文化装备制造产业链。要在京津冀一体化协同发展战略指导下，坚持以“点”带“面”，构建起区域文化装备制造产业联动发展的新格局，加强三省市地方政府间在产业规划、空间规划和投融资规划的对接，为各类市场主体与创新要素自由流动提供保障。

8.4.3.2 合作互动，着力打造区域产业发展支撑平台

要实现京津冀地区文化装备制造产业的联动发展，必须加强三省市间的产业合作与互动，包括资源整合与开放共享、合作创新与技术攻关。在此基础上，着力打造好区域产业公共研发平台与信息共享平台，支撑京津冀地区文化装备制造产业快速联动发展。文化装备制造产业是典型的资本密集型与技术密集型产业，需要大量资金、技术与人才的投入，因此京津冀三省市间应加强资源互动与优势互补，提升北京对于天津、河北两地在技术、人才方面的协助带动作用；充分发挥河北的劳动力与土地资源优势，做好两大直辖市产业转移的承接工作，从而实现产业横向错位融合、纵向分工协作。为了提高京津冀地区文化装备制造产业自主研发能力及创新产出水平，应重点打造好产业公共研发平台，通过整合京津冀地区产业创新资源与力量，强化企业间的合作创新与联合技术攻关活动，进一步增强地区高校对于企业研发与技术创新的支撑作用，最终实现京津冀地区文化装备制造产业自主研发能力与创新产出水平的大幅提高，突破跨国公司对于国内产业的核心技术封锁。同时，要逐步完善区域产业信息共享平台建设，建立互联互通的信息资源网络，促进区域企业交流、知识产权与技术成果转让。

8.4.3.3 内“抓”外“放”，优化区域产业联动发展环境

从本质上看，区域文化装备制造产业联动发展是一个动态演进的过程，在整个发展过程中，环境因素发挥着促进或抑制作用，因而对于产业联动发展结果产生重要影响。为保障京津冀地区文化装备制造产业联动发展能够取得良好效果，需不断优化该地区产业发展环境，并为此做好相关的内“抓”与外“放”工作。其中，内“抓”主要包括三方面，一是抓政府部门政策支持与相互协调工作，二是抓产业融资与人才培养工作，三是抓区域产业经济带建设。要落实好国家“京津冀一体化协同发展”战略，三省市地方政府应首先树立京津冀“大区域”概念，摒弃地方利益保护的短视观念，面向大区域进行产业整体规划与功能布局，完善对于文化装备制造企业的财政支持和税收优惠政策，释放产业发展活力；其次，要拓宽企业的融资渠道，建立健全以企业为主体、金融机构及其他社会力量参与的多渠道产业投入体系，地方政府可采取贴息、担保等手段鼓励金融机构支持文化装备制造企业研发创新活动；再次、京津冀地区要依托产业园区和基地建设共同打造文化装备制造产业带，使之成为区域经济发展新的增长极。外“放”是指要扩大区域对外开放水平，积极引入和利用外资，使外资成为带动京津冀地区产业联动发展的积极因素，并进一步加强与长三角、珠三角地区的产业互动，提升跨区域产业合作能力。

第9章
区域文化产业创新发展与升级研究

当前，中国制造企业正面临经营成本不断攀升，自主创新能力和品牌建设不足的“内忧”，以及跨国公司对国内制造业低端锁定而引发的“外患”，企业亟待创新发展与转型升级。由于企业是产业创新发展与升级的主要载体与对象，因而本书以文化装备制造业为例，从产业层面和企业层面较为系统地论述了区域文化装备制造产业创新发展的影响因素、动力机制和发展模式。其中，考虑到文化装备制造产业具有资本密集、知识密集和产品附加值高等显著特征，故而产业层面主要侧重于文化装备制造业的耦合创新；企业层面则主要探讨文化装备制造企业基于技术创新、管理创新以及联动创新而实现的企业升级。

9.1 产业创新发展背景与趋势分析

当前，中国经济正向形态更高级、分工更复杂、结构更合理的阶段演化，经济发展进入新常态，由原来的规模速度型粗放增长方式转向质量效率型集约增长方式。与此同时，伴随周边国家快速崛起和国际市场竞争加剧，中国制造业原有的土地、劳动力等要素的低成本优势逐渐趋弱，并面临环境约束和产能过剩等问题的严峻挑战[91]。在此背景下，国内制造企业一方面要受到跨国公司的低端锁定而缺乏核心增长动力，另一方面又要承受外资撤离所导致的短期业务需求下滑。为此，如何在经济新常态背景下集聚企业内外部资源，继而建立起独特长效的运营发展模式来推动制造企业创新发展与升级，成为政府部门、企业领导以及专家学者所关注的重大现实问题。

从欧美国家制造业发展的历程和经验来看，依托先进的研究设施、高端的科技人才以及良好的政策来构筑产业创新发展的生态系统，从而在产品和技术商业化的过程中获取高额的利润，成为一个国家（地区）制造业获取长期优势并占据全球产业价值链高端的关键路径。就国内而言，自主创新能力与品牌建设不足成为制约中国制造企业发展的两大“软肋”，导致企业价值创造能力和发展空间不足，在国际分工体系中处于被动地位。结合中国文化装备制造产业的发展现状与趋势，可知突破文化装备制造产业发展困境的关键是创新。创新能够提升文化装备制造企业的市场份额与价值，促使企业在动态环境中抓住发展机会，最终获取竞争优势以及长期利益。

9.2 文化产业创新与产业升级理论研究

9.2.1 文化产业创新研究

著名经济学家约瑟夫·熊彼特首次提出“创新”的概念，并力图用创新理论解释经济周期和经济增长问题，此后，创新成为一个颇受关注的研究领域。产业创新理论源于对产业革命的研究，并随着创新理论的发展而发展。Cunningham（1960）首次使用了“产业创新”一词，而后英国学者Chris Freeman和Lue Soete（1974）提出，产业创新共包含技术和技能创新、产品创新、流程创新、管理创新和营销创新五个方面[92]。20世纪90年代国内学者开始关注产业创新研究。刘蕾（2012）探讨了我国产业的技术创新、制度创新和环境创新等基本模式和实现途径[93]；段金鑫（2014）基于产业创新理论构建了产业创新系统模型[94]；段沛佑和董冲（2014）基于供应链探讨了产业创新体系的构建[95]。

关于产业技术创新和商业模式创新的研究。Solo（1951）在梳理了熊彼特创新理论的基础上，首次提出了技术创新成立的两个条件：新思想来源和后阶段的实现发展[6]。Freeman（1973）认为，技术创新是技术的、工艺的和商业化的全过程，它可以导致新产品的市场实现和新技术工艺与装备的商业化应用[7]。国内学者对于技术创新也展开了较为深入的研究。陈劲和陈钰芬（2006）从企业管理的角度，认为技术创新是从新思想的产生，到研究、发展、生产制造和商业化的全过程[96]。清华大学傅家骥教授对技术创新概念的界定系统性强，为我国技术创新和创新领域的发展打下了基础。“商业模式”一词源于英文“Business Model”，在20世纪50年代就被提出，但直到20世纪90年代随着互联网的出现，商业模式的概念才流行起来。进入21世纪后，商业模式越来越被中国管理者所看重，成为企业经营发展的重要方面，学术界也随之开始关注对商业模式及商业模式创新相关领域的研究。创新不仅限于技术创新，还包括组织创新和企业商业模式创新，一个好的商业模式往往能够打败一个好的创意或技术。Chesbrough和Rosenbloom（2002）认为，商业模式阐述了企业如何在市场上创造商业价值[8]。因此，商业模式创新也可以看作是企业实施知识管理的过程。Gordijn（2002）把企业实施商业模式创新的过程视为对自身价值模型进行解构和重构的过程[9]。在动态化、复杂化市场竞争环境下的企业，通过外部刺激和内部驱动因素的相互作用，不断进行商业模式创新，可以获得竞争优势。

9.2.2 文化产业升级研究

作为工业化和经济发展的主要内容，国内外学者曾就产业升级话题进行过广泛的学术研究与探讨。Porter（2002）从中宏观视角对产业升级内涵进行了界定，他提出产业升级是当资本与技术相对劳动力及其他资源禀赋更加丰富时，国家在资本和技术密集型产业中发展比较优势的一个过程[97]。Gereffi（1999）则从微观视角出发，认为产业升级是某个企业向更具盈利能力的资本与技术密集型经济领域迈进的过程，是在价值链内部由低附加值向高附加值的转变[98]。本书将探讨基于中宏观视角的产业升级，并结合现代产业经济特征，认为产业升级是产业由低劳动生产率、低附加值经济状态向高劳动生产率、高附加值经济状态的发展转变过程。Ernst（2001）将产业升级的类型划分为四种，产业间升级——产业层级领域：由低附加值产业向高附加值产业转变；要素间升级——生产要素层级领域：由自然资源和非熟练劳动力向物资资本、人力资本及社会资本转化；需求升级——消费层级领域：由必需品、便利品向奢侈品方向转变；功能升级——价值链层级领域：由销售、分配到组装、测试、零部件制造再到产品开发和系统整合[99]。依照上述划分方式，可知文化装备制造产业升级可归类为功能升级类型[100]，也就是文化装备制造产业价值链升级。

基于上述产业升级内涵及类型的剖析，结合文化装备制造产业内在特征，本书将文化装备制造产业价值链升级定义为：在一定时期内，文化装备制造企业通过提高生产设备水平，重造生产线以及自主研发能力，持续实现创新产品产出和生产技术水平的提升，并最终实现地区文化装备制造产业在整个价值链上的分工、地位和获利能力提升的过程。通常来说，文化装备制造企业是文化装备制造业市场的构成主体，当区域内绝大多数文化装备制造企业都能持续实现创新产品产出和生产技术水平的提升，且产业配套能力大幅提升，则可视为文化装备制造产业价值链升级的效果体现。因此，文化装备制造产业价值链升级不可能一蹴而就，它是一个动态的演变过程。

9.3 文化装备制造产业技术与商业模式耦合创新

9.3.1 产业技术与商业模式耦合创新要素

深入来看，只有通过产业内各系统之间的要素相互结合与作用，才能推进产业技术创新与商业模式创新之间的耦合，而这种耦合创新主要是落于文化装备制造企业这一主体之上。促进产业技术创新与商业模式创新耦合的要素主要包括产业政策、人力资源、资本要素、信息流和组织结构。上述五项要素是连接产业内各个子系统的关键节点。基于不同要素间的相互链接与流动，以及产业内不同市场主体间的相互作用，最终形成了文化装备制造业技术与商业模式的耦合创新关系（见图 9-1）。

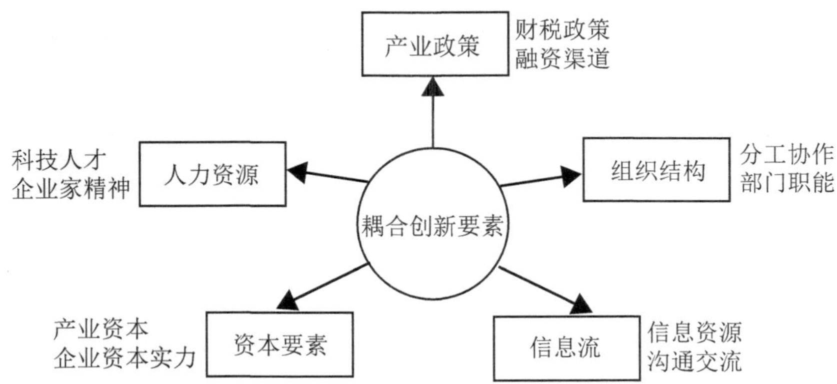

图 9-1 文化装备制造产业技术与商业模式耦合创新构成要素

9.3.1.1 产业政策

文化装备制造业发展需要良好的外部环境做支撑，而产业政策是构成产业发展环境的重要因素之一。政府出台相关的产业扶持政策对促进本国文化装备制造业创新发展起到至关重要的作用。一般来说，政府部门可以加大对本地区文化装备制造业的财政支持力度。在具体做法上，一是可以对本地文化装备制造企业相关活动实施减税、免税等税收优惠政策；二是拓宽文化装备制造企业的投融资渠道，应尝试建立以企业为主体，政府引导下的金融机构及其他社会力量参与的多渠道文化装备制造产业投入体系。

9.3.1.2 人力资源

人才是增强自主创新能力的关键所在，而高层次的科技人才是一个国家或地区文化装备制造业创新发展的人力资源保证，培养一批研发能力强、技术精湛的人才队伍是增强文化装备制造业核心竞争力和自主创新能力的重要举措。在文化装备制造企业创新和转型升级过程中，人力资源发挥着主导性作用。企业高管、专业技术人才通过获取新知识、应用新技术和新工艺，能够大幅提升文化装备产品的技术含量和附加值，从而有效提升企业产品竞争力。与此同时，在市场拓展、商务沟通和流程再造等重点领域，企业中的人力资源要素也发挥着关键作用。

9.3.1.3 资本要素

文化装备制造业是技术密集型和资本密集型的产业，而研发投入和产出是衡量一个文化装备制造企业自主创新能力的重要指标，因此应为文化装备制造企业研发工作提供大量的资金支持，并确立企业作为研发工作的主体地位。一方面，技术引进、开发与改造是文化装备制造企业开展技术创新活动的重要手段，需要企业投入大量的人员和资金，从而确保技术创新工作得以顺利实施，并达成预期目标；另一方面，市场拓展、商务沟通和渠道建设，对于企业建立相对成熟稳定的商业模式起到关键支撑作用，并且这些活动均需要企业持续的资本投入。基于上述分析可知，资本要素是影响企业技术与商业模式耦合创新的关键要素之一。

9.3.1.4 信息流

产业信息化已成为制造业产业创新发展与升级的重要方向之一，同时也是推动制造业产业升级的重要动力。高速度、高质量、广覆盖的信息流能够大大增强文化装备制造企业的管理决策能力和市场响应速度。企业内部通过信息的高效流动，能够更好地实现分工协作和部门联动，而企业间基于信息共享和信息的有效传递，能够增强企业间的战略协作与资源调配能力。文化装备制造企业要进一步完善 ERP、OA 等软件管理系统，使之与企业的生产运作流程相契合；

同时，整合资源，建立文化装备制造业信息化公共服务平台，从而带动本地区文化装备制造业信息化水平的整体提升，同时推动文化装备制造业商业模式创新进程。

9.3.1.5 组织结构

组织结构是对于一个企业内部的工作任务、工作权力和上下级关系作出的整体性安排，在一段时间内具有较强的稳定性。组织结构在很大程度上影响企业内部分工和实际工作开展，因此也会对组织的技术创新和商业模式创新产生重要影响。好的组织结构有助于企业研发、生产、销售和商务等各环节间的有效对接，有利于畅通内部信息沟通。要保障企业技术创新和商业模式创新所需的各项资源有专门的部门和人员负责，并在整个创新过程中发挥良好的计划、组织、领导和控制功能，从而提高企业创新工作效率与市场竞争力。

9.3.2 产业技术与商业模式耦合创新机制

9.3.2.1 产业技术创新子系统及其构成

文化装备制造产业耦合创新系统由产业技术创新子系统和产业商业模式创新子系统两部分组成。就产业技术创新子系统而言，包括了行业内的主导企业、产品加工制造企业、原材料供应商和产品经销商等主体。其中，主导企业主要承担着研发设计环节工作，对于整个系统内的其他主体有着强大的引导、带动作用，并且在发展过程中存在着较为显著的技术溢出作用，对于整个系统技术创新能力的提升有重要贡献；加工制造企业主要负责零部件及配件的生产任务，为主导企业提供重要支撑；原材料供应商和产品经销商分别负责材料的供给和产品的输出，是整个系统物资流通的重要通道。上述不同主体承担产业生态系统中的各自分工，共同组成文化装备制造产业价值链，并且通过动态学习，提升整个产业系统的竞争力。在此基础上，主导企业在其他产业系统主体的支撑作用下，共同实现产品创新、工艺升级和技术改造等目标（见图 9-2）。

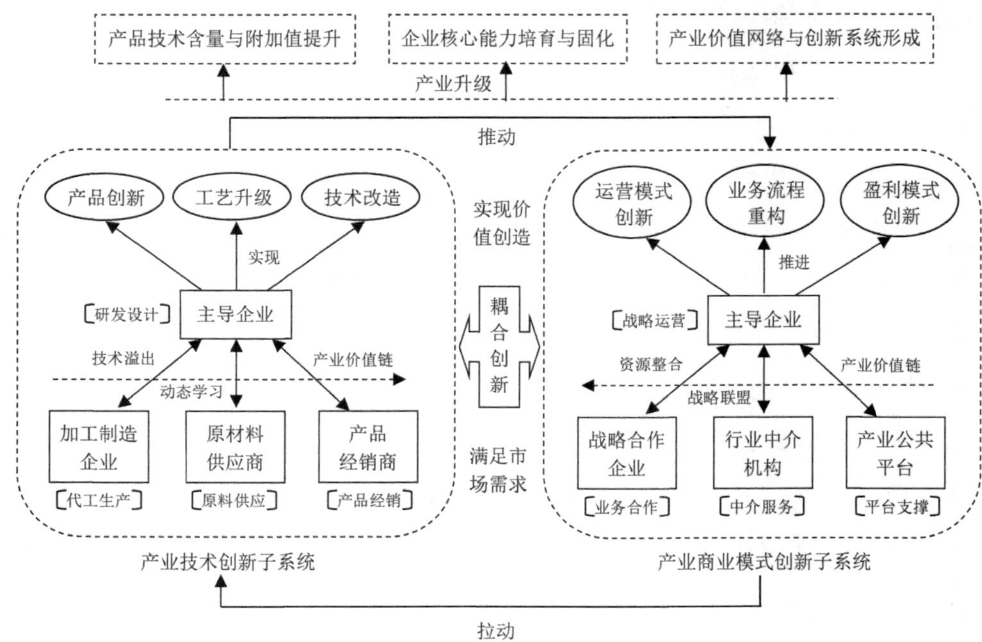

图 9-2 文化装备制造产业技术与商业模式耦合创新机制

9.3.2.2 产业商业模式创新子系统及其构成

产业商业模式创新系统主要是围绕塑造良好的商业运营模式而建立的，除了主导企业外，还有与其进行战略合作的关联企业、行业中介机构以及搭建起来的产业公共平台。战略合作企业与主导企业间通过业务合作来实现其发展目标，而行业中介机构通过信息以及人才服务来促进商业模式创新与产业快速发展。良好的产业公共研发与信息平台有助于各类资金、人才以及相关资源的流动与交易，对整个系统发挥平台支撑作用。依托产业公共平台或在市场需求的驱动下，主导企业有效整合资源并与其他主体进行战略联盟，从而实现运营模式创新、业务流程重构以及盈利模式创新。产业技术创新子系统会对产业商业模式创新子系统起到推动作用，而反过来商业模式创新系统会拉动技术创新子系统，两者在相互作用下会逐步进行耦合创新，在此基础上推动文化装备制造产业升级，从而实现产品技术含量和附加值提升，而企业核心能力也将进一步培育和固化，同时产业价值网络与创新系统逐步形成。

9.3.3 产业技术与商业模式耦合创新动力因素

文化装备制造业技术创新与商业模式创新是推动文化装备制造业创新发展与升级的两项重要动力，那么又是什么因素促使了文化装备制造业技术与商业模式耦合创新呢？综合其他学者的相关研究成果，主要可以从内部动因和外部动因两个方面进行讨论。内部动因主要是从产业主体出发，尤其是文化装备制造企业这一主体，众多企业内在的动力因素推动了产业技术与商业模式的耦合创新，其中包括企业发展战略、企业创新意识和意愿以及企业创新资源；外部动力因素主要是从企业外部环境进行考虑，主要包含产业政策导向、产业市场需求和产业发展趋势等因素（见图 9-3）。

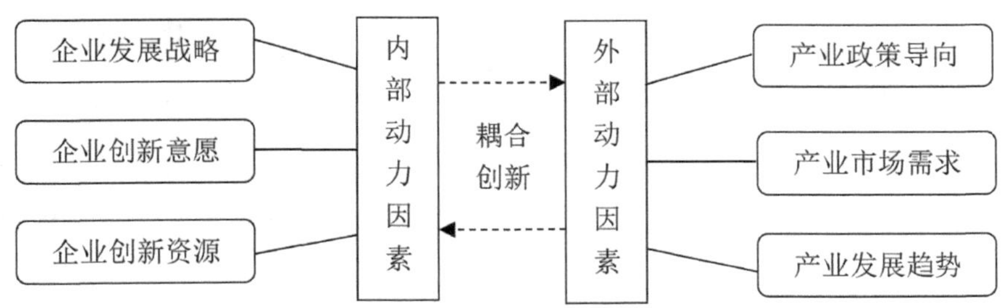

图 9-3 文化装备制造业技术与商业模式耦合创新动力因素

9.3.3.1 内部动力因素分析

（1）企业发展战略。就文化装备制造企业自身而言，企业长期发展战略能够为其指明未来发展目标和资源配置方向，加快推进技术创新活动和商业模式布局，并在内外双重动力作用下，实现技术与商业模式的耦合创新。一般来说，新技术、新工艺的出现会加速企业技术变革与创新。基于此，企业会调整自身发展战略以应对外部技术挑战并满足市场需求，在实际经营过程中加大研发人员与资金投入，适时寻求技术引进或改造，进而加速企业技术创新进程。为了应对激烈的市场竞争，提高企业自身核心动态能力，很多企业会着力加强自身渠道建设、商务拓展以及与其他企业的战略联盟。在上述活动过程中，企业商业模式得以优化和创新。

（2）企业创新意愿。文化装备制造企业的创新意愿是创新耦合的“沃土”[101]，企业需要勇于打破现有相对固定的生产经营模式，主动承担一定的创新风险，寻求自身在技术研发和商业经营模式上的突破。在整个创新过程中，企业家的创新意愿显得尤为重要，因为从顶层设计创新制度与流程，组织各类创新资源投入，将更加有利于推动各项创新活动顺利实施，更好地实现创新目标。此外，要在公司内部营造创新文化与创新氛围，积极采取多种手段激发全体员工参与创新的积极性，并将创新成果惠及全体员工，真正实现企业全员创新、全域创新，创新过程人人参与，创新成果大家共享。

（3）企业创新资源。在文化装备制造企业技术和商业模式创新过程中，需要有充足的创新资源来做保证，这种资源包括资金、人力、设备以及平台资源。故而要加快文化装备制造企业内部耦合创新，一是要夯实企业内部创新资源基础，增强内在驱动能力；二是要扩大与科技领域的融合，提升外部拉动能力。资源整合方面，应着力加强企业中科技、人才等资源的整合，最大限度地集聚企业内尚处于分散状态的科技、人才、设计、管理以及知识产权等价值链高端要素资源，从而转变企业自身在行业分工体系中的不利地位；跨界融合方面，在研发和生产环节打破行业壁垒，建立互联网协作模式，提高供应商、经销商以及客户的参与度；在传播营销环节引入社会渠道力量，为客户提供便捷、优质的服务。

9.3.3.2 外部动力因素分析

（1）产业政策导向。当前，文化产业对国民经济的带动作用不断增强，也为各地区经济发展注入了新的活力，到 2020 年将成为国民经济的支柱性产业。因此，从国家层面到地区政府都对发展文化产业给予了高度重视，并制定了相对完善的产业发展规划，出台了一系列积极的产业扶持政策，为文化产业创新发展与升级创造了良好的环境。文化装备制造业是典型的资本密集型产业，资金需求量较大，政府部门通过建立健全的融资管理体制可以有效解决文化装备制造企业的资金需求。与此同时，良好的高等教育和完善的职业培训体系为文化装备制造业人才的开发、培训创造了有利条件。无论是资金扶持还是人才孵化都是文化装备制造业创新发展的重要动力，而这些均受益于良好的外部政策。

（2）产业市场需求。产品的市场需求是拉动文化装备制造业创新发展与升级的重要动力，同时也能在一定程度上指明文化装备制造业创新发展的方向。按照需求的属性，通常可将需求分为三类，即当前需求、潜在需求和创造需求。当前需求是客观存在的，需求量较大，产品市场往往处于饱和状态，竞争最为激烈；潜在需求虽然不是当前的客观需要，但潜在需求市场广阔，能够满足此需求的产品较少，将激发文化装备制造企业努力挖掘高技术产品的潜在需求市场，研发并生产能够满足客户潜在需求的高技术产品，迅速占领市场，尤其是高端市场，并在此过程中拉动企业技术创新和商业模式创新。当产业市场中的大多数文化装备制造企业都进行同类活动时，将极大地促进产业技术创新与商业模式创新的耦合。

（3）产业发展趋势。当前，文化产业的内涵不断丰富，外延也得以持续拓展，并且与科技、金融以及相关产业融合的进程与速度加快。良好的产业发展前景与外部有利环境能够明显促进文化装备制造产业技术与商业模式耦合创新。科技进步带动新产业的崛起与新商业模式的出现，而新产业的发展会推动技术变革与升级。当前，中国进入“互联网＋”时代，加上物联网、区块链、云计算等科技的迅猛发展，将会引导消费模式和企业生产模式的转变，而这些变化终将会激发企业通过创新来满足社会和变革的需求。因此，文化装备制造企业技术创新与商业模式创新的关系需顺应时代的发展节奏，寻找到二者关联与协调的最优方式。

9.4 文化装备制造企业耦合创新模式与升级策略

9.4.1 文化装备制造企业技术创新模式

9.4.1.1 文化装备制造企业技术创新种类

一般来说，技术创新主要可分为三种形式，即“引进国外技术＋二次开发与创新”“产学研合作 + 自主创新”以及“与外资合资合作 + 发展集成创新能力”。

（1）引进国外技术 + 二次开发与创新。在吸收引进国外先进技术的基础上，结合自身产品类型及特征，进行二次发展与创新，以更好地满足市场需求，提升企业产品竞争力。

（2）产学研合作 + 自主创新。与国内一流大学及科研机构的产、学、研合作，通过自主研发努力形成独有的自主创新能力。与企业内部研发相比，产学研合作不仅可以扩展企业的技术领域，缩短产品的研发周期，而且能够分担企业研发费用和分散企业研发风险等。文化装备制造企业在进行技术攻关或承担重大工程项目时，可以采取产学研合作的方式获取外部技术资源，进一步提升企业整体创新能力，加快企业技术升级。

（3）与外资合资合作 + 发展集成创新能力。通过与外企合资合作，试图发展集成创新能力，形成具备自己特色的竞争优势。其一是管控技术，或者说标准化管理技术。掌握控制员工（Man）、机器（Machine）、物料（Material）、方法（Method）和环境（Environment）的一系列管理的方法和技巧，并与企业 ERP 管理系统相结合，高效地开展工作定额和相关计量工作。其二是改善技术，如运用 IE、JIT、TPM 等。文化装备制造企业运用改善技术的目的就是要寻找更好的控制 4M1E 的方法，从而提升产品和工作的品质，降低系统的成本并提升反应速度以及持续优化系统的效率等。

9.4.1.2 文化装备制造企业技术创新案例

明和集团是一家总部位于湖南长沙的高新技术企业，其主要业务领域包括文旅装备研发与制造、文旅创意策划与服务、智能化声光电系统集成以及影视制作等，旗下拥有明和光电、明和科技、明和视界、明和文旅等多家子公司。现为国家文化产业示范基地、高新技术企业、国家文化出口重点企业、湖南省文化和科技融合重点示范企业。在文化装备领域，明和集团的业务范畴包括研发、生产、销售、安装和服务，凭借雄厚的技术实力、高素质的专业人才团队和优质高效的服务获得了良好的口碑，成为文化消费十大品牌和湖南省质量信用等级 AAA 级企业。一直以来，明和集团都非常重视核心产品的技术研发。由该集团研发的舞台声光电设备、新型 LED 灯具、新媒体艺术设备和大型 LED 电子显示屏等产品，销售至德国、法国、印度、巴西等地，获得欧盟 CE 以及 ROHS 认证。此外，明和集团产品还曾在许多重大文化项目中得到应用，包括斯洛伐克达人秀、上海世博会、中国科交会以及大型魔幻音乐剧《新刘海砍樵》等，应用效果良好。

9.4.2 文化装备制造企业商业模式创新

9.4.2.1 文化装备制造企业商业模式创新机理

当前，中国进入“互联网 +”时代，依托互联网平台，文化装备制造企业、供经销商、用户以及利益相关者均能够整合相关资源，充分参与到价值创造、价值传递以及价值实现等价值链环节，并影响到文化装备制造业价值生态系统的运行以及价值分配方式。应依托互联网平台，采用“互联网 + 文化装备制造业”发展模式，推动文化装备制造企业商业模式创新。在该平台上，战略合作企业、加工制造企业、用户、供经销商、中介机构和利益相关者可以整合相关资源，并充分参与到价值创造、价值传递以及价值实现等价值链环节，推动企业商业模式创新（见图 9-4）。

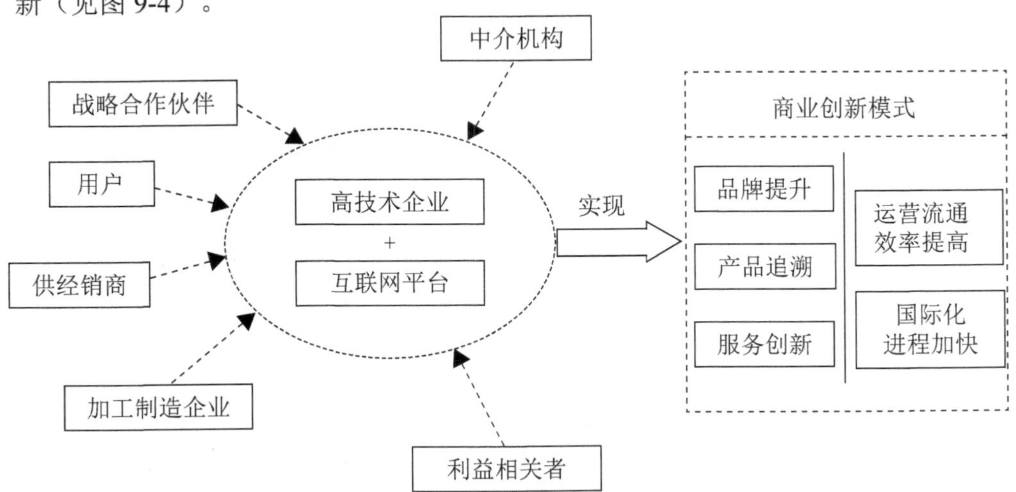

图 9-4 文化装备制造企业商业模式创新示意图

基于互联网平台的先天优势，文化装备制造企业商业模式创新会给企业带来以下几方面的重大改善或提升。一是提升品牌影响力，依托互联网和电商平台，能够更好地开拓国内外市场，提升企业品牌影响力及认知度；二是企业产品可追溯，便于质量管控与供应商（链）管理；三是推动企业服务创新，文化装备制造企业可与用户间建立更便捷的沟通渠道，增强互动性，更深入地挖掘和有效对接客户需求；四是提高企业运营流通效率，在互联网上获取丰富的信息，使物资流通更加便捷，同时借助网络平台拓宽营销渠道，减少中间环节，降低营销成本。

9.4.2.2 文化装备制造企业商业模式创新案例

下面以机床和工程机械两个行业为例，进行"互联网 +"文化装备制造企业商业模式创新的案例阐述。

（1）"互联网 + 机床企业"商业模式创新。由数控机床向智能机床转变，向网络化、集成化转变。传统机床只是人工输入指令，机床自动执行；而智能机床企业可以实现以下多元化功能：一是自动监控、修正生产过程中的各类偏差，提供一条龙式解决方案；二是计算主要元器件及切削零部件的剩余寿命，确保用户及时地更换与维修；三是数控系统与控制层、生产层联网。基于上述方式能够实现服务创新，同时大幅提升运营流通效率。

（2）"互联网 + 机械企业"商业模式创新。借助互联网技术、GPS 技术等实现对工程机械设备远程定位、工作状态实时监控和故障在线诊断；并通过以太网技术达到对各个子系统的协作互联和统一管理。依托互联网平台，工程机械制造商可以提供网上零部件销售服务，设备租赁、再制造等服务，延伸工程机械产业链。就该行业范例而言，日本的小松集团利用数据库和云计算建立大数据平台，为客户提供零部件信息、人工客服、网上结算、线下配送等服务，实现了高效运营，并提升了企业市场竞争力。

9.4.3 文化装备制造企业升级的理论基础与框架

近年来，大部分学者是基于企业核心能力理论和全球价值链视角来研究企业升级模式与升级路径的，而基于创新视角且兼顾外部环境变化的相关研究很少。其中，基于核心能力理论的企业升级研究侧重在两方面：一是相对静态环境下，企业内部核心能力的建立与保持；二是处于变化的环境中，特别是全球化背景下企业动态核心能力的获取与培育。Bell 和 Albu（1999）认为企业升级就是要让企业具备竞争对手难以模仿的、差异性的核心竞争力，从而为客户创造价值[102]；杨桂菊（2013）以比亚迪公司为例，提出了战略创业视角下代工企业从 OEM 到 OBM 的转型升级路径及对策[103]。然而，在相对静态环境下，企业发展的外部环境常常被研究人员忽视，关于企业核心能力的研究主要是停留在理论分析层次，并未准确给出企业核心竞争力的建立机制与可实施路径；在动态环境中，很多学者关注企业如何嵌入全球价值链，从发包商或跨国公司那里获取先进的技术与管理经验，并通过知识的学习、消化与吸收，从而培育企业自身的动态核心能力。但由于跨国公司往往设置高技术壁垒，同时国内文化装备制造企业被锁定在生产加工等低端环节，因而本土企业涉及研发、营销、渠道管控等方面动态核心能力的培育路径常常被阻断，知识学习的效果也大大弱化，很难推动本土企业升级。

基于 GVC 理论的企业升级模式与路径研究。当前，GVC 以及国内价值链（NVC）理论广泛应用于文化装备制造企业升级过程的研究，同时强调企业技术水平与能力的提高，从而体现出创新和 GVC 升级的内在一致性。刘强（2009）从全球价值链视角出发，提出了我国体育用品企业基于市场扩张能力、基于技术能力以及基于二者双向组合的三种升级模式[104]；黄永明、何伟、聂鸣（2006）同样基于市场、技术以及二者的相互结合，提出国内纺织服装企业存在的三条升级路径[105]；还有学者强调在全球生产网络背景下，本土企业应通过知识转移与技术学习机制来提升企业能力进而实现升级。随着研究的深入，一些学者开始质疑基于 GVC 的企业升级，提出 GVC 理论用于企业升级分析时存在的挑战。Humphrey 和 Schmitz（2002）认为嵌入 GVC 可能会推动企业的流程与产品升级，却存在阻碍其功能升级的风险[106]；Ponte 和 Ewert（2009）则提出基于 GVC 的升级分析没有意义，企业应突破“沿价值链、实现更高价值产品升级”的观念[107]。

同时，基于价值链分工体系的理论研究并未阐明企业升级的根本动因以及升级模式的过程演化等问题，所以企业升级依然是一个充满了不确定性的“黑箱”过程。

综上所述，当前基于创新视角的文化装备制造企业升级相关研究比较少，而且也不够全面。基于此，通过对现有研究文献的梳理，本书探索提出创新驱动视角下中国文化装备制造企业升级的模式与对策，即文化装备制造企业通过技术创新、管理创新以及由二者互为促进所形成的联动创新，来推动文化装备制造企业实现技术升级、品牌升级、功能升级乃至企业整体升级。

9.4.4 基于创新驱动的文化装备制造企业升级模式

由于文化装备制造企业升级的整个过程是非间断的，有时还会产生跨越或者倒退，所以有时很难清晰界定企业处于哪种升级阶段。然而，创新却具备鲜明的时效性与过程性，在现实中具体该采取哪种创新手段来推动哪个阶段的企业升级，需要企业家对企业的内外部资源、产品市场、产业政策等升级环境要素进行准确地判断，并开展一系列文化装备制造企业升级支撑活动，在此基础上固化为自身企业的长效升级模式。

如图 9-5 所示，基于创新驱动的文化装备制造企业升级模式主要通过技术创新、管理创新以及在两者基础上的联动创新，推动文化装备制造企业的产品升级、工艺升级和功能升级，最终实现文化装备制造企业的整体升级。在文化装备制造企业升级的过程中，为了加快升级进程并取得良好的升级效果，需要持续地投入相关资源。在技术创新方面，需要做好三方面重点工作：一是要加大产品研发资金投入，文化装备制造企业 R&D 活动和新产品开发活动都需要以大量资金投入为基础，从而为企业升级过程中的各项活动支出提供资金保障；二是要强化尖端技术人才的引进与培养，增强企业智力资本，为企业升级打牢人才基础；三是要建立专业的产品研发机构或者企业技术研发中心，为企业产品研发和技术攻关提供平台。

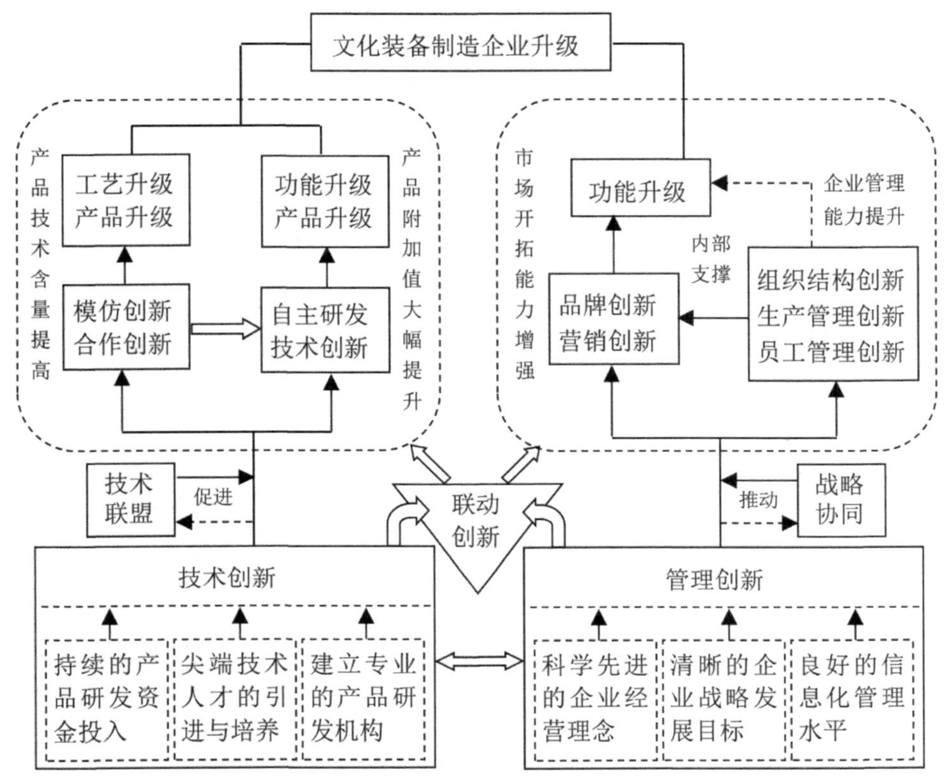

图 9-5 基于创新驱动的文化装备制造企业升级模式

管理创新方面，企业一是要破除掉传统的家族式经营的理念，树立科学先进的企业经营理念；二是要有清晰的企业战略发展目标，找准企业在整个行业中的市场定位和发展策略以及自身产品的市场定位；三是要借助现代信息技术手段提升企业内部的信息化管理水平，提升管理运营效率。由此，文化装备制造企业在技术创新和管理创新的基础上实现联动创新。在文化装备制造企业创新发展与升级的过程中，可通过与其他企业结成技术联盟，从而提升企业创新效果并加快整个升级进程。通过与供应商、经销商形成战略协同来促进企业的管理创新，同时借助于企业组织结构创新、生产管理创新和员工管理创新来促进品牌创新和营销活动创新。就企业创新路径而言，从最初的模仿创新与合作创新向自主研发、技术创新转变，由此实现企业的产品升级和功能升级。企业升级后将会有两个方面的重要转变，一是产品技术含量不断提高，二是产品附加值大幅提升。

9.4.5 促进文化装备制造企业升级的对策与措施

9.4.5.1 持续创新人才培养模式，强化企业升级支撑能力

人才资源是文化装备制造企业发展的“第一资源”，尤其是面对日益激烈的市场竞争以及企业内生性发展困境，高端创新人才在国内文化装备制造企业转型升级过程中发挥着关键驱动作用。为了从根本上摆脱我国文化装备制造业中创新人才数量少、水平低和成果匮乏的不利局面，应首先变革人才培养的机制与模式，继而借助人才体系的转型升级，推动文化装备制造企业不断修炼内功，更好地激发员工的创新动力与工作积极性，最终有力地支撑整个升级进程。一是要多方面增加创新人才培养的综合投入，夯实文化装备制造企业发展的智力资本。人才培养经费投入方面可搭建起以企业为主体，金融机构与其他社会力量共同参与的多元化人才投入体系，同时文化装备制造企业应集中重要科技资源用于技术攻关和新产品开发工作，以更好地发挥企业创新要素对于高技术人才培养的推动作用。此外，文化装备制造企业应依托员工参与专业化培训以提升自身发展的智力资本。实践中可学习德国“双轨制”职业培训模式，充分将课堂教学与行业工作经验有机结合，大幅提升人才培养的效果[108]。

二是加强人才协同培养，联动提升人才培养质量。为避免单一主体在创新人才培养资源投入及能力方面的不足，应进一步强化不同主体对于创新人才的协同培养，联动提升人才培养质量。就顶层设计而言，关键是要加强产业内相关主体间的交流与协作，实现彼此间的资金、科技资源优势互补，探索高端创新人才的共同培养及共享共用机制。从“政产学研”深度合作层面看，政府部门可通过政策扶持为企业引进更多的高层次科技人才，并为之配备科技人才专项培养资金；高等院校、科研院所则应寻求与文化装备制造企业进行了联合人才培养，从而构建起二者间更加紧密的创新人才培养体系，并为此探索更为灵活的专业设置及人才培养模式；就行业协会层面而言，可通过协助企业做好创新人才需求与培养规划，来提升企业科技人才培养的效率。由此，各个主体以制造领域创新人才培养

为中心，形成紧密的产业合作与协同发展关系，从而实现对整个产业更为有力的创新人才支撑。

9.4.5.2 技术革新带动全环节升级，信息化引领跨越式发展

用户需求的变化和“互联网＋时代”的到来，推动文化装备制造企业以满足用户个性化、多元化需求为核心目标，并为此聚集大量的人才、资金和技术资源，建立企业技术研发与创新平台。该平台承担着企业的新产品开发、技术革新和工艺改造等核心功能，是企业技术升级的核心动力与孵化基地。为了更加有效地利用各方面资源，以及与本行业龙头企业、供经销商结成战略联盟关系，该平台还应该是一个开放式的创新平台，可向市场上的其他相关主体开放，并由其他主体进行模块化的功能增加。同时，企业应将行业前沿技术与先进理念持续地融入产品设计研发、生产制造、流通营销以及客户服务等整个价值链环节，从而塑造企业核心动态能力，并最终提升企业产品与服务的品质，拓展新的市场领域。

在“互联网＋”生态体系下，借助信息化引领文化装备制造企业跨越式发展成为文化装备制造企业升级的重要趋势和途径。就企业信息技术应用与实施而言，应大力做好三方面工作：一是借助云计算、大数据分析、物联网与人工智能等新技术转变企业产品研发模式，通过对线上线下客户消费行为的深入分析，进而获取准确的终端客户需求，并组织适销对路的产品开发工作；二是依托信息化技术手段来实现扁平化、高效率的经营管理模式，从而提升企业内部工作效率并降低管理运营成本；三是整合企业内部各个独立的信息系统，将营销渠道、财务管控和业务处理等功能模块有机地整合到一个大的信息化平台中来，实现信息同步和内部充分共享，从而为文化装备制造企业弥补短板、突破瓶颈，并在此基础上加快转型升级提供强有力的信息技术支撑。

9.4.5.3 优化企业升级环境，拓展跨界合作能力

加快文化装备制造企业升级，其一是要夯实企业发展的资源基础，提升内在发展驱动能力；其二是要加强和外部企业、政府部门、科研院所以及中介机构间的交流合作，扩大外部拉动能力。通过不断整合企业内外部资源，可以有效解决

企业自身产品形态单一和渠道力量不足等劣势；而依托与社会优秀企业、相关机构进行跨界融合、联动发展，能够实现优势互补以及资源和收益共享，从而结成更广泛的发展共同体。从企业价值链视角来看，可对文化装备制造企业的产品链、供需链、技术链以及空间链进行有效管理与整合，逐步建立起企业之间的战略联盟和资源共享机制，并与境内外同业及产业链上下游企业建立合作共赢生态圈；同时，借助并购参股等形式的资本手段，推动“产业链条”与“企业链条”的有效衔接[109]。基于此，为文化装备制造企业升级营造良好的外部升级环境。

从跨界合作主体的实际举措来看，可重点做好下述四方面工作。一是政府部门可通过设立研发基金与技术攻关项目，对特定领域的文化装备制造企业进行直接投资或鼓励投资，以提供强有力的政策扶持；二是通过与外部优秀企业进行跨界合作，利用文化装备制造业技术集群优势，高效整合供应商网络、私募股权投资者以及企业研究中心所具有的资源，实现互惠共赢，继而超越竞争对手；三是借助行业中介机构的力量获取更优秀的人才和更有价值的市场信息，同时树立良好的企业外部形象与品牌美誉度；四是建立互联网协作模式，提升客户的参与感与认同感，在服务环节依托三流合一资源优势，把用户体验做到极致，超越用户预期。

第10章 区域文化创意产业市场分类与发展模式

本章在对中国文化创意产业市场分类及其演化特征梳理的基础上，深入剖析国内文化创意产业价值链体系与产业发展动力，同时突破以往从单一视角研究文化创意产业发展的框架思路，创新性地从产业价值链与产业融合双重视角探索提出区域文化创意产业发展的三种主要模式以及促进对策。研究发现：中国文化创意产业受产业市场主体结构、文化资源要素以及关联产业发展水平的影响而呈现出显著的区域性差异；就文化创意产业发展动力而言，一是关联产业的持续渗透与跨界融合以及由此引发的产业价值链的壮大延伸，二是文化创意企业的自我强化与学习创新。

10.1 国内文化创意产业发展现状

10.1.1 文化创意产业的功能定位与发展成果

当前，中国传统产业正面临要素成本上升、市场竞争加剧以及环境约束增强等一系列问题的严峻挑战，亟待进行产业结构调整与价值链升级；与此同时，创意与创新成为一个国家（地区）传统产业由价值链低端向价值链高端跃进的加速器[110]，尤其是以创意为核心的文化创意产业成为中国经济发展新常态的重要引擎和关键增长点。近年来，中国文化创意产业实现快速发展。2005—2014 年全国文化创意产业规模年均复合增长率超过 21%，到 2014 年中国文化创意产业增加值突破 2 万亿元，同比增长 12.1%，十年间产业规模和集聚水平均取得重大突破，已成长为国家的战略性资产[111]。而且，文化创意产业以其低资源消耗、高附加值、就业潜力大、关联带动作用强等优势成为国内很多地区优先发展的重点领域。截至 2014 年，中国已命名的各类文化创意产业园区、基地近 2570 个，广泛分布于全国 31 个省、自治区、直辖市。

10.1.2 文化创意产业存在问题分析

深入分析来看，中国文化创意产业资源和布局相对分散，产业链的总体规模与成熟度还不够高，并且与科技、金融以及关联产业的融合发展进程较为缓慢，从而导致国内文化创意产业整体竞争力不强，区域文化创意产业发展的均衡性、协调性较差，以及文化创意产业链的各个环节尚处于割裂状态，亟须进一步整合与壮大。在此背景下，不同区域又在产业基础设施、文化资源、市场环境等方面存在巨大差异，那么究竟该如何准确衡量自身的发展环境以及市场地位，并在此基础上进一步整合区域产业资源、壮大产业价值链，进而固化形成区域文化创意产业的高效发展模式，成为困扰很多地区政府部门、企业领导和专家学者的重大产业难题。

10.2 文化创意产业研究的理论基础与框架

10.2.1 文化创意产业的内涵与特征

朱自强、张树武（2012）认为，如果一个创意是文化的创意且取得了规模化的商业价值，那么它就是文化创意产业[112]；郑洪涛（2008）提出，文化创意产业是以文化内涵为基础、以创意为内核的知识密集型产业[113]。综合其他学者的观点，提炼出文化创意产业的三个基本特征，即以创意内容和成果为核心价值，以创作、创造、创新为根本手段，以知识产权实现或消费为交易特征。由于文化的表现形式及文化载体的丰富多样，使得区域文化创意产业价值链具有动态效果和空间延伸性。随着文化创意产业与其他产业融合发展，文化创意产业系统将日趋复杂，产业价值链上的节点数量会不断增加，最后促使整个链条上的市场主体日益丰富。深层次来看，通过产业融合能够带动文化创意产业价值链在纵向上延伸和在横向上拓宽，两者共同引领整个产业链的壮大发展。由此，作者认为产业融合是文化创意产业为适应市场环境、推动自身发展的一种内生性驱动力。Muller 等（2009）提出，通过与新技术的结合，创意产业能够有效拓展其内容创意的传播渠道[114]。事实上，创意产品或创意服务可借助信息技术、网络技术以及新媒体的发展以更加丰富的内容和形式展现出来，并能够有效克服地域、资源等因素带来的束缚与制约。

10.2.2 文化创意产业发展模式

参考 Teresa、Elaine（2004）[115]，张蕾（2013）[24] 等的研究成果，作者认为区域文化创意产业发展模式是指某一地区的文化创意产业基于自身的资源、区位以及市场等要素条件而演化形成的产业固化发展趋势以及实现途径，旨在从根本上解决地区文化创意产业走什么路以及怎么走的问题。从世界范围来看，各国文化创意产业的发展模式主要可归结为三类：一是市场机制主导下的资本技术推动型模式，以美国为代表；二是政策扶持下的政府主导型发展模式，日本、韩国属于此类；三是以深厚文化底蕴为基础的文化资源驱动型模式，以英、法两国为代表。国内方面来讲，闻媛（2011）从全球价值链视角研究指出中国创意产业应摆脱为国际代工，低附加值、低利润的“世界加工工厂”发展模式[116]；马骏（2016）则阐明中国文化创意产业目前存在两种主要发展模式——政府驱动型和市场演化型，中国急需依靠市场演化型模式来推动产业发展[117]。此外，更多学者是针对北京、上海等一线城市从单一视角探讨其文化创意产业发展的模式与措施。

总体来说，当前国内学者对于文化创意产业的研究绝大部分停留在单一视角或者个别维度，且研究对象主要集中于少数发达城市。而立足更高层面分析，除了少数发达城市具有发展文化创意产业的经济领先优势外，其他多数地区也都具备差异性的产业资源、政策或者市场优势；同时，随着国家“京津冀一体化协同发展”战略、“长江流域经济带”战略以及“一带一路”倡议的出台，区域经济联动发展将为优化产业环境、促进产业融合以及跨区域发展提供重要的支撑[118]。所以本书以区域为切入点，从产业价值链和产业融合双重视角探讨区域文化创意产业的发展模式及对策，以期为加快中国尤其是区域文化创意产业发展提供一定的理论借鉴和实际指导。

10.3 区域文化创意产业市场与产业价值链体系分析

10.3.1 文化创意产业市场分类及演化特征

文化创意产业的发展需要置身于区域经济的总体格局，其发展是区域内各类资源的叠加和各要素共同作用的结果。某一地区发展文化创意产业应遵循“因地制宜”的原则，厘清地区间的异同，主要可通过两大维度对区域产业市场环境及地位加以判定。第一个维度是城市基础。相比其他产业，文化创意产业对人才流、资金流和信息流的要求更高，因此城市级别、经济规模和现代化水平对文化创意产业发展产生重要影响。一般而言，城市发展水平越高、第三产业越发达的城市，其文化创意产业发展的基础越好。借鉴中国城市分级的常见思路，结合文化创意产业环境分析的内在需要，将城市基础维度划分成三级：第一级是以京、沪为代表的全国性大都市，其资金流、信息流汇聚，人力资源市场成熟，产业配套非常完善；第二级是以成都、武汉、西安等为代表的区域中心城市，该类地区中第三产业占比较高，产业配套相对完善；第三级是大量的地（县）级城市，其第三产业占比不高，产业配套不成熟，人才吸附能力也较弱。

第二个维度是资源与环境。综合倪宁、王芳菲（2013）[119]，文婷、胡兵（2014）[120]等学者的研究，梳理提炼出影响区域文化创意产业发展水平的三项重要因子，分别是文化资源因子、区域经济承载因子和政策环境因子。某一地区的文化资源对其文化创意产业发展有直接的影响。以北京为例，虽然其与上海、广州、深圳同为一线城市，但北京深厚的历史与传统文化积淀，各类文化组织机构（媒体、博物馆、文艺团体等）的汇聚，给其文化创意产业积聚了巨大的文化资源和文化市场优势；区域经济承载因子，即地区发展文化创意产业的必要性以及资源支撑能力。在市场经济背景下，区域经济的发展具有较强的自组织能力，无论是优质产业资源带动下向文化创意产业的自然过渡，还是缺少其他资源条件下的经济突围，文化创意产业都将会成为部分城市经济发展的战略选择；政策环境因子，包括促进区域文化创意产业发展的投融资政策、财税政策和土地政策。文化创意产业作为第三产业中比较特殊的门类，其发展更容易受到政策层面的影响，地区政府的扶持与引导在文化创意产业发展的初、中期阶段至关重要。

为了更透彻地分析中国文化创意产业发展的区域间差异，在上述分析和参考张蔷（2013）[24]等人研究结论的基础上，选定了地区经济实力、产业总体规模、文化市场规模、文化资源基础和产业政策环境五项评价指标，对全国 16 个文化创意产业重点城市的产业综合竞争力进行定量分析。五项指标分别截取 2015 年各地区的国内生产总值、文化创意产业总产值、文化用品与文化服务消费支出总额、文化组织机构数量、文化事业基建投资和文化事业经费支出总额的统计数据，并采用 Min-max 标准化方法对各指标原始数据进行标准化处理，使其处于 [0，1] 之间。接下来，邀请 10 位文化产业领域的专家对五项指标的权重进行打分，汇总处理后五项指标的权重分配如下：地区经济实力（0.15）、产业总体规模（0.29）、文化市场规模（0.25）、文化资源基础（0.14）、产业政策环境（0.17）。最后，

采用数据加权法计算出 16 个重点城市的文化创意产业综合竞争力得分，并对计算结果进行排名，进而对各地区的产业发展优势、布局模式和重点领域进行梳理汇总，具体结果见表 10-1。

透过表 10-1 可知，北京、上海、广州、杭州四个城市处于第一梯队，其产业综合竞争力得分均高于 0.90，强大的经济实力、完善的产业配套和广阔的消费市场为该区域文化创意产业发展积累了显著优势，在产业布局上以中心城区布局为主，兼有一定规模的郊县布局；深圳、西安、成都、长沙、重庆、武汉六个城市位列第二梯队，产业综合竞争力得分在 0.82 ～ 0.90 之间，上述地区产业发展环境良好，区域文化资源丰富，整体上以中心城区布局模式为主，兼有一定数量的企业集聚于产业园区之内；苏州、天津、青岛、石家庄、温州、佛山五个城市被划分到第三梯队，其产业综合竞争力相对较弱，得分均低于 0.82，存在较大提升空间。该区域第三产业较为发达，能够带动地区文化创意产业融合发展，良好的区位优势给产业资本市场增添很大活力，在布局上以中心城区外围布局为主，产业园区布局为辅。

表 10-1 全国 16 个文化创意产业重点城市级别分类与发展特征

类别	得分	典型区域	发展优势	布局模式	重点领域
第一梯队	≥ 0.90	北京、上海、广州、杭州	经济发展水平高，产业资源丰富，文化市场广阔	中心城区布局为主，远郊县（区）布局为辅	工业设计、影视、会展、动漫、广告策划
第二梯队	0.82-0.90	深圳、西安、成都、长沙、重庆、武汉	丰富的文化资源，政府大力扶持，园区建设支撑	中心城区布局为主，产业园区布局为辅	动漫、游戏、影视、网络软件、广播
第三梯队	≤ 0.82	苏州、天津、青岛、石家庄、温州、佛山	关联产业融合驱动，较强城市吸引力，信息资源畅通	中心城区外围布局为主，产业园区布局为辅	网络软件、会展、广告策划、印刷

10.3.2 文化创意产业价值链体系构成分析

一般来说，一个功能完善的文化创意产业链主要包括策划开发、生产经营、传播营销和服务反馈四大环节。当某个创意源产生之后，首先通常是由文化创意企业主导并组织相关资源进行研发策划工作，本环节处于整个文化创意产业链的前端位置，其总体策划与创意水平较大程度上决定了后续环节的实施效果及企业市场表现；其次是生产经营环节，是企业将前期创意、策划转变为有形产品或无形服务的操作过程。若是有形产品，那么其生产地和消费地可以分开，并能够进行委托加工、异地存储和延迟上市，如果是无形服务，其生产过程与客户消费过程同时进行；再次是传播营销环节，是为了使文化创意产品（服务）更加顺利、高效地流向客户而做的产品推广、市场开发等相关工作，这是文化创意企业实现价值增值的关键环节，并由此关联到终端客户；最后是服务反馈环节，由于客户不断产生新的需求，加上产业市场主体间的激烈竞争会促使文化创意企业、中介机构不断提升服务水平并加快新产品的开发工作，进而建立起良好的市场形象与品牌美誉度。在上述四个环节顺序推进与转换的过程中，文化创意产业链及链上各主体会形成文化产品、文化服务以及知识产权三大类成果，并在产业市场中创造出产品价值、服务价值、社会价值、商业价值和投资价值等多重价值，最终丰富并壮大整个产业链系统（见图 10-1）。

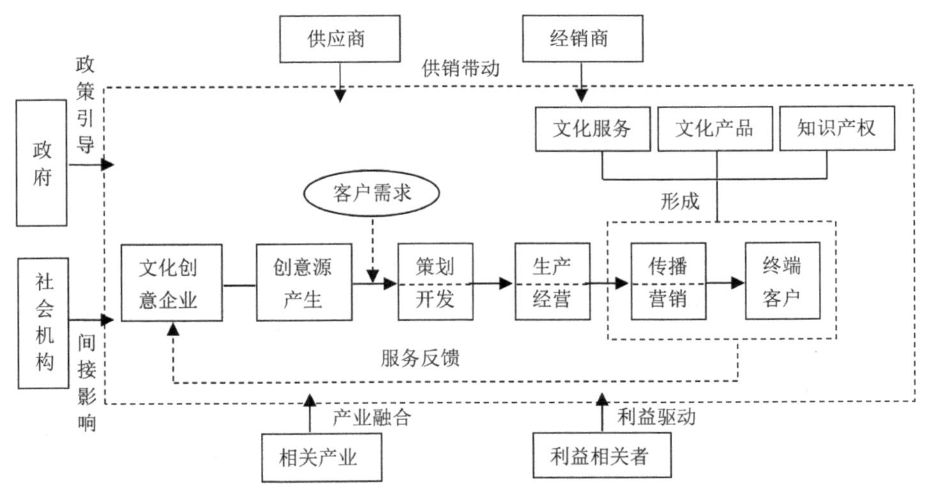

图 10-1 区域文化创意产业价值链组成环节与作用机制

由价值链理论可知，文化创意企业在上述每一环节中都能获取相应的价值，只是不同环节所具有的附加值差异较大，其中策划开发、传播营销环节具有较高附加值，而生产经营环节的附加值一般。就单个文化创意企业而言，可将上述四大环节看作其生产经营的基础环节，如果延伸至区域文化创意产业层面，则存在着更多的其他市场主体以及增值环节。当某一文化创意企业融入区域产业链系统之中后，能够借助该地区的产业公共研发平台、产业园区和中介服务机构，更好地支撑其新产品开发、要素供给以及市场拓展活动，同时扩大原有基础环节的增值效应。另外，文化创意产业链系统中的其他主体，包括供（经）销商、政府部门、社会机构、关联产业以及利益相关者都将会通过各自的作用方式对文化创意产业发展产生一定影响。所以，在研究文化创意产业发展模式与对策时，除了要分析产业价值链体系之外，还应兼顾到与产业发展密切相关的区域因素和环境因素，如此方能保证产业发展的研究及其实施过程并未脱离开其赖以存在的本源——区域经济，同时也更加符合当前中国文化创意产业发展现状。

10.3.3 文化创意产业价值链运行特征

文化创意产业在发展过程中呈现出下述价值链特征：其一，产业链的形成既是一种自组织过程，也是一种他组织过程。围绕市场需求，区域文化创意产业自发进行相关资源配置，自我成长能力强，由最初的创意产生到最后的满足消费者需求，这一系列环节会吸引相关主体参与其中，并充分发挥产业链优胜劣汰自主选择链上企业的特点，不断优化产业发展环境；其二，文化创意产业链的纵向延伸与横向拓展能力强。由于文化创意能够以多种多样的形式呈现，并与新媒体、信息技术进行良好的结合，因而具有较强的关联、渗透效应。文化创意产业内部不同行业之间以及与其他产业间能够进行广泛的融合，由此不但能丰富文化创意产业的内涵及范畴，也能大大拓展产业链的长度与宽度；其三，文化创意产业链系统相对开放、跨界融合能力强。与高新技术产业相比，文化创意产业进入壁垒较低，能够吸纳更多的关联产业、市场主体进入到整个产业链系统中来。综上所述，文化创意产业在其发展过程中有着独特的价值链属性及其内生优势，所以在探索建立文化创意产业发展模式时应充分遵循和有效利用上述产业价值链特征。

10.4 双重视角下区域文化创意产业主要发展模式

当前，国内文化创意产业主要是由民营资本、国外资本和国有资本共同驱动，且民营文化创意企业贡献的力量越来越大，其中政府部门工作的重心主要集中于制定产业规划和进行政策扶持。从国外文化创意产业发展的经验来看，以市场为导向的各产业主体间的自由竞争及资源优化配置是产业发展的关键动力，所以应基于市场需求进行文化创意产品开发、业务推广以及渠道开拓工作。随着中国经济进入新常态，以“互联网 + 产业”为核心的新兴经济蓬勃发展，同时跨产业联动、融合、共生态势日益显著，这为区域文化创意产业实现多路径发展创造了有利的外部环境。基于上述对区域文化创意产业市场分类、产业价值链体系以及运行发展动力的深刻剖析，结合文化创意产业未来发展趋势，探索提出区域文化创意产业发展的三种主要模式，即“互联网 + 文化创意产业”模式、产业融合驱动模式以及产业基地集聚模式。

10.4.1 “互联网+文化创意产业”发展模式

由于文化创意产业具有较强的关联和渗透作用，因而能够借助互联网或者信息技术在其原有的产业链各基础环节上，通过融入新内容或者新媒介使得单个环节的产业链条不断延长，并与下一环节重新进行衔接，最终实现整个文化创意产业链在纵向上拓展延伸。具体来看，在策划开发环节，通过建立开放式的网络创意研发平台，引导客户主动参与文化创意产品的整个开发过程，以满足客户多元化、个性化需求；在生产经营环节，借助经营渠道的互联网化，构建起 B2B、B2C 和 C2C 模式的电商交易平台，提升客户的购买体验与便捷性；在传播营销环节，可以运用新型的微信、微博、手机 APP 等微营销手段，与传统的线下营销途径构建起立体化的营销体系（见图 10-2）。整体来说，“互联网 + 文化创意产业”是一种更具活力的产业发展模式，在这种模式下，产业链的长度以及链条上的主体都会得到拓展，产业链的生态系统也会变得更加复杂。

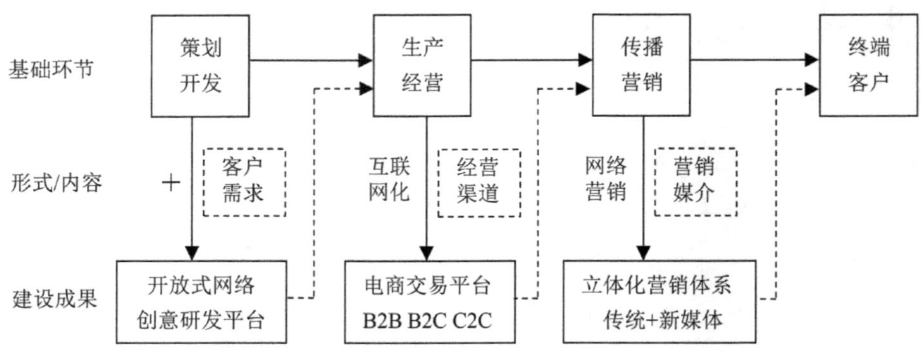

图 10-2 “互联网 + 文化创意产业”发展模式示意图

10.4.2 产业融合驱动发展模式

随着产业运行机制及其发展要素的不断创新，各产业市场主体跨界活动、交易日益频繁，在产业链系统自动力的驱动下，配合外部环境的支撑，文化创意产业与其他产业会逐步呈现出技术、业务、市场等领域的交叉与渗透，当发展到一定阶段后产业间实现高度融合，进而带动地区经济跨越式、多元化发展，而且区域文化创意产业也将在此过程中不断壮大，产业价值链条在横向上大幅拓宽。主要表现在：一是文化创意产业边界日益扩大，能够辐射到更多的外部领域和行业，并衍生出大量新型的文化创意产品和服务，创造出大量的商业机会；二是产业细分种类及形态增多，产业市场主体数量显著增加，形成一个更加复杂、更加庞大的产业链生态圈；三是文化创意产业市场结构日趋复杂，体现在客户结构、资本结构、产品结构等多方面（见图 10-3）。产业融合既是文化创意产业发展的一种

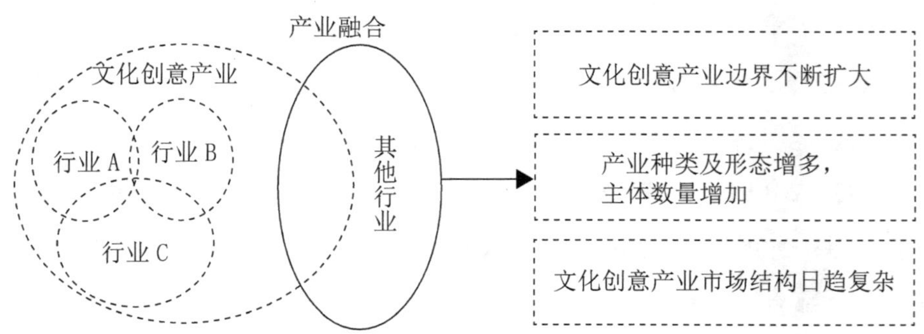

图 10-3 产业融合驱动发展模式示意图

内生动力与需求，也是市场环境下要素资源实现自由流动、产业主体优胜劣汰的一种选择，因而成为区域文化创意产业的重要发展模式之一。

10.4.3 文化创意产业基地集聚发展模式

由上文可知，区域文化创意产业发展需要植根于区域经济这块赖以生存的“土壤”之中，区域内独特的文化资源、多功能产业园区会吸引产业主体及其他资源要素不断聚拢，从而搭建起本土化的文化创意产业链条，且产业配套设施、中介机构和发展环境也将随之逐步完善。根据吸引产业集聚核心动力的不同，又可细分为两种子模式：一是以区域文化创意资源（元素）为主导的中心模式，二是以多功能文化创意产业园区为主导的园区模式。与前两种模式相比，产业基地集聚发展模式能够带动文化创意产业价值链呈现网络化辐射扩大，对于区域经济的影响也更大。

中心模式的内涵是指以某类区域文化资源（元素）为核心，借助该地区的文化产业市场、旅游产业市场，整合关联产业及其上下游产业的人才、资金、客户和技术等资源，着力打造包括文化产品、文化服务、知识产权和旅游休闲等领域在内的文化创意产业市场经济圈，建立起包括产品价值、商业价值、媒介价值和社会价值等在内的多元产业价值体系，为区域经济以及关联产业发展带来更大活力（见图 10-4）。

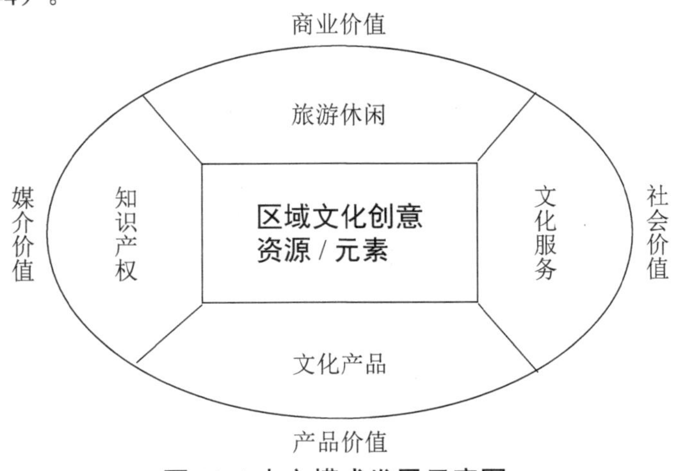

图 10-4 中心模式发展示意图

目前，产业园区已经成为产业集聚式发展的重要平台和新兴企业的孵化基地。通过建立文化创意产业园区，一方面能够完善区域文化创意产业配套设施，推动地区文化资源整合，另一方面也将促进区域内各文化创意产业市场主体间的分工与协作[121]。园区模式是指依托区域文化创意产业的资源、人才和市场优势，将本地区打造成同时具备文化创意产品生产、文化体验服务和旅游项目开发等多功能的产业园区（见图 10-5）。通常来说，可由政府部门主导规划、监督建设本土化的文化创意产业园区，并给予政策、资金、土地等多方面的扶持，而由文化创意企业负责产业园区的运营与管理。长远来看，打造文化创意产业园区是地区文化事业、旅游业实现产业化和获取规模化效益的重要手段。

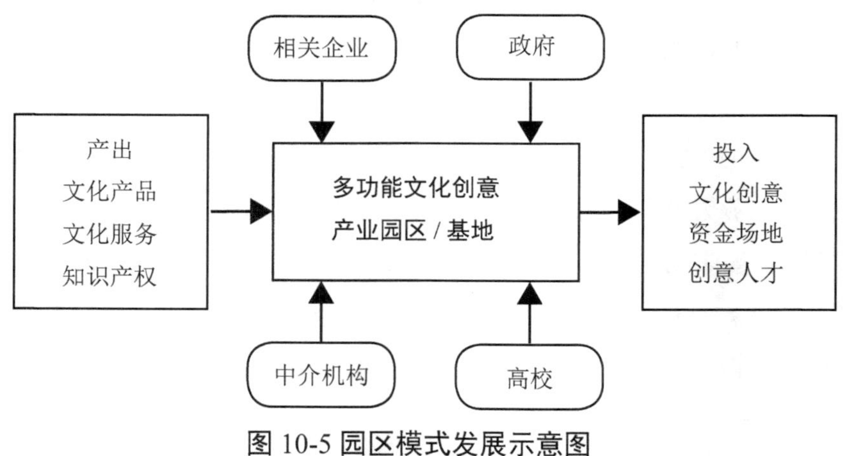

图 10-5 园区模式发展示意图

10.5 促进区域文化创意产业发展的对策及措施

10.5.1 互联网思维引领创新发展，差异化模式植根区域经济

长远来看，运用互联网思维来重构产业价值链条和创新企业经营模式，将成为文化创意产业壮大发展的重要途径之一。从研发设计、生产制造、传播营销到服务反馈的全部价值链环节由互联网思维模式来驱动，并优化调整企业现有的组织构架与管理方式，使之与“互联网 + 文化创意产业”运行模式相匹配。打造开

放的产业研发、产品流通及交易平台，探索将企业非核心环节工作任务高效外包，借助多方资源与力量，降低企业运营成本[122]。同时，加快建立特许经营、互联网交易等形式灵活的运营体系，实现线上线下联动发展，以吸引更多的市场主体和消费群体参与其中，从而拓展区域文化创意产业价值链规模。

由上文可知，河北省不同地市应根据自身资源、环境和市场状况而选择差异化的文化创意产业发展模式。一般来说，第三产业发达、资源和信息流动频繁的地市，如石家庄、保定、唐山、廊坊等地区可选择产业融合发展模式，加强与本地区工业、旅游业、建筑业等的融合发展；如有丰富的文化资源或较强的消费市场，如秦皇岛、承德、邯郸、沧州等地区可提高产业政策扶持力度，大力发展产业基地集聚模式。通过文化资源吸引以及配套园区建设着力将本地区打造成创意城市，增强城市吸引力和竞争力；第三产业不发达且产业配套不完善的中小城市，如邢台、衡水、张家口等地区可将产业链上的某一环节作为突破口，依托"互联网＋文化创意产业"发展模式，不断提升本地区参与文化创意产业市场分工及竞争的能力。总体来说，河北省各地市文化创意产业的发展应植根于当地经济，并寻求将区域资源及其文化市场塑造成支撑产业发展的优势条件。

10.5.2 依托资源整合增强内驱力，借助跨界融合提升外动力

加快区域文化创意产业发展，一是要夯实产业资源基础，增强内在驱动能力；二是要扩大与其他产业乃至科技领域的跨界融合，提升外部拉动能力。资源整合方面，应着力加强区域文化、科技、人才等领域资源的整合，从而推动文化创意企业联合市场开发以及建立区域创意品牌。首先是增强政府间的磋商协作以消除行政边界壁垒，最大限度地集聚区域尚处于分散状态的科技、人才、设计、管理以及知识产权等价值链高端要素资源，从而引导地区整体经济实现跨越式发展并扭转自身在国内外分工体系中的不利地位；其次是以创意产业园区或基地为纽带，通过市场化的调节机制加快建立文化创意产业集群，推动区域产业集群式壮大发展与升级。

跨界融合方面，在研发和生产环节打破行业壁垒，建立互联网协作模式，提高供应商、经销商以及客户的参与度；在传播营销环节引入社会渠道力量，为客户提供便捷、优质的服务；在服务反馈环节做好主动服务和延伸服务，有效提升客户的满意度和忠诚度。与此同时，应做好重点项目带动行动，围绕文化创意（及其衍生品）、新兴媒体、数字出版、网络视听、文化电商、文化贸易等重点业态，着力推进移动互联网、云计算、大数据、物联网等信息技术在文化创意产业领域的融合创新，加大引导力度。

10.5.3 培育良好的产业发展环境，构筑坚实的创意支撑平台

文化创意产业具有高资本投入、高附加值的典型特征，其对外部环境条件和产业支撑平台有着更高要求。为此，一方面应打造良好的产业发展软环境，包括产业政策环境、投融资环境以及人才培养环境，促进产业释放出更大的发展活力；另一方面，要构建起产业公共研发与创意支撑平台，从而为企业研发、产品创新和技术攻关创造重要条件。具体来说，一是要继续完善相关知识产权保护法规与制度，积极引导并推动官、产、学、媒各界的通力合作；二是要推进文化创意产业体制改革，发展为文化创意企业提供配套服务的评估公司等第三方机构，搭建起文化创意企业和金融市场间在评估、定价和转让方面的桥梁；三是要加快培育良好的文化创意产业投融资环境，建立起多元化的产业融资模式。

就河北省而言，河北省政府部门应支持商业银行探索联保联贷（如北京银行开发的“创意贷”）创新融资模式，建立起由产品研发—生产经营—版权授权—衍生品生产与销售的产业链条互助担保集群融资模式[123]。河北省文化创意产业支撑平台建设应本着“开放共享、多方参与”的原则，集合河北省内创意企业、科研院所、行业机构以及社会公众等力量，搭建起产品策划与技术研发的产业公共平台，平台上各主体通过资源共享、优势互补、联合开发以及产权交易等途径共同提升河北省文化创意产业发展水平。

第11章 河北省文化产业创新发展与升级对策

在前面对河北省文化产业创新发展现状、文化产业升级能力评价、文化产业空间集聚水平测定以及文化产业资源配置效率定量分析的基础上，结合河北省文化产业创新发展与升级过程中的突出问题，本章重点阐述了促进河北省文化产业创新发展与升级的针对性对策。主要包括：完善产业扶持政策，优化产业发展软环境；加强高端人才引进与培养，注入强劲发展动力；建立文化产业支撑平台，助推产业创新发展与升级；培育和引导文化消费，壮大文化产业规模；促进文化产业融合发展，大幅拓展文化产业链；推动文化企业创新发展，增强企业综合竞争力；构建文化产业协同发展研究中心；建立河北省文化产业特色基地。

11.1 完善产业扶持政策，优化产业发展软环境

从美国、英国、日本和韩国文化产业快速发展的历程来看，政府出台相关产业扶持政策对促进本国文化产业发展起着至关重要的作用。目前，河北省文化产业正处于产业结构调整和赶超发展的关键期，政府部门应做好科学合理的产业发展规划，对龙头文化企业和重点行业企业给予更多的产业政策支持，为处于初创期和孵化阶段的小微企业提供更多的资金补贴和税收优惠政策。同时，为了推动河北省文化产业均衡发展，应重点加强对创意设计、动漫影视以及软件信息服务等弱势领域的扶持力度，从这些领域发掘更大的发展潜力和增长空间。

11.1.1 加大对文化企业的财政扶持和税收优惠力度

与传统产业不同，河北省文化产业起步相对较晚，当前正处于快速发展阶段，虽然产业成熟度不及钢铁、冶金等传统产业，但其发展潜力和对河北省经济的带动作用要强于传统产业。为此，河北省应加大对文化产业的财政支持力度，对文化企业相关活动实施减税、免税等税收优惠政策，进一步加强对文化产业的研发资金和人才投入，使得文化企业有充足的资金用于科技创新和企业升级活动，获得更大的发展空间。

11.1.2 拓宽文化企业的投融资渠道

在对河北省文化企业实施财政扶持和税收优惠政策的同时，政府部门应尝试建立以企业为主体，政府引导下的金融机构及其他社会力量参与的多渠道文化产业投入体系。政府部门通过对银行信贷进行资助，采用贴息、担保等方式，鼓励金融机构支持文化企业创意研发和创新活动。此外，相关部门要做好文化企业的上市辅导工作，通过更为直接的融资渠道及方式获取企业发展所需的资金，并鼓励本省文化企业在合适时机发行企业债券、短期融资券以及中小企业集合债等进行企业融资活动。民间资金和国际资本如果能被合理利用，也会为河北省文化产

业资本市场增添活力，因此政府要积极引导其投入本省文化产业。

11.1.3 加强文化科技成果转化投入水平

河北省各级政府部门还应加强对文化科技成果转化的投入力度，促进文化成果产业化。可根据实际需要设立文化领域成果转化专项资金，并逐年加大资金的投入力度，支撑那些文化领域成果转化项目顺利实施。同时，河北省应进一步扩大技术交易市场，促进文化企业间、企业与科研机构间的技术交流与合作。对于企业间的技术转让以及在技术转让过程中发生的与技术转让有关的技术咨询、技术服务和技术培训所得，实施税收优惠政策，鼓励个人进行技术开发、咨询以及转让活动。由此，通过上述多种政策手段与措施不断优化河北省文化产业创新发展与升级的软环境。

11.2 加强高端人才引进与培养，注入强劲发展动力

人力资源是企业发展的第一资源，在文化产业创新发展和转型升级过程中起着战略性、基础性和决定性作用。大力开发人才资源，培养造就一支适应文化企业创新发展要求、具有强大支撑力的人才队伍，不仅是一项紧迫的现实任务，也是一项长期的战略任务。当前，河北省文化产业专业人才总量不足，人才队伍结构和整体素质与文化企业创新发展要求不相适应，特别是高端人才和创新型人才缺乏，人才管理体制机制亟须创新和完善。

从产业长远发展考虑，应紧紧围绕“文化强省”战略，构建文化产业人才发展体系，打通人才发展通道，加快人才成长步伐，充分发挥人才支撑和引领作用。适应文化企业创新发展和业务运营需要，以提升专业水平和创新能力为核心，培养造就一支业务素质过硬、专业能力突出，具有解决实际问题和自主创新能力的专业人才队伍。

11.2.1 探索实施“人才+项目”培养模式

建立文化产业专业人才培养与重大项目紧密结合的机制，通过重点工程、科

研项目和信息系统开发等实践，集聚和培养一支能够突破关键技术、新产品开发、提高企业信息化水平的科技创新团队。培训方面，大规模开展专业人才知识更新培训，通过集中授课和在线学习等方式，完善专业知识结构，提升业务能力。

11.2.2 加大高端创新人才引进力度与资金投入

根据河北省文化产业发展需求，大力引进和培养一批能够引领和支撑文化企业创新发展的创意型高端人才和急需紧缺人才。政府部门要做好文化领域专业人才队伍建设规划和统筹协调工作，在培养和使用人才环节上制定各类相关人才政策，做好技术人才结构调整和合理布局工作，使文化产业人才队伍建设与产业实际需求和发展目标相一致。同时，制定专业人才的培养方案，构建与文化企业战略相适应，与人才职业发展相衔接的人才培养体系。

11.2.3 完善人才激励与保障体系

人才是增强自主创新能力的关键所在。面对高端人才紧缺的现状，在文化企业内部要树立人才是首要资源的思想观念，形成“尊重劳动、尊重人才、鼓励创新”的良好企业文化，并且企业要为员工提供创新平台和工作改进的机会，对那些具有特殊贡献的员工给予一定物质和精神奖励，在企业内部形成崇尚人才和创新的良好风尚。此外，应逐步健全人才服务体系，完善产业人才流动和利益保障机制，为专业人才发挥作用提供支撑与保障。完善科技成果奖励制度，探索建立科技成果贡献参与收益分配机制。

11.2.4 建立文化产业人力资源管理信息平台

本着“高效便捷、共享服务、动态更新”的原则，建立全省文化产业人力资源管理信息平台。在此信息平台上，开发建设河北省文化产业人才信息数据库，同时探索建立覆盖人才评价、考核激励、成果信息和统计查询等功能的人才信息管理系统。在此基础上，加强人才信息的实时统计和分析挖掘，为文化企业战略决策和实施人才管理、推进人才发展提供有力支撑。

11.3 建立文化产业支撑平台，助推产业创新发展与升级

为推动河北省文化产业创新发展与升级，应着力打造好三类平台，分别是文化产业信息服务平台、文化产权交易平台以及文化产业孵化平台。

11.3.1 文化产业信息服务平台

当前，互联网技术与信息技术飞速发展，河北省文化产业应抓住这一有利契机，构建产业信息服务平台，提升本省文化产业信息化水平，支撑文化产业高效发展。应强化顶层设计，依托虚拟技术、互联网、大数据等前沿技术手段，搭建河北省文化产业服务云平台，叠加文化信息数据存储与数据支持等业务功能，从而有效提升本省文化产业信息服务智能化水平。

其一是要充分整合各方文化资源、技术资源和素材资源，构建河北省文化资源信息库，该库可以是音频、图像、文字、3D 全景等多种形式存在；其二是推动众创众设、智能制造、线上交互等多种产业发展模式，建立动漫游戏、新闻出版、广播电视等行业的网络化与数字化发展格局；其三是促进文化产品、文化领域人才的供需信息充分流动与共享，实现更大范围的覆盖，以支撑河北省文化产业创新发展。

11.3.2 文化产权交易平台

为了鼓励文化创造，并使得文化成果产业化、市场化以获取更大的价值，除了要注重知识产权保护外，还应该重视文化产权的交易，以此促进文化产业高端要素流动、增值。基于此背景，河北省应加快建设并完善文化产权交易平台。一方面，要大力推动河北省文化艺术品交易所与文化产权交易所的建设与运营，并借此不断创新交易模式，使得社会资本与力量进入河北省文化产业。具体来说，可以充分发展特许经营和线上交易服务模式，迪士尼、NBA 冠名便是很好的特许经营范例。另一方面，要扩大河北省文化产业对外开放水平，促进高端文化艺术品引进来与走出去。此外，要加快建立版权创新保护和服务体系，从而提升服

务河北省文化企业的能力。

11.3.3 文化产业孵化平台

文化产业具有显著的“促进创业，扩大就业”的优势，故而要大力打造一批功能齐全、特色鲜明的产业孵化平台。为了提升平台的实际运行效果和整体孵化能力，应为每个产业孵化平台引进优质的创新创业人才与团队，实现规模化、专业化运营。同时，出台积极的财政扶持政策鼓励与支持本省大学生从事文化领域的创业项目，举行相关交流活动促进孵化平台间的往来与合作，梳理其中的典型案例加以推广。

众创空间与众包平台是河北省要大力推广的两种形式，可以为之提供多元化的融资渠道，切实解决资金短缺问题。同时，为每个平台联络创业导师，辅之以良好的中介服务，促进其加快发展，成为河北省文化产业创意发展与转型升级的关键力量，同时也能更好地提升河北省文化产业规模与实力。

11.4 培育和引导文化消费，壮大文化产业规模

产品的市场需求是拉动产业发展与升级的重要动力，同时也能在一定程度上指明产业升级的发展方向。文化产业的发展很大程度上要依赖于文化市场的壮大与文化消费能力的不断提升。目前河北省文化市场规模与增长空间仍有待进一步拓展。整体上河北省文化产业应该从供给端发力，提升文化产品的供给水平及效率，以达到扩大原有需求和创造新需求的目标。

11.4.1 文化需求属性分类

由上文可知，文化产业的市场需求可分为当前需求、潜在需求和创造需求三类。能够满足当前需求的产品较多，市场竞争最为激烈；由于特定环境的存在，在今后某一时期当条件满足时，这种潜在需求就会转变为现实需求。潜在需求市场竞争不激烈，我省文化企业应挖掘文化产品的潜在需求市场，研发并生产能够满足客户潜在需求的文化创意产品，迅速占领市场，尤其是高端市场，以提升我

省文化企业获利能力和发展速度；创造需求也是非现实需求，与前两种需求不同，创造需求是企业为提高其获利能力而创造出的某种产品需求，客户成了需求的被动接收对象。在创造需求中，企业主导着客户对某种产品的需求，由于缺乏竞争对手，产品的市需求量较大，企业能够获取巨额利润，因而成为最佳的市场开拓模式，但其条件要求高，成功率较低。

11.4.2 促进文化消费对策

基于上述分析，结合河北省文化产品市场需求现状，特提出以下四方面对策：一是要提升全民文化素养，加强文化教育，扶持并引导城镇居民文化消费，提高本省文化消费总量；二是积极顺应居民时尚需求、网络文化需求趋势，促进并满足居民个性化、多元化需求。为此应不断开发新的文化题材，融入创意元素，打造富有吸引力的文化项目，同时在消费渠道上实现线上线下联动，带动网络文化消费；三是结合城镇化建设和新农村建设，推动河北省农村居民文化消费，为此，在政策上要给予大力扶持，创新机制模式，同时兴建充足的文化休闲娱乐场所、文化旅游景点，在提高本地居民文化消费水平的同时吸引城市居民到农村进行消费；四是在文化企业上下足功夫，通过建设文化消费载体、丰富文化消费业态来改善河北省文化消费环境。基于以上四方面措施，共同促进、培育、引导河北省文化消费，为本省文化产业的壮大注入强劲动力。

11.5 促进文化产业融合发展，大幅拓展文化产业链

结合河北省文化产业发展现状与趋势，未来河北省文化产业要着力推进以下五方面的融合，即：“文化＋科技”“文化＋金融”“文化＋制造”“文化＋农业”“文化＋建筑”。

11.5.1 文化与科技融合发展

文化产业或产品中融入科技元素，例如邮票是国家或地区的名片，通过现

代科技手段可以使得邮票产品更多元、更富创意，用手机扫描邮票上的条码后，能够欣赏诗歌朗读并观赏相关视频，给予客户更多的产品与文化服务，提升客户价值。

11.5.2 文化与金融融合发展

文化与金融的融合可以大大拓展文化产业的外延，吸引更多的市场主体参与其中。文交所上市后可以形成一个虚拟的文化产品交易市场，提升文化产业资本市场活跃度，相关文化产品可以通过交易定价和增值。与此同时，艺术品金融也是另外一种新兴业态，有利于促进文化产业融资体系的发展。

11.5.3 文化与制造业融合发展

文化与制造融合，一方面可以提升制造产品的内涵与价值，创新产品表现形式，甚至产生新的行业。例如文化装备制造业提升产品吸引力，更加满足客户多元化与个性化需求；另一方面能够延长文化产业价值链，扩展产业链上的参与主体，增大产业规模。制造业的种类繁多，而文化元素的融合能力又很强，由此带动关联产业迅速发展。

11.5.4 文化与农业融合发展

不同区域有其独特的自然环境与特色文化资源，而现代农业、观光农业为文化与农业产业的融合提供了有利契机；养生文化会推动绿色天然农产品的种植与生产，美食文化会带动餐饮服务业的快速发展，而餐饮业又源于原材料的精选与深加工。文化带动农业发展其关键是落于客户这一群体之上，或者说在满足其基本产品或服务需求的同时，提升精神层面的满足感。

11.5.5 文化与建筑业融合发展

一般来说，每一个建筑物都体现着一定的设计风格与文化元素，并彰显着独特的文化特征，文化在某种程度上赋予了建筑物生机与灵魂。文化产业与建筑业的融合点通过良好的设计来实现，并由此创造价值，除了设计之外还有精巧的创意蕴含其中。除了建筑物之外，景观、雕塑、娱乐设施也都包含了创意与设计成分，由此实现产业的壮大。

11.6 推动文化企业创新发展，增强企业综合竞争力

11.6.1 加强文化产品创新，构筑文化企业核心竞争力

当前，国内市场环境瞬息万变，客户多元化需求日益凸显，而先进制造技术、互联网技术和信息技术的迅猛发展无疑又加剧了产品更新换代和市场竞争，从而使得创新成为一个企业在激烈市场竞争中保持不败的法宝。文化企业同样面临着巨大的市场压力，尤其是依赖于文化资源的传统型企业，为了能够不断契合客户多元化的需求，提供给客户更大的价值，文化企业需要对传统业务或产品进行创新，同时推进企业品牌创新，在此基础上集聚企业创新资源、提升企业创新能力，形成企业巨大的品牌价值，建立起核心竞争力。

产品创新首先应从市场需求出发，真正做到以客户为中心。一方面，企业要在产品形式上、功能上推陈出新，打造系列化、多元化产品，不断制造新卖点，从而满足客户不断变化的需求；另一方面，企业要考察市场竞争对手和替代产品，在同一领域或相同业务上尽力保持市场领先地位，并突出差异化战略。而今，互联网思维充斥着整个服务业领域，一定程度上也改变了人们的消费习惯和生活模式，这就要求文化企业能够顺应网络经济模式加快转型升级。要将互联网技术、信息技术更多地运用于产品创新和业务创新，从而更加符合网络时代人们对于便捷、高附加服务的需求。例如，在文创产品开发时，可将二维码技术恰当地运用其中，客户通过扫描二维码可以了解更多的文创产品信息，同时能够吸引更大网络人群的关注；此外，通过加强文创产品形式和内容上的创新，不但使得文创产品更具收藏和鉴赏价值，同时还能够给客户提供更大的附加值服务——传递相关知识与文化，从而更具市场竞争力。

11.6.2 加快文化品牌创新，提升文化市场活力

加快品牌创新是中国文化企业创新发展与转型升级的另一有力抓手。其一，应维护好文创产品爱好者这一市场根基，在选题上关注这一群体的文化、鉴赏和收藏需求，不定期地给予他们一些文创产品回馈，及时公开文创产品信息，使之发挥良好的品牌宣传与口碑传递作用；其二，针对青少年群体，要更加注重文化宣传活动的趣味性、知识性和娱乐性于一体，可通过编辑文化教材、开展文化知识讲座、举办文化知识竞赛等众多形式，提升传统文化及文化产品在青少年群体中的影响力，培养其兴趣及爱好，使之成为未来的重要客户群；其三，针对老年人群体，要充分抓住他们“有钱有闲”这一特征，既要在文创产品内容上下功夫，又要在文化活动上下功夫，在提供给他们精神文化产品的同时，扩大这一群体的市场规模。在文化品牌创新方面，应更加注重挖掘传统文化内涵，注重与现代人们生活的结合，进而打造出更有针对性的文化产品。文化品牌的创新还要兼顾到现代人的生活元素、科技元素，使两者能够充分融合，这样文创产品便有了更广阔的市场和生命力。

11.6.3 拓宽文化企业服务渠道，推动企业服务模式创新

文化企业在创新发展过程中，可依托地区资源与区位优势，着力整合优化企业自身资源，拓宽服务渠道，推动服务模式创新，建立起更加完善的企业专业平台与社会综合服务平台，进而提升文化企业综合服务能力，为客户创造更大的价值。一般来说，可通过丰富与创新服务内容、服务渠道和服务模式来加快文化企业创新发展与转型升级。在服务内容方面，除了提供常规的文化艺术产品之外，还可以叠加文化艺术品的鉴定、评估、代购和代售等服务项目，这样不但有利于激活文化产品需求市场，也将会带动企业经营规模的扩大；一般来说，消费者购物的路径可以分为四种：实体店、PC 端、移动端、智能电视端。在服务渠道方面，文化企业应实现各渠道优势融合，除了依托线下的经销网点、文化产品专卖店等实体渠道，还要充分发挥线上渠道功能，逐步建立并完善文化产品网上交易厅和

交流厅，并提供自提和送货两种配送选择，实现库存、物流和服务上的资源共享。在全渠道、全成本核算的基础上，既保证线下体验和服务的真实性，又和网络推广结合起来，从而形成文化企业在全国范围内的无边界、超区域化经营；在服务模式方面，一是文化产品和服务的开发要与地区资源及文化紧密结合，根据地方的独特文化资源，提供具有鲜明区域特点和民族特色的文化产品和服务；二是文化产品的收益可来源于与其他行业合作开发产品时图稿产权的收益，收益的形式可以是协议分成或授权补偿。

11.6.4 完善市场监管功能，健全文化产品防伪体系

防伪标签是防伪与监管特许经营的主线。一是文化产品特许生产商，需要进一步依托奥运、世博等成熟的特许产品防伪技术，为每个商品标注唯一身份 ID，实现提货、发货、收货、库存、回收、销毁等物流的全流程管控、对数据的全程追溯；二是文化产品特许零售商通过扫描（防伪标签）等技术手段，全程采集产品销售数据，规范经营，接受监督。避免伪造、串货、低价倾销扰乱市场等行为，维护健康有序的特许经营生态链；三是文化企业加大市场监控、打假等品牌维护工作力度。向社会提供网络、短信、电话、智能手机应用等多种防伪查询手段；四是在中国日益健全的法律环境下，依托工商、公安、法院等国家行政执法机构，健全和完善文化产品特许经营市场监管环境，保护文化产品特许生产商、零售商的基本权利；五是文化企业应进一步规范产品定价体系。在参考生产商给出的零售建议价格基础上，规范特许产品的定价，同时加强对特许产品市场的监管。

11.7 构建文化产业协同发展研究中心

应构建起若干个由高校、文化企业和行业机构共同组成的文化协同研究发展团队，支撑中心高效运营和推动文化事业快速发展。以文化协同研究发展中心为依托，加强相关机构主体间的产学研合作，并有效整合资金、人才以及相关创新资源，为协同研究团队的发展创造良好的内外环境。

11.7.1 形成若干个文化产业协同研究团队

在中心发展过程中，不断完善相关工作流程和规章制度，明确成员加入条件和程序、科研项目组织管理、信息流通共享机制等，保证中心成员有序加入，不断拓展团队规模，并在推动河北省文化事业发展、文化项目研究以及传统文化传播等方面发挥重要作用，在文化领域拥有较高的知名度和影响力。

11.7.2 产出一批易于推广的文化研究成果

通过产学研合作以及校企间文化项目的深度对接，真正做到跨机构间的融合发展与协同发展，并在文化企业经营、文化项目研究与传统文化推广等方面开展更广泛的交流与合作，同时形成一批易于推广的省内文化研究成果。

其一，中心可以为文化企业提供更多的文化业务发展策略、措施与方案指导，并有效地支撑文化业务活动开展。由文化企业提出业务支撑需求，中心组织相关人力、技术等资源予以支撑，从而促进文化企业业务拓展以及市场开发；其二，中心可以承接文化企业或文化协会等行业机构委托的研究课题，并由多方共同展开课题研究，课题完结后可适当将部分研究成果对外发布、推广；其三，中心可通过编写面向不同年龄群体（青少年、中老年等）的文化读本，促进传统文化的交流与传播，同时配合一定的线上、线下宣传活动，从而促进中国文化爱好者群体的壮大和本省文化事业的繁荣。

11.7.3 提升文化企业经营管理信息化水平

中心可以联合相关主体合作进行文化产业（文化企业）数据分析和挖掘，开发相关平台与软件，协助开发建设文化企业信息管理系统。根据河北省文化市场的交易数据、商品数据、物流数据、流量数据等信息的录入、存储、分析的实际需要，开发具有综合性功能的数据分析系统，可以实现针对用户的购买行为、文化商品销售指标变化、网站流量等进行综合分析的效用，为文化企业经营与文化活动开展提供支持。

提供开发移动APP的技术支持。通过开发移动APP、文化微信公众号（订阅号）

等方式，对接文化服务平台，实现在手机端开展文化商品浏览、购买、文化活动信息推送、文化消费指南等服务，以及对后台数据的展示与分析等功用。

11.7.4 提供专业人才培养与培训服务

通过文化协同发展中心，可以联络省内相关高等院校提供文化专业定制式人才培养服务。省内文化企业提出定制式人才的能力需求，高等院校根据能力需求设计培养方案并实施；高等院校为文化企业提供实习学生，从事文化产品与文化服务的推广工作；高等院校或行业中介机构可以为文化企业提供项目运营团队能力提升培训服务。高等院校根据文化企业的培训需求，有针对性地开发课程及制定培训方案，对相关人员进行现场培训和指导并且保证达到一定培训效果，提供相关培训记录资料。

11.8 建立河北省文化产业特色基地

围绕河北省文化产业链建设和产业长远发展的需求，建立河北省文化产业重点项目基地，进一步贴近市场、发掘客户需求，并为客户提供更好的服务。基地的建设可实现资源优势最大化，集中化、低成本、高效率地进行重点业务开发和创新，实现新技术、新功能、新应用的快速开发与拓展，并在较短的时间内在重点项目上取得突破，为河北省文化产业发展提供持续动力。

11.8.1 建立基地应具备的条件

（1）具备良好的创意能力。基地建设单位须具有优秀的创意策划能力和创新精神，能够从客户需求出发，致力于产品研发和发展方式的创新，对产品形式、运作模式具有前瞻性的发展方向和策略。

（2）有较强的产品研发能力。基地建设单位须具备较强的产品研发能力，有一只较强的研发队伍，从产品创意、产品设计、产品工艺及产品展现形式等具备较强的研发能力。

（3）有较强的营销推广能力。基地建设单位需有较强的组织能力，能够保证项目的推动和运行，协调全国运作过程中的各项事宜，协调项目运作中存在的问题，使之能够尽量满足各地个性化需求，调动各地营销积极性，保证项目的执行进程。另外，基地申请单位需有一只强有力的营销队伍，能够满足平台搭建、营销客户的要求，能够承担起项目全国运作的市场调研、宣传推广、紧急事件处理等工作。

11.8.2 建立基地的主要种类

（1）生肖文化产品开发与运营基地。充分挖掘生肖文化产品的市场，要在生肖文化产品的策划、设计、生产、市场、营销和服务等各方面不断有创新性，通过高效的运营模式让生肖文化产品深入老百姓内心，发展成为河北省文化产业的特色文化产品。

（2）婚庆产品开发与运营基地。实现婚庆产品的系列开发，做好与婚庆公司的渠道对接，挖掘婚庆产品的潜质市场空间，通过产品创新、渠道拓展和服务提升等方式进一步做大做强婚庆个人客户市场规模，取得良好的经济效益和社会效益。

（3）校园文化产品开发与运营基地。探索文化产品如何更好地走进校园市场，从产品的研发、策划、设计、营销、服务等各方面更好地符合学生的兴趣，激发学生的购买欲望，并利用校园生活的开学季、考试季、毕业季等特殊节点做好市场的营销和服务，特别是校园产品的线上销售，将校园市场做大做强。

第12章
“文化+”模式驱动下企业创新发展实践

本章以国内外知名品牌或典型企业为例，分别围绕“文化+特许经营”“文化+在线交易”“文化+跨界合作”和“文化+互联网”四种运作模式，解析了迪士尼、喜羊羊与灰太狼、熊出没、赵涌在线、外滩网红邮筒君等知名品牌或IP的成功运营实践。在此基础上，以中国邮政集团公司集邮业务为例，探讨了集邮业务的客户价值分类以及客户分类。最后，从内部管理、产品创新、流程优化等方面，论述了集邮业务创新发展的对策和措施。

12.1 “文化+特许经营”模式下企业创新实践

12.1.1 特许产品概念及商业价值

“特许产品”亦称“衍生品”，这一概念来源于美国电影产业，通常是指除银幕放映以外的一切增加电影产业下游产值的产品。包括：各类玩具、音像制品、图书、电子游戏、纪念品、服饰、海报甚至主题公园等，均可以在电影放映结束后相当长的一段时间里继续为电影公司带来源源不断的收益。据统计，美国电影产业特许产品收入占总收入的 70%，远远高于电影票房。

特许经营模式具有很强的生命力，能够迅速进入并占领市场。据统计，国际上从事特许经营的企业 5 年内稳定率在 97%，特许权所有者稳定率在 86%；而采用其他商业模式的，2 年内企业稳定率为 40%，10 年内仅占 10%。20 世纪 90 年代中期，美国特许经营业务年销售总额达 8000 亿美元，占零售总额的 38%，20 世纪末已达到零售总额的 50%。同时，特许经营的使用率和成功率也很突出，平均每 12 家公司就有 1 家是特许经营，90% 以上的特许经营都有至少 5 年的成功运作。

12.1.2 国外特许经营成功品牌——迪士尼

（1）迪士尼品牌介绍。迪士尼品牌创立于 1923 年，在接近百年的发展过程中，华特迪士尼公司通过不断创新和成功地运用特许经营模式，创造了巨大的商业价值。2018 年 12 月，由世界品牌实验室编制的《2018 世界品牌 500 强》揭晓，迪士尼排名第 23 位。在《财富》杂志发布的 2018 年世界 500 强排行榜中，华特迪士尼公司以 551.4 亿美元的营业收入和 89.8 亿美元的利润排名第 176 位。整体来看，华特迪士尼公司大致经历了 4 个发展阶段，分别是内容驱动阶段（1923—1955 年）、衍生品驱动阶段（1955—1993 年）、渠道驱动阶段（1993—2005 年）以及新媒体驱动阶段（自 2005 年至今）[124]。其中，在内容驱动与衍生品驱动阶段，迪士尼公司主要通过内部运作增长来实现；而在渠道驱动与新媒体驱动阶段，则更侧重于通过外延并购的方式来支撑跨越式成长。

（2）迪士尼品牌商业价值。迪士尼公司拥有多个世界上最赚钱的动漫形象，其形象被授权于多个行业的不同产品中，具体包括文具、服装、体育用品、钟表、玩具、首饰、工艺品、家居用品、书籍等。其中，迪士尼动画电影《狮子王》票房收入 7.8 亿美元，“特许产品”收入更高达 20 亿美元，主要集中在形象授权和主题公园方面。2009 年 10 月，迪士尼项目被正式批准落户上海，建成后的上海迪士尼乐园是中国第 2 个、亚洲第 3 个、世界第 6 个迪士尼主题公园。2018 年，迪士尼集团以 1.57 亿游客量蝉联全球主题公园榜首。上海迪士尼乐园在 2016 年 6 月 16 日正式开园，截至 2017 年 10 月底，上海迪士尼的游客接待量已突破 2700 万人次。

（3）迪士尼品牌成功原因分析。迪士尼品牌取得的巨大成功，除了源于自身的不断创新以及特许经营模式的成熟运用外，还跟迪士尼借力互联网及新媒体渠道有着密切联系。以上海迪士尼为例，目前上海迪士尼度假区开通了新浪微博账号、微信公众号服务号、订阅号等，用于发布资讯、活动信息，上海迪士尼从新媒体开始撬开互联网的大门。此外，受到国内电商氛围的带动影响，早在 2016 年上海迪士尼就开始尝试新零售模式，并在天猫旗舰店及飞猪旗舰店开办相关线上业务。在成功运用特许经营模式的基础上，借助新媒体和新零售布局，将使迪士尼品牌获得更大的发展空间。

12.1.3 国内特许经营成功品牌——喜羊羊与灰太狼

动漫衍生品是动漫产业最主要的盈利环节，也是动漫可持续发展的根本。喜羊羊与灰太狼是中国动漫产业的旗帜，曾一度作为国内知名卡通动漫形象的代表，开发出许多种类的动漫衍生品，同样创造了很大的商业价值。

《喜羊羊与灰太狼》动漫 IP 的成功塑造。国产动画片《喜羊羊与灰太狼》系列，是由广东原创动力文化传播有限公司创作的，该片不但打破了国产动漫的窘状，还取得了巨大的成功。《喜羊羊与灰太狼》这部动漫被千家万户所熟知，成为国漫的代表，尽管播放长达 10 年，但仍被观众所爱，一度成为热 IP。截至 2018 年，围绕喜羊羊与灰太狼的 IP 价值可达到 10 亿元[125]。该部动漫 IP 在各个领域都有授权，“授权版权金 + 流水分成”的授权方式为企业带来了巨大的收益。随着市场的稳定，《喜羊羊与灰太狼》的 IP 价值仍有很大的开发机会，例如《喜羊羊与灰太狼》用来作为儿童的启蒙读物，可以向孩子们展示与传播正能量。

12.1.4 国内特许经营成功品牌——熊出没

《熊出没》动漫 IP 的成功塑造。《熊出没》是由华强方特动漫公司出品的，华强方特是一家大型文化科技集团，熊出没从 2012 年出品至今，一直是热门动画片，点击率超过 1500 亿次，成为华强方特最核心的 IP。目前，《熊出没》系列的电影已有 8 部上映，均获得了较高票房。《熊出没》同时在 50 多个国家和地区发行，而且《熊出没》衍生品也很流行，授权数量超过 100 家，覆盖品类也很多。与其他授权方式有所不同，华强方特能给客户打造一个完好的体系，做到让客户满意。

华强方特动漫公司为了提高《熊出没》的市场发展速度，将探索利用国际平台进行更好地传播和推广，同时开发出新的作品。华强方特之所以能够借助《熊出没》IP 取得如此良好的经营业绩，主要原因包括：一是按照观众年龄分类，把《熊出没》做品牌分化，推出不同动漫剧；二是持续进行技术创新，打造优质动漫产品，增强受众观看体验，带来积极向上的正能量；三是将衍生品开发与儿童教育相互连接，发掘出更大的市场价值。华强方特将创新作为《熊出没》一直以来的宗旨，因而会有持续不断的发展动力和更大的发展空间。

12.2 “文化+在线交易”模式下企业创新实践

随着互联网技术、信息技术、云计算和数据挖掘技术的飞速发展，文化产业领域出现了新的业态——文化艺术收藏品在线交易。基于 C2B2C 的在线交易模式，文化企业和消费者能够突破传统线下交易模式存在的时间和空间限制，使得企业管理更加细致，信誉得到保障，有效避免不必要的法律纠纷。本章以文化艺术收藏品在线交易的龙头企业——赵涌在线为例，阐述该新兴业态的运作模式与工作流程。

12.2.1 赵涌在线平台简介

赵涌品牌 1985 年创始于德国，赵涌集团总部设在中国上海，旗下的“赵涌在线”是全球领先的艺术收藏品线上交易平台。赵涌在线于 2000 年正式上线，是一个提供邮票、钱币等艺术收藏品交易服务的技术平台，以在线竞价的电子商务交易模式，提供藏品鉴定、货款支付与物流寄递等服务。根据赵涌在线公司网站的宣传资料显示，该在线平台月活跃用户超 30 万、日均浏览量 120 万、年均出价次数超 3000 万次，60% 以上的用户一年内购买 50 件以上藏品，平台每月成交藏品数万件 [126]。由此可见，赵涌在线的业务规模较大，发展前景也较好。

12.2.2 赵涌在线平台运营模式与业务流程

赵涌在线网站的艺术收藏类产品主要是以竞拍和一口价形式销售，两种销售形式均是寄售产品模式中的子模式。赵涌在线作为中介服务机构收取竞价手续费、服务费、保管费等。该平台对交易主体（委托人和竞买人）提供身份验证、产品委托、产品鉴定、产品上架或拍卖、产品结算、产品寄递、支付结算等服务项目。

赵涌在线委托流程图。首先委托人要联系赵涌在线，填写委托拍品清单，赵涌在线确认后，通知委托人将委托拍品寄送至赵涌在线。赵涌在线对拍品鉴定审核通过后，与委托人确认拍卖清单。确认后，将拍品在赵涌在线上预展、亮拍，拍卖结束后，赵涌在线与委托人进行结算（见图 12-1）。

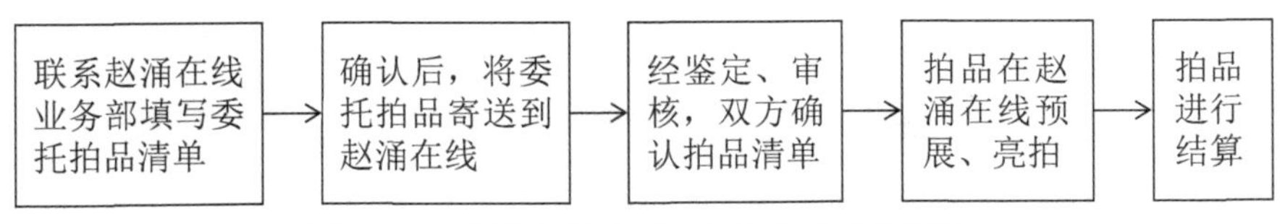

图 12-1 赵涌在线平台的业务交易流程

结合对一尘网（C2C 模式）等其他在线平台或交易类型的综合分析，可知基于“互联网 +”驱动下的文化艺术收藏品在线交易具有以下优势或拓展空间：一是依托信息技术实现大数据的采集。实现线上会员注册、积分管理、消费行为记录等功能，进而针对潜在客户实施精准的大数据营销；二是基于云计算、大数据分析能力，转变产品研发模式。通过对线上客户消费行为的分析，获取准确的终端客户需求，组织适销对路的文化产品和特许产品开发；三是基于云计算、大数据分析能力，逐步实现扁平化、高效率的经营管理模式。通过对线上产品销售情况的统计分析，科学地安排产品生产订单，减少库存风险。

12.3 “文化+跨界合作”模式下企业创新实践

当前，以“互联网＋产业”为核心的新兴经济的蓬勃发展，同时跨产业联动、融合、共生态势日益显著，这为区域文化产业实现多路径发展创造了有利外部环境。在此背景下，企业间的跨界合作日益频繁，有些是基于产业链上下游环节间的供需合作，有些则是基于产品销售渠道端的密切合作。接下来，本书将以HD文化公司为例，阐述“文化＋跨界合作”模式下HD文化公司创新发展实践。

12.3.1 HD文化公司简介

HD文化公司是上海黄金交易所的会员单位，隶属于HD集团，主要从事文化产品的创意、设计、生产和制造等领域。公司的客户市场和产品销量比较稳定，每年设计出300多套产品，其中小节日产品少一些，而春节期间产品规模较大。

HD文化公司从2008年奥运开始做高级赞助商，开发贵金属产品。到了2010年世博会，作为高级赞助商和高级授权商，获取的授权品类比较多。HD文化公司有一个全国最大的特许零售店，以往曾跟国际大IP有过合作，例如NBA、FIFA和迪士尼等。FIFA产品主要考虑客户的爱好、价格等需求，满足纪念、收藏价值，增加趣味性。与迪士尼合作的产品有贵金属红包，迪士尼的衣服、鞋子类产品等。HD文化公司跟银行渠道的合作主要是通过银行代销，针对银行年底的开门红活动，共同合作开发产品，整体的开发趋势是产品克重越做越低，工艺却越来越精细。

12.3.2 HD文化公司产品合作开发流程

HD 文化公司的贵金属产品开发流程如下：

第一步是获取 IP 授权阶段。此阶段依据市场和产品开发需求，向一些知名度、热度高的 IP 资源获取授权。

第二步是产品创意开发阶段。获得 IP 授权后，HD 文化公司会综合考虑合作方、渠道方以及消费者的偏好需求，进行产品的创意开发。

第三步是产品图稿设计阶段。产品开发方案定下来后，依靠公司内部的设计团队，进行产品的图稿设计。

第四步是产品生产制作阶段。产品图稿定下来后，会由 HD 文化公司购买原材料，打样，交给合作方确定无误后开始批量生产制作。

第五步是产品交货阶段。根据合同约定，HD 文化公司将生产出来的产品发送到银行渠道或合作方指定渠道。

第六步是渠道服务支撑阶段。由客户提出支撑需求，HD 文化公司给予客户一定服务支撑，包括软文、宣传图、宣传物料等。

12.3.3 HD文化公司运作模式总结及启示

基于上述开发流程的成熟运作，HD 文化公司逐渐形成了以生产加工为核心，以渠道地推服务为优势，以雄厚的资金购买 IP 或采购黄金为依托的“生产 + 渠道地推 + 资金”的运作模式，并取得了良好的经营业绩。HD 文化公司给其他文化企业提供的借鉴包括：一是文化企业可针对创意、设计、研发、生产、销售、宣传、服务等各个独立成体系的环节，根据市场需求或用户需求自由组合，与合作方达成形式灵活多变的业务合作；二是要获取优质的 IP 资源授权，开发出高质量的文化产品，并充分借助社会渠道力量，推动公司业务发展。

12.4 “文化+互联网”模式下企业创新实践

邮筒是中国邮政营业网点收寄平常函件的主要工具，已存续近百年的时间，通常被放置于邮政营业网点的门口或附近，是大家日常生活中非常熟悉的物品之一。一次偶然的合影事件，使得位于上海中山东一路上的002-6号邮筒受到大家的广泛关注，并在上海邮政的精心设计与包装下，成了“外滩网红邮筒君”这一拟人化IP。

12.4.1 邮筒君IP诞生过程

2016年4月8日，位于中山东一路上的002-6号邮筒因“鹿晗与邮筒合影事件”爆红，引得数以千计的粉丝纷纷排队合影，被外界冠以“外滩网红邮筒”的称号。借此契机，上海邮政凭借高度的新闻敏感性迅速做出反应，于4月20日在黄浦区四川中路420号外滩邮政支局发行外滩网红邮筒专属明信片和配套纪念戳。一时间，网红邮筒风靡全国，成为当时微博热搜排名第5的轰动性事件。同时，上海邮政为其设计了多款卡通形象并开通了新浪认证微博，对外宣布“外滩网红邮筒君”这一拟人化的IP形象正式出道。

12.4.2 邮筒君IP衍生产品策划

自邮筒君IP诞生以来，上海邮政不断以“网红邮筒”IP形象开发多款周边衍生产品，并积极与第三方品牌谋求跨界合作，采用线上平台预售秒杀+线下网点同步售卖的方式对外销售，形成一定的业务收入。

策划的衍生产品包括：限量异形明信片、邮资机宣传戳和个性化邮票纪念折以及文创产品网红邮筒钥匙圈、网红邮筒纸模公仔、网红邮筒圣诞套装、网红邮筒火漆印章等。与此同时，上海市邮政分公司与相关企业围绕外滩网红邮筒君展开了合作，推出了如ofo小黄车联名月卡、浦江月联名月饼礼等一系列衍生产品，取得了良好的市场经营效果。

12.4.3 邮筒君IP活动策划

上海市邮政分公司与中国邮政集团公司品牌处合作，在微博平台开启“随手拍邮筒”活动，同步推出可爱的卡通邮筒形象贴纸供网友使用。本次活动超过2亿人次浏览，共吸引119.6万人参与话题讨论，发布图片3万余张，官微涨粉1万人。

紧跟热点，在鹿晗事件发生后第一时间通过微博平台同步发起话题“邮筒合影大赛”，共吸引上千粉丝参与。赛事方面，上海邮政组织实施了主题邮筒设计大赛。在微信、微博平台同步发起主题邮筒设计大赛邀请，面向全社会征集，共征得参赛作品 200 余件。跨界合作方面，上海邮政与《上海堡垒》制片方合作，外滩网红邮筒君于发布会当天以特邀嘉宾的身份与鹿晗、舒淇等主创亲密合影，增加了存在感的同时也传播了邮政传统文化。

仔细分析后不难发现，从鹿晗与邮筒合影事件到“外滩网红邮筒君”这一拟人化的 IP 形象正式出道，前后用了不到 1 个月的时间，这对于一个从事传统行业的企业而言，非常难得，也非常可贵。新的 IP 出现后，上海邮政开发了多款周边衍生品，也策划了一系列相关活动，取得了良好的宣传效果，也让外界认识到中国邮政充满创新、充满活力的一面。当前，“互联网 + 浪潮”渗透到多个传统领域，在带来一定冲击的同时，也促进了传统产业结构调整与升级。中国邮政作为一个百年品牌和大型央企，在全力承担国家普遍服务职能、努力打造寄递行业国家队的同时，也在加快创新发展与提质升级。目前，中国邮政的文化传媒业务正在与互联网、新技术以及其他领域快速融合发展，有着广阔的发展空间，未来必将成为中国邮政的重要增长极之一。

12.5 “文化+”战略驱动下集邮业务客户价值分类及发展对策

中国邮政作为集公益性和竞争性服务为一体的大型央企，具有集实物运递网、信息网和金融网于一身的强大优势；同时，依托丰富的线下网点资源、巨大的品牌价值和忠实客户，中国邮政近年来实现了快速发展，2018 年在世界 500 强企业中排名第 113 位。然而，随着国家科技进步和经济增长方式的转变，中国邮政邮务类业务原有的资源优势日趋下降，受到信息技术和互联网经济的挑战不断加大，正处于业务结构调整和转型升级的关键时期 [127]。从长远发展来看，迫切需要扭转传统邮政业务拼成本、增人力、耗资源的发展方式，通过科技进步、服务创新和转型升级来推动企业科学快速发展；与此同时，要努力适应多元化、个性化的客户需求，持续拓展和提升客户价值，实现由经营产品向经营客户的转变[128]。集邮业务是国家赋予中国邮政独有的资源型业务，有着很高的品牌价值和社会声望，并且已走出一条中国特色集邮发展道路。接下来，以中国邮政集邮业务为例，阐述其客户价值分类及发展对策。这对于加快邮政传统业务转型发展、推进集邮业务战略转型，均具有一定的实践参考价值。

12.5.1 集邮业务客户价值分类

创造优异客户价值是企业获取竞争优势的前提，也是企业存在的根本[129]。中国邮政作为集公益性和竞争性服务为一体的大型央企，更应注重挖掘与扩大客户价值，增强客户体验及其满意度，从而维护好良好的品牌形象和建立牢固的市场竞争优势。从服务性行业市场特性及客户需求角度出发，本书认为客户价值可划分为业务（产品）的功能价值、品牌价值、体验价值以及社会价值四大类。其中，功能价值主要体现在产品或服务的有用性与有效性；品牌价值通常能够使顾客对拥有的产品和服务赋予某些心理意义，借以表达自我、安全与自尊；体验价值则更多的是强调客户在消费过程中所获得的知觉、效用上；社会价值是指除业务（产品）本身之外带给社会其他相关主体的诸多价值（见表 12-1）。

表 12-1 集邮业务的客户价值分类

产品价值	投资价值
集邮产品具有较好的收藏、鉴赏、怡情价值。为此，要注重邮票选题的大众化，并将集邮产品融入丰富的文化元素，包括地区文化元素，有助于拓展后期营销空间；加强与文化产业的融合。	集邮产品具有良好的投资、储财功能。因此，一是要建立网上交易交流平台；二是要加快建立集邮产品变现机制；三是要加速与在线支付平台和物流系统的对接。
媒介价值	社会价值
集邮产品具有丰富的信息承载能力，能够发挥文化宣传、市场宣传的功能，因此有着很高的宣传媒介价值。可将其打造成为重要的商业信息载体，成为企业文化宣传与市场推广的媒介。	集邮产品具有特殊的社会价值。一是作为国家、地区名片，能够展现与传承中国精粹文化；二是能够记录与反映社会经济发展和人们精神文明变化；三是间接促进相关行业、企业发展。

当前，集邮业务价值链的长度与宽度不足，价值链上的活动主体也相对有限，往往以邮政企业、原材料供应商和邮商为主，而且集邮业务的客户价值主要被定位于产品价值和投资价值两方面，未能充分发挥出集邮业务潜在的社会价值及其影响力。然而，按照服务行业的市场规律和集邮业务客户的整体需求来划分，除了常规的产品价值和投资价值之外，集邮业务还具有较大的媒介价值和社会价值。

12.5.2 基于客户价值的集邮业务客户分类

将客户准确地分类是邮政企业进行客户关系管理的基础，中国集邮业务经过数十年的快速发展，已开辟了广阔的客户市场，形成了四大客户群体，包括集邮爱好者群体、收藏鉴赏群体、投资投机群体以及政企客户群体[130]。然而，这种划分方式主要是从集邮客户需求角度出发，并未指明各类客户的消费特征与存在价值，因此不利于对这些集邮客户进行准确市场定位和提出针对性的发展策略。

通过上述对集邮业务的客户价值分类，本书提出了基于客户价值的集邮业务客户分类方法，就是根据客户价值的大小来确定客户的类别。以现有客户价值评价体系为基础，从客户的发展潜力与生命周期阶段两方面来评定客户价值。其中，客户发展潜力指标是指集邮客户在未来能够给邮政企业带来更高价值的可能性的大小，而依据客户生命周期相关理论，集邮客户与邮政企业间关系的强弱程度可描述为客户的生命周期阶段。通常而言，伴随着客户生命周期阶段的发展，集邮客户的交易量与支付意愿会逐步增加，从而使得企业与客户间的交易成本不断下降，获取的间接效益逐步扩大[131]；反之，当两者间的关系出现倒退时，集邮客户带给邮政企业的交易量和利润均会出现下降。所以，在对集邮客户分类时，应将客户所处的生命周期阶段视为一个关键因素，同时将交易额、利润和客户份额作为判定和分析集邮客户生命周期各阶段的主要特征变量。

基于上述分析，得到基于客户价值的集邮业务客户分类矩阵，如图12-2所示。

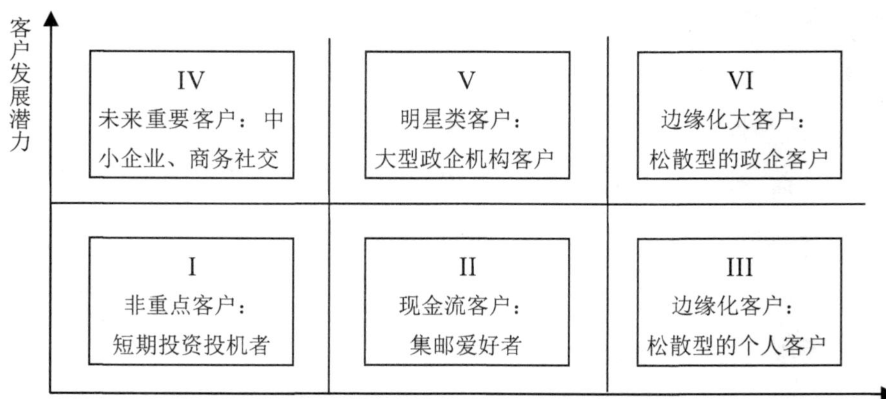

图 12-2 基于客户价值的集邮业务客户分类

根据上述客户分类矩阵，可把集邮客户整体上划分为六类：

位于第Ⅰ象限的是集邮非重点客户，这类客户主要是指短期的集邮投资投机者，此类客户与邮政企业的关系尚处于进入期，其目的往往是想通过短期投资或投机集邮产品而进行获利，因此具有的发展潜力相对较低。同时，该类客户在未来带给邮政企业的收益有着很大不确定性，因此是邮政企业的非重点客户，无需对这类客户投放过多的业务资源与关注。

位于第Ⅱ象限的是集邮现金流客户，此类客户是邮政企业的忠实客户，与企业间的关系处于稳定发展期。然而，该类客户一般是出于兴趣爱好而集邮，其发展潜力相对有限，带给企业的收益也已达到最大，利润上升的空间很小。对于集邮爱好者群体，邮政企业应稳固与他们的关系，因为他们是集邮客户群的基础，所带来的收益也是企业现金流的重要组成部分。可以扩大该类群体对于集邮的品牌宣传作用，并拓展该类客户的其他需求。

位于第Ⅲ象限内的客户是集邮边缘化客户，这类集邮客户与邮政企业的关系正处于退化期，存在随时流失的可能，并且发展潜力较低，故而整体价值不高。应从两个方面分析该类客户，假如该客户的关系转变属于正常范围，例如是因为搬迁或缺乏需求而购买替代产品，如是这种情况，邮政企业可采取搁置态度，任其流失；如果是因为企业的服务质量或产品质量而流失，虽然该客户的发展潜力不高，未来不能给企业带来太多利润，但企业仍应尽力调查原因，处理客户的抱怨，以防止负面消息传递给更多的人，从而使企业的潜在客户流失。

位于第Ⅳ象限内的是集邮业务未来重点客户，这类客户主要是指中小企业、商务社交客户。虽然该类客户在集邮客户群体中所占比重不高，带来的利润也较低，但该类客户的发展潜力较高，在未来能够给企业带来较高的回报，是集邮业务未来转型发展的重点客户。对于这类客户，邮政企业应加大资源投入和定制型产品开发以提升客户满意度，进而使其成为邮政企业的长期和忠诚客户[132]。

位于第Ⅴ象限内的是邮政大型政企机构类客户，属于集邮业务明星客户，此类客户与邮政企业的关系处在稳定期，发展潜力大，是企业最重要的客户，他们在现在和将来都能给企业带来丰厚的回报。由于国家限制三公消费政策的出台，该类客户的消费量与利润均有不小的下滑，但他们依然是集邮客户的重要组成部分，未来应更加注重集邮文化产品与服务的提供以及定向企业年册的开发。

位于第Ⅵ象限内的是集邮边缘化大客户，这类客户主要是指政企机构客户，虽然具有较高的发展潜力，但他们与邮政企业的关系已经发生逆转，其购买量和购买频率都在下降，有的已经接近流失。邮政企业应重视“盘活”此类客户，找出客户购买量下降或流失的原因，并制定针对性的二次开发策略。

12.5.3 集邮业务创新发展的对策及措施

12.5.3.1 推进业务精细化管理，强化制度保障能力

随着邮政传统业务市场竞争的加剧以及客户对于服务质量要求的日益提高，邮政亟待推进业务的精细化管理，提升制度保障能力。一方面，邮政企业要发挥好自身优势，严抓管理和业务规范，同时搞好内部培训；另一方面，需强化集邮等资源型业务的制度建设，建立健全相关业务管理制度，促使其健康、快速、可持续发展。其一，通过加强日常管理、监督检查与量化考核，使得邮政资源型业务实现制度化与精细化发展；其二，不断完善管理规范与业务操作规范，使得各环节达到标准化，并结合实际情况进一步优化业务流程，提升客户体验[133]；其三，

应着力搞好企业员工培训工作，通过现场观摩、业务知识讲座、操作技能辅导和专业管理进修等形式多样的业务培训，不断提升从业人员的业务素质与服务水平。由此，从内部的精细化管理和制度保障两个方面提升邮政企业市场竞争力。

就集邮业务而言，今后要着力推进新邮销售工作的精细化管理，重点解决和规范集邮收入真实性、卖大户和市购不规范三项难题。关于新邮销售工作，一是在邮票发行前就应考虑好资源分配的均衡性、地域文化的差异性，从而确保新邮供需整体上的均衡以及业务收入的最大化；二是在新邮销售过程中，要做好对外信息的公布，包括销售地点、价格、时间等信息，减少客户购买时的盲目性。同时，做好新邮销售过程中省际间或省内地市间邮票资源的调剂工作。为了解决集邮收入真实性、卖大户、市购不规范的问题，集团公司既要通过健全相关管理制度予以规范，又要加大监督、审查和处罚力度，使得各级邮政企业在这三项问题上既不能犯错也不敢犯错。在具体落实工作中，可对集邮拓展品业务单独下发预算计划，超出预算时要说明情况，从而在宏观上能够有助于调整集邮业务结构；而在新邮销售时，要严格执行好破包、破版、破封和登记号码等相关措施，这也将有助于减轻卖大户问题。

12.5.3.2 优化现有业务流程，提高集邮产品开发水平

可探索建立以集邮总公司为主导的、部分单位参与的产品研发中心。研发中心日常协调和运行机构设在中国集邮总公司。重点研发更具文化内涵和实用功能的集邮册产品，引入互联网概念、二维码等新技术开发新产品，力争在集邮产品品类创新、文化渗透、设计包装等方面取得突破。同时，北京邮票印制局、河南邮电印刷厂、沈阳邮电印刷厂要建立邮票印刷研发中心，研发邮票印刷新工艺、新技术、新流程，原则上采取谁研发、谁生产等市场化激励手段，促进邮票印刷水平的提升。另外，结合各地文化资源、集邮专卖店和主题邮局的创意资源，针对旅游、教育、生日、婚庆、娱乐等方面的文化需求，开发文化气息浓厚、创意精巧、性价比高的集邮产品。

简化邮品开发申请审批流程，提高产品开发时限。一是简化审批流程。进一

步完善集邮信息系统功能，实现票源审批、下发、制作、销售、库存、营收的全流程管理，逐步简化邮品开发用票申报流程；二是加强时限管理。通过技术手段加强对邮品整个发货流程的监控。针对邮品加工、发货、销售等环节，制定具体的考核办法。基于制度管理、产品创新和流程优化等多种手段加快推动集邮业务转型和多元化发展。未来集邮业务应以加快转变发展方式为主线，以调结构、增效益、强管理为重点，从而打造以产品、品牌和文化为内容的核心竞争优势。

参考文献

[1] David Throsby. Economics and Culture[M].Cambridge: Cambridge University Press, 2001.

[2] 安迪 C. 普拉特 . 文化产业：英国与日本就业的跨国比较 [EB/OL] 2019-12-4.https://www.ise.ac.uk/depts./ geography/pratt.htm.

[3] 大卫•赫斯蒙德夫 . 文化产业 [M]. 张菲娜，译 . 北京：中国人民大学出版社，2007.

[4] 姜剑云，孙耀庆 . 韩国文化产业研究综述 [J]. 当代韩国，2016（2）:120-127.

[5] 约瑟夫•阿洛伊斯•熊彼特 . 经济发展理论 [M]. 北京：商务印书馆，1990.

[6] Solo C S. Innovation in the Capitalist Process:A Critique of the Schumpeterian Theory[J]. Quarterly Journal of Economics,1951（65）:417.

[7] Freeman. A Study of Success and Failure in Industrial Innovation[C]// B R Williams（ed）.Science and Technology in Economic Growth, Proceedings of Conference held by the International Economic Association, St. Anton, Austria. London: Macmillan , 1973:227-245.

[8] Chesbrough H,Rosenbloom R S. The Role of the Business Model in Capturing Value from Innovation: Evidence from Xerox Corporation's Technology Spin-off Companies[J]. Industrial and Corporate Change,2002,11（3）:529-555.

[9] Gordijn E H,De Vries N K,de Dreu C K W. Minority Influence on Focal and Related Attitudes: Change in Size, Attribution, and Information Processing[J]. Personality and Social Psychology Bulletin, 2002,12（8）:1315-1326.

[10] Pateli A G,Giaglis G M.Technology Innovation Induced Business Model Change:a Contingency Approach[J]. Organizational Change Management, 2005,18（2）:167-183.

[11] Mark Reuver, Timber H. Designing Viable Business Models for Context-Aware Mobile Services[J].Telematics and Informatics, 2009（26）:240-248.

[12] Alfonso Gambardella, Anita M McGahan. Business Model Innovation: General Purpose Technologies and Their Implications for Industry Structure [J]. Long Range Planning, 2010（43）:262-271.

[13] Linder Christian, Seidenstricker Sven. Pushing New Technologies Through Business Model Innovation[J] .International Journal of Technology Marketing, 2012,7（3）:231-241.

[14] 杨丽，王晓晓 .“一带一路”背景下我国与中东欧国家文化产业国际竞争力比较分析 [J]. 经济与管理评论，2018，34（4）:149-161.

[15] A Bobirca, A Draghici. Creativity and Economic Development[J].World Academy of Science,2011,5（11）: 887-892.

[16] Katarina P,Anna V,Kamila B.The Role of Creative Economy in Slovak Republic[J].AI & Society,2015,30（2）:271-281.

[17] 迈克尔 • 波特 . 国家竞争优势 [M]. 李明轩，邱如美，译 . 北京：华夏出版社，2002:121-126.

[18] Gereffi, G. International Trade and Industrial Upgrading in the Apparel Commodity Chain[J]. Journal of International Economics, 1999, 48（5）:77-83.

[19] Poon T S C. Beyond the Global Production Networks: a Case of Further Upgrading of Taiwan's Information Technology Industry[J]. Technology and Giobalisation, 2004,1（1）:130-145.

[20] Adam, Smith. An Inquiry into the Nature and Causes of the Wealth of Nations[J]. World wealth,1876,24（2）:51-57.

[21] 杨治 . 筱原三代平的产业结构理论 [J]. 现代日本经济，1982（4）:35-42.

[22] Rostow. Innovation and the competitiveness of industries:Comparing the mainstream and the Fast approaches[J]. International Journal of the Economies of Business,1958,5（3）:279-294.

[23] 中华人民共和国国家统计局 . 文化及相关产业分类（2018）[EB/OL].（2018-05-09）http://www.stats.gov.cn/tjsj/tjbz/201805/t20180509_1598314.html.

[24] 张蔷 . 中国城市文化创意产业现状、布局及发展对策 [J]. 地理科学进展，2013，32（8）:1227-1236.

[25] 周建新，胡鹏林 . 中国文化产业研究 2016 年度学术报告 [J]. 深圳大学学报（人文社会科学版），2017（1）:53-66.

[26] 侯英 . 文化产业金融支持体系创新研究 [J]. 经济问题，2016（3）:80-85.

[27] 李超 . 促进京津冀文化产业发展的财税政策研究 [D]. 北京：首都经济贸易大学，2016.

[28] 赵利 . 我国文化产业竞争力要素贡献度的测算 [J]. 统计与决策，2016（2）:94-97.

[29] 蓝庆新，窦凯 . 中国数字文化产业国际竞争力影响因素研究 [J]. 广东社会科学，2019（4）:12-22+254.

[30] 江光华 . 系统论视野下的文化与科技融合动力机制研究 [J]. 科技管理研究，2015（20）:208-213.

[31] 尹宏 . 我国文化产业转型的困境、路径和对策研究——基于文化和科技融合的视角 [J]. 学术论坛，2014（2）:119 -123.

[32] 吴承忠 .5G 智能时代的文化产业创新 [J]. 深圳大学学报（人文社会科学版），2019，36（4）:51-60.

[33] 潘澄 . 环境规制、FDI 对产业升级影响的研究 [D]. 蚌埠：安徽财经大学，2019.

[34] 钟孝江 . 我国产业升级与就业结构关系研究 [D]. 南昌：江西财经大学，

2019.

[35] 王安琪 . 科技创新助推文化产业转型升级的动力机制与战略路径 [J]. 青海社会科学，2019（3）:79-86+101.

[36] 孙国锋，唐丹丹 . 文化科技融合、空间关联与文化产业结构升级 [J]. 南京审计大学学报，2019，16（5）:94-102.

[37] 赵立敏，贾文山 . 媒体融合背景下文化产业转型升级的路径 [J]. 出版广角，2019（10）:17-20.

[38] 李雅丽 . 美国文化产业 : 发展模式、产业政策及启示 [J]. 海南金融，2018（11）:71-78.

[39] 王资博 . 美英韩文化强国建设的三种模式探析 [J]. 重庆邮电大学学报（社会科学版），2015，27（3）:126-132.

[40] 李丽萍，杨京钟 . 英国文化创意产业税收激励政策对中国的启示 [J]. 山东财经大学学报，2016，28（2）:48-54.

[41] 张娅萍，张晓 . 日本文化产业的振兴及启示——制度创新视角 [J]. 经济研究导刊，2017（16）:37-38.

[42] 王忠 . 日本、韩国发展文化产业的经验启示 [J]. 人文天下，2018（6）:38-43.

[43] 张志宇，苏锋，常凤霞 . 韩国文化产业的出口振兴政策和韩国文化产业的发展 [J]. 当代韩国，2016（1）:107-121.

[44] 刘璐，逄元魁 . 中美文化创意产品出口比较分析与启示 [J]. 山东行政学院学报，2019（3）:96-102.

[45] 朱建明，杨鸿瑞 . 基于模糊神经网络的版权产业发展水平评价模型 [J]. 科技管理研究，2019，39（22）:163-172.

[46] 璩静 . 充分发挥版权在文化产业发展中的重要作用 : 访国家版权局副局长阎晓宏 [EB /OL].（2013-06-24）[2019-05-15]. http:/ /www.gov. cn /jrzg /2013-06/24 /content_2432740. htm.

[47] 河北省文化厅 . 河北省文化产业发展“十三五”规划 [R]. 石家庄 : 河北

省文化厅，2016.

[48] 王锐滋 . 河北省文化产业投入产出效率评价研究 [D]. 石家庄 : 河北经贸大学，2019.

[49] 李玉臻 . 非物质文化遗产视角下的文化空间研究 [J]. 学术论坛，2008（9）:178-181.

[50] Vivant E. How Underground Culture is Changing Paris[J]. Urban Research & Practice,2009,2（1）:36 - 52.

[51] Lai L Y,Said I,Kubota A. The Roles of Cultural Spaces in Malaysia’s Historic Towns:The Case of Kuala Dungun and Taiping[J]. Procedia-Social and Behavioral Sciences,2013（85）:602-615.

[52] 杨槿，陈雯，袁丰 . 苏州老城区文化产业空间格局演化及其机理分析 [J]. 地理科学，2015，35（12）:1551-1559.

[53] Schoales J. Alpha Clusters: Creative Innovation in Local Economies[J]. Economic Development Quarterly, 2006,20（2） :162-177.

[54] 刘振锋，薛东前，庄元，等 . 文化产业空间尺度效应研究——以西安市为例 [J]. 地理研究，2016，35（10）:1963-1972.

[55] 周晓唯，朱琨 . 我国文化产业空间聚集现象及分布特征研究——基于省际面板数据的空间计量分析 [J]. 东岳论丛，2013，34（7）:126-132.

[56] 熊建练，吴茜，任英华 . 文化产业空间集聚特征与动态规律的实证分析 [J]. 统计与决策，2016（19）:84-88.

[57] 胡慧源 . 江苏文化产业空间演化 : 分布与演进 [J]. 中国科技论坛，2016（5）:103-108.

[58] Lazzeretti L,Boix R,Capone F. Why Do Creative Industries Cluster? an Analysis of the Determinants of Clustering of Creative Industries[J]. The American Economic Review,2009,51（2）:279-289.

[59] 刘润，杨永春，任晓蕾 .1990s 末以来成都市文化空间的变化特征及其

驱动机制 [J]. 经济地理，2017，37（2）:114-123.

[60] 麻书豪 . 我国民族文化产业发展与政府管理探讨 [J]. 管理世界，2017（2）:180-181.

[61] 薛东前，张志杰，郭晶，等 . 西安市文化产业集聚特征及机制分析 [J]. 经济地理，2015，35（5）: 92-97.

[62] Ivan T. Cities, Clusters and Creative Industries: the Case of Film and TV in Scotland [J]. European Planning Studies, 2003 ,1（5）:549-565.

[63] 蔡一帆，童昕 . 全球价值链下的文化产业升级 : 以大芬村为例 [J]. 人文地理，2014（3）:115-120.

[64] 顾江，郭新茹 . 文化产业升级与城市文化创新——以深圳为个案的研究 [J]. 东岳论丛，2010，31（7）:72-75.

[65] 钟雅琴 . 文化产业升级与城市文化创新——以深圳为个案的研究 [J]. 深圳大学学报（人文社会科学版），2016，33（6）:42-47.

[66] 蔡旺春，李光明 . 中国制造业升级路径的新视角 : 文化产业与制造业融合 [J]. 商业经济与管理，2011（2）:58-63.

[67] 刘冰峰，闫宁宁 . 文化产业创新能力对产业升级的影响效应——以景德镇文化产业为例 [J]. 企业经济，2016（8）:174-178.

[68] 马尚奎 . 区域体育产业升级能力评价研究——基于中东部地区十五省际面板数据 [J]. 成都体育学院学报，2014，40（10）:40-46.

[69] 孟浩，王艳慧 . 基于突变评价法的研究型大学知识创新综合评价 [J]. 运筹与管理，2008，17（3）:80-87.

[70] 李春元 . 基于突变级数法的创业板上市公司经营业绩综合评价 [J]. 中国证券期货，2013（4）:39-41.

[71] 仵凤清，樊燕甫 . 基于突变级数法的大中型工业企业知识产权升级能力评价研究 [J]. 科技进步与对策，2011（18）:109-114.

[72] 李长春，程燕 . 基于突变级数法的农业上市公司成长性评价 [J]. 统计与

决策，2011（19）:156-159.

[73] 高艺凡 . 基于突变级数法的中国经济发展评价 [J]. 系统工程，2015，33（12）:85-91.

[74] 宋晓明 . 河北省高技术产业升级能力评价研究 [D]. 秦皇岛 : 燕山大学，2012.

[75] 宋晓明，贾丽莎，季培媛，秦家瑞 . 中东部地区文化产业升级能力评价研究 [J]. 广西经济管理干部学院学报，2018，30（1）:40-48.

[76] 史安娜，徐巧玲 . 我国科技资源配置效率的实证分析——基于 DEA 的超效率 CCR 模型与 Malmquist 指数模型 [J]. 科技管理研究，2015，35（1）:54-59.

[77] 朱尔茜，刘嘉玮 . 基于 DEA 方法的文化金融服务体系效率研究 [J]. 管理世界，2018，34（11）:186-187.

[78] 潘玉香，赵梦琳，朱文宇 . 京津冀协同发展背景下文化产业资源配置效率评价与对策 [J]. 科技进步与对策，2017，34（7）:49-54.

[79] 李梦琦，胡树华，王利军 . 基于 DEA 模型的长江中游城市群创新效率研究 [J]. 软科学，2016，30（4）:17-21+45.

[80] 唐士亚 . 基于地域文化异质性与市场根植性的文化产业集群研究——以少女偶像组合产业集群为例 [J]. 广西经济管理干部学院学报，2016，28（1）:56-62.

[81] 赵志君 . 论中国经济增长潜力与发展战略转型 [J]. 经济学动态，2013（9）:11-19.

[82] 黄群慧 . “新常态”、工业化后期与工业增长新动力 [J]. 中国工业经济，2014（10）:5-19.

[83] 陈超凡，王赟 . 垂直专业化与中国装备制造业产业升级困境 [J]. 科学学研究，2015，33（8）:1183-1192.

[84] 李大庆，李庆满 . 基于全球价值链辽宁省装备制造产业集群升级研究 [J]. 渤海大学学报（哲学社会科学版），2013，35（1）:48-51.

[85] 盖骁敏，高彦梅 . 产业集聚与集聚转移 : 中国电子及通信设备制造业的

竞争力 [J]. 改革，2013（12）:113-121.

[86] Lall ,Sanjaya. Competitiveness, Technology and Skills [M].Cheltenham,UK: Edward Elgar Publishing, 2001.

[87] Bair J, Dussel Peters E. Global Commodity Chains and Endogenous Growth: Export Dynamism and Development in Mexico and Honduras[J]. World Development, 2006, 34（2）:203-221.

[88] 罗勇，李雨 . 全球价值链的因子植入与路径选择 : 剖析电子及通信设备制造业 [J]. 改革，2011（11）:110-119.

[89] 钱方明 . 基于 NVC 的长三角传统制造业升级机理研究 [J]. 科研管理，2013，34（4）:74-78.

[90] 石碧华 . 长三角城市群产业联动协同转型的机制与对策 [J]. 南京社会科学，2014 （11）:9-16.

[91] 刘川 . 三维视角下高技术产业升级能力与升级策略研究——基于省际面板数据的实证分析 [J]. 经济问题探索，2014（8）:102-109.

[92] Chris Freeman,Lue Soete .Umenploymemt and Rechnical Lnnovation:astudy of Long Wares in Econmic Development[M].London:Frances Pinter,1974.

[93] 刘蕾 . 试论我国产业创新基本模式与途径 [J]. 现代经济信息，2012(3):260-261.

[94] 段金鑫 . 产业创新系统模型构建研究 [J]. 现代工业经济和信息化，2014，4（2）:9-11.

[95] 段沛佑，董冲 . 基于供应链的产业创新体系构建探讨 [J]. 科技与创新，2014（16）:115-116.

[96] 陈劲，陈钰芬 . 企业技术创新绩效评价指标体系研究 [J]. 科学学与科学技术管理，2006（3）:86-91.

[97] 迈克尔•波特 . 国家竞争优势 [M]. 李明轩，邱如美译 . 北京 : 华夏出版社，2002:9-19.

[98] Gereffi G. International Trade and Industrial Upgrading in the Apparel

Commodity Chain [J]. Journal of International Economics,1999（48）:37-70.

[99] Ernst D. Global Production Network and Industrial Upgrading-knowledge-centered Approach [R]. East-Wester Center Working Paper: Economic Series,2001.

[100] 罗芳，李红江．我国劳动密集型产业升级的路径依赖与路径选择 [J]. 当代经济管理，2012，35（6）:58-62.

[101] 戚耀元．面向高新制造企业的技术创新与商业模式创新耦合关系及其对绩效的影响研究 [D]. 北京：北京科技大学，2017.

[102] Bell, Albu.Knowledge Systems and Technological Dynamism in Industrial Clusters in Developing Countries[J]. World Development,1999,27（9）:1715-1734.

[103] 杨桂菊．从 OEM 到 OBM: 战略创业视角的代工企业转型升级——基于比亚迪的探索性案例研究 [J]. 科学学研究，2013，31（2）:240-249.

[104] 刘强．我国体育用品企业的升级模式研究——基于全球价值链视角 [J]. 山东体育学院学报，2009，25（11）:14-17.

[105] 黄永明，何伟，聂鸣．全球价值链视角下中国纺织服装企业的升级路径选择 [J]. 中国工业经济，2006（5）:56-63.

[106] Humphrey J H Schmitz. How Does Insertion in Global Value Chains Affect Upgrading in Industrial Clusters? [J]. Regional Studies, 2002（9）:1-16.

[107] Ponte S,J Ewert. Which Way is “up” in Upgrading? Trajectories of Change in the Value Chain for South African Wine[J]. World Development,2009（37）:1637-1650.

[108] 谭征．区域文化制造企业技术创新人才培养机制与提升对策 [J]. 经济体制改革，2016（5）:119-123.

[109] 许晖，许守任，王睿智．嵌入全球价值链的企业国际化转型及创新路径——基于六家外贸企业的跨案例研究 [J]. 科学学研究，2014，32（1）:73-83.

[110] 王庆金，侯英津．文化创意产业集聚演化路径及发展策略 [J]. 财经问题研究，2015（2）:33-37.

[111] 联合国教科文组织 . 文化时代 : 全球文化创意产业总览 [R] 巴黎 : 联合国科教文组织，2016.

[112] 朱自强，张树武 . 文化创意产业概念及其形态辨析 [J]. 东北师大学报（哲学社会科学版），2012（1）:117-121.

[113] 郑洪涛 . 基于区域视角的文化创意产业发展研究 [D]. 郑州 : 河南大学，2008:5-19.

[114] Muller K,Rammer C,Truby J. The Role of Creative Industries in Industrial Innovation [J]. Innovation: Management Policy and Practice, 2009 ,11（2） : 148-168.

[115] Teresa Hogan,Elaine Hutson. Capital Structure in New Technology-based Firms: Evidence from the Irish Software Sector [J]. Global Finance Journal,2004,15（3）:369-387.

[116] 闻媛 . 中国创意产业发展模式研究——基于全球产业价值链的视角 [J]. 财贸研究，2011（6）:16-22.

[117] 马骏 . 我国文化创意产业发展模式演变 [J]. 学术交流，2016（6）:130-135.

[118] 宋晓明，张志军 . 区域电子及通信设备制造业升级模式与对策 [J]. 中国科技论坛，2016（1）:112-117.

[119] 倪宁，王芳菲 . 试论文化创意产业的概念及运营模式——基于世界成功文化创意产业园区运营经验的考察 [J]. 南京理工大学学报（社会科学版），2013，26（4）: 8-14.

[120] 文嫮，胡兵 . 中国省域文化创意产业发展影响因素的空间计量研究 [J]. 经济地理，2014，34（2）:101-107.

[121] 李靖华，吴开嶂，李宗乘 . 我国风景名胜城区文化创意产业园发展模式 : 杭州市西湖区案例 [J]. 科技进步与对策，2013，30（8）:41-46.

[122] 花建 . 文化创意产业与相关产业融合发展的四大路径 [J]. 上海财经大学学报，2014，16（4）:26-35.

[123] 潘玉香，强殿英，魏亚平 . 基于数据包络分析的文化创意产业融资模

式及其效率研究 [J]. 中国软科学，2014（3）:184-192.

[124] 申万宏源研究 . 动漫市场风欲来，千亿级的新风口——新生代精神消费系列报告之四 [R].2016-05-12.

[125] 吴林静 . 喜羊羊成“最值钱的羊”IP 今年卖 10 亿 [EB/OL].（2015-11-23）. http://www.nbd.com.cn/articles/2015-11-23/964389.html.

[126] 赵涌在线 . 赵涌在线公司简介 [EB/OL].（2019-12-2）.http://www.zhaoonline.com/company.shtml.

[127] 王春力 . 加快创新发展，推进邮政转型 [J]. 中国邮政，2013（3）:24-25.

[128] 陈徐 . 城市邮政转型发展方向和途经分析 [J]. 邮政研究，2014（9）:9-10.

[129] 张雪曼 . 基于客户价值和满意度的第三方物流服务模式分析 [J]. 物流技术，2013（5）:141-143.

[130] 宋晓明，陈军须，张瑞凤 . 基于客户价值驱动的邮政资源型业务转型升级研究——以中国集邮业务为例 [J]. 物流技术，2015，34（11）:38-40+54.

[131] 付晓蓉，唐小飞，阳知妹 . 双归属维度的顾客信任与顾客价值的关系研究 [J]. 科研管理，2011（12）:112-118.

[132] 江传芳 . 以创新驱动内涵式发展 [J]. 中国邮政，2013（5）:24-25.

[133] 王润泽 . 以信息化引领邮政的现代化 [J]. 中国邮政，2012（4）:20-21.

附 录

附表 1 河北省主要文化（创意）产业园区发展情况统计

序号	园区名称	建立时间	所在地市	建设规模	园区主要产品与服务
1	石家庄高新技术开发区国家软件开发产业园	1991 年	石家庄	占地面积 78.75 平方公里	推进创新主体培育、创新平台建设等重点工作。
2	石家庄国家动漫产业发展基地创业孵化园	2008 年	石家庄	占地面积 0.03 平方公里，园区入驻 33 家公司	发展动漫、软件、游戏业。
3	东方文化创意产业基地	2010 年	石家庄	占地面积 0.8 平方公里，总投资 24.74 亿元，园区入驻 33 家企业	涵盖了教育培训业、文化休闲旅游业、文化会展业等文化创意产业。
4	承德避暑山庄碧峰门民俗文化园区	2014 年	承德	占地面积 0.05 立方公里，总投资 20.58 亿元	以“历史文化、欣赏传承、参与体验”为主题，以“庄外桃园、文化休闲”为定位，打造最具文化符号特征和特色的文化旅游体验区。
5	张家口涿鹿县中华三祖文化园区	1998 年	张家口涿鹿	占地面积约 0.02 平方公里	展陈内容为“中华三祖风云际会、涿鹿大战三祖争雄、合符筑邑华夏和融、中华根基薪火相传”四个基本陈列以及“中华龙缘”专题陈列。
6	中国蔚县剪纸文化产业园	2012 年	张家口蔚县	占地面积 10 平方公里，总投资 2.12 亿元	以世界非物质文化遗产——蔚县剪纸为开发重点，主要建设蔚县剪纸文化产业园、蔚县博物馆群落等项目。
7	张北县中都草原文化产业集聚区	2013 年	张家口张北	占地面积 20 多平方公里	综合文化旅游景区。
8	南戴河文化产业园区	1997 年	秦皇岛	—	园区始终坚持文化、旅游、生态融合发展，旅游为主，文化为魂，多业并举，多种经营。

续表

序号	园区名称	建立时间	所在地市	建设规模	园区主要产品与服务
9	山海关长城文化产业园	2012 年	秦皇岛	占地面积约 105.8 平方公里，总投资 600 亿元	综合文化旅游景区。
10	北戴河区怪楼文化艺术产业园	2012 年	秦皇岛	占地面积 0.17 平方公里，总投资 13 亿元	采取项目带动、品牌打造等有效措施，强力推动文化产业发展壮大。
11	开滦国家矿山公园文化产业园区	2009 年	唐山	占地面积近 0.7 平方公里	集工业遗迹保护、煤炭文化、近代工业文明展示于一体的近代工业主题的国家级矿山公园。
12	迁安市滦河文化旅游产业区	2011 年	唐山迁安	占地面积 65 平方公里，总投资 130 亿元	实施村庄整体搬迁、景观提升和文化旅游开发三大工程，吸纳文化主题公园、艺术家村等文化旅游项目落户园区。
13	丰南唐津运河文化产业园	2013 年	唐山	占地面积 3.43 平方公里，总投资 100 亿元	集休闲、娱乐、购物、养生为一体，景区主题为“运河民俗展历史，体育运动显活力，生态休闲归自然”。
14	滦南县北河水城文化产业园区	2014 年	唐山滦南	占地面积 10.36 平方公里，总投资 100 亿元	水上观光旅游、历史遗迹开发、休闲娱乐购物、旅游服务接待等六大类项目。
15	大城县红木文化产业园	2014 年	廊坊大城	占地面积 0.48 平方公里，总投资 93 亿元	以古典家具北方京作特点为主，融入创意、生产、加工、市场营销等环节，成为全省文化发展的典范。
16	中国曲阳雕塑文化产业园	2010 年	保定曲阳	占地面积 20 多平方公里，总投资 57 亿元	建设成我国最大的集艺术开发、观光旅游等为一体的雕塑文化产业国，从而推动雕塑文化产业向创意化、资本化等实现跨越式发展。
17	河北大学科技文化产业园	2011 年	保定	占地面积 0.011 平方公里	致力发展原创科技、推动科技成果转化，为入驻者提供一流的创业、创新、技术转移服务。
18	河北出版传媒集团数字印刷产业园	2013 年	保定、石家庄	占地面积 0.3 平方公里，总投资 15 亿元	文化创意、数字出版，立足保定、服务京津，形成一个新的文化产业集聚区和文化发展示范区。
19	黄骅文化产业集聚区	2011 年	沧州黄骅	—	文化旅游业。
20	吴桥县杂技文化产业园区	2013 年	沧州吴桥	占地面积 3.33 平方公里，总投资 5 亿元	以独特的杂技民俗文化为底蕴，集参观、比赛、演出、生态观光、旅游等为一体，尽显民俗精粹和艺乡风情。

续表

序号	园区名称	建立时间	所在地市	建设规模	园区主要产品与服务
21	河北（青县）中古红木文化产业园	2014 年	沧州青县	占地面积 5.3 平方公里，总投资为 56 亿元	具有四大功能：红木家具原材料交易市场、红木家具标准化生产车间、五星级明清建筑风格度假村和古装影视拍摄基地等。
22	武强国际乐器文化产业园	2011 年	衡水武强	占地面积 0.8 平方公里，总投资 20.2 亿元	与国内外知名公司共同打造的具有完整乐器文化产业链的综合项目。
23	宁晋 393 工笔画艺术集聚区	2010 年	邢台宁晋	建筑面积 0.003 平方公里	集展览销售、培训交流、旅游观光于一体的中国首家现代化艺术园区。
24	平乡童车文化产业园区	2014 年	邢台平乡	占地面积 19.23 平方公里，总投资 20 亿元	该园区是一家集童车、自行车及零配件生产、检测、销售、科研于一体的特色产业园区。
25	内丘县邢白瓷文化产业园区	2014 年	邢台内丘	占地面积 1 平方公里，总投资 21.6 亿元	发展艺术品鉴赏与交易、创意设计等四大支柱产业和养生康体、生态人居等四大辅助产业，打造“邢窑文化之乡”的文化品牌。
26	内丘县扁鹊文化产业园区	2014 年	邢台内丘	占地面积 350 平方公里，总投资 11 亿元	独具太行山特色的山水生态休闲养生基地和国家 4A 级旅游区。
27	磁县历史文化产业园区	2010 年	邯郸磁县	占地面积 0.39 平方公里，总投资 4.3 亿元	该项目以磁州窑文化为载体，致力打造河北省地方特色文化产业基地。
28	邯郸广府生态文化园区	2012 年	邯郸	占地面积 166.8 平方公里	建设集古城观光游览、田园观光体验于一体的国家 5A 级旅游胜地。
29	曲周童车文化产业集聚区	2013 年	邯郸曲周	占地面积 5.67 平方公里，总投资 3.5 亿元	有 1800 多家大中小童车及其配件生产企业，可满足 0 到 18 岁各年龄段儿童的需求。

注：以上内容在参考河北省文化和旅游产业协会网站（http://www.hbwhcyxh.com/）等相关资料基础上整理形成。

附表 2 河北省主要国家级非物质文化遗产发展情况统计

序号	文化遗产名称	发源地	产生时间	文化内容及表现形式	代表作品（主要形式）
1	常山战鼓	石家庄正定	战国	常山战鼓是由鼓、大钹、中钹、小钹、小锣等打击乐器组合而成的一种民间清锣鼓，俗称架鼓。鼓队编制少则十几人，多则上百人，主要用于广场表演。	主要曲牌有《大西鼓》《小西鼓》《么二三》等。
2	井陉拉花	石家庄井陉	明清	井陉拉花源于民间节日、庙会、庆典之时的街头广场花会。以“拧肩”“翻腕”“扭臂”“吸腿”“撇脚”等动作为主要舞蹈语汇，形成刚柔相济、粗犷含蓄的独特艺术风格。	主要表现内容有“六合同春”“卖绒线”“盼五更”等。
3	石家庄丝弦	石家庄	不详	又名弦腔、弦索腔、河西调，河北省特有的古老剧种之一。唱腔独特，以真声唱字，旋律向上大跳翻高，再用假声拖腔，旋律顺级下行，激越悠扬，慷慨奔放。	代表性剧目有《空印盒》、《白罗衫》、《小二姐做梦》等。
4	丰剪纸	承德丰宁满族自治县	康熙年间	从内容上可分为吉祥剪纸、花鸟鱼虫剪纸、山水风光剪纸、人物剪纸等。从表现形式看，包括单色剪纸、点染剪纸、复色组合剪纸等。	窗花、节令剪纸、礼花等。
5	蔚县剪纸	张家口蔚县	清代	花卉一类的吉祥纹样和年画的有机融合，题材广泛，花样繁多；蔚县剪纸的刀工既有北方民间剪纸粗犷、质朴的特性，又有南方剪纸细腻、秀丽的风格。	包含戏曲人物、脸谱，神话传说，吉禽瑞兽等多方面内容。
6	昌黎地秧歌	秦皇岛昌黎、卢龙、抚宁等地	元代	分为排街秧歌和场子秧歌两种，表现形式活泼、内容丰富，呈现出角色化、行当化的艺术特征。	《扑蝴蝶》《王二小赶脚》《锯缸》等。
7	抚宁鼓吹乐	秦皇岛抚宁	清末民初	不同形制的各类唢呐是其主奏乐器，此外还有用于咔戏的“咔碗”、花吹中用的“口琴”及其他多种常用乐器。演奏方式多样，技巧独特，有线上、加花、成字、花舌、颤指、三强音、变色等方式。	常用曲目有《满堂红》《句句双》《柳青娘》等。
8	唐山皮影戏	唐山	明末清初	唐山皮影戏以乐亭方言为基础掐嗓演唱，风格独特，属板腔体。唐山皮影戏中，人物行当齐全，有生、小（旦）、髯（老生）、大（花脸）、花生（丑）等。	—

续表

序号	文化遗产名称	发源地	产生时间	文化内容及表现形式	代表作品（主要形式）
9	屈家营音乐会	廊坊固安	元明时期	有管、笛、笙、云锣等传统乐器，“工尺”方式记谱，乐队编制固定。既有北方音乐的古朴粗犷，又兼备南方音乐的婉转清幽。	《玉芙蓉》等十三支套曲、《金字经》等七支大板曲。
10	高桥音乐会	冀中平原	清康熙年间	为僧传吹打乐，演奏时由管子领奏，有 3 个和尚诵经，12 个乐师演奏，音乐节奏较快。	《锦堂月》等。
11	胜芳音乐会	廊坊胜芳镇	清乾隆年间	在当地众多音乐会中，幡旗、角灯、鼓架、茶挑等构成的宏大阵形成为镇南音乐会的特色。其演奏方式、演奏内容（曲牌）、使用乐器等都有严格规定。	—
12	哈哈腔	保定	明清	以弦索小曲“柳子”为唱腔曲调的小戏。“流水板”是核心板式，主要板式有“头板”“二板”“三板”“快三板”等。	《王二小打鸟》《双灯记》。
13	徐水舞狮	保定徐水	1925 年	外形夸张，狮头圆大，眼睛灵动，大嘴张合有度，既威武雄壮，又憨态可掬，形态逼真。	—
14	吴桥杂技	沧州吴桥县	战国时期	形成了独有的道具、表演、传承以及管理等方面的规矩。传统节目中主要有肢体技巧和道具技巧等 7 大类 486 个单项。	—
15	西河大鼓	河北	清代道光、咸丰年间	人自击铜板和书鼓说唱作为西河大鼓的表演形式，已知名目内容多为历史征战故事和民间通俗演义。	《薛家将》《响马传》《呼家将》等。
16	武强木版年画	衡水武强县	明永乐年间	传统的武强年画制作是在木版上雕刻细线图像，以纸印刷，并套色、填色，便于大量复制。武强年画一般在春节前上市，以满足人们贴年画的民俗需要。	—
17	邢台梅花拳	邢台广宗、平乡	明清	梅花拳的组织形式分文场和武场两部分，文场领导武场。梅花拳动作套路朴实大方、威武雄壮，既有表演观赏价值，又有技击制敌的实战功能。	武功锻炼的层次和形式分为架子、成拳、拧拳、器械四部分。
18	沙河藤牌阵	邢台沙河	明清	藤牌开战时，由战鼓指挥，大筛锣、铙、镲、钹辅助烘托。藤牌阵法攻防兼备，变化莫测，藤牌阵法场面中融入了舞蹈和音乐，可用来丰富群众文化生活，获得艺术享受。	—

续表

序号	文化遗产名称	发源地	产生时间	文化内容及表现形式	代表作品（主要形式）
19	广宗太平道乐	邢台广宗	东汉	太平道乐源于太平道起义，是在起义的舆论发动和起义过程中形成的。在庆典、祭祀等大型道场，为了壮大声势，吸引更多的人接受教理教义，增加了吹管和弹拨等器乐演奏。	曲谱主要有《太平十八番》及“三仙曲”《朝天子》《经堂乐》《玉芙蓉》等。
20	隆尧招子鼓	邢台隆尧县	明代	招子鼓融音乐、舞蹈于一身，是一种综合性的民间花会。在演奏方法上，有领奏、齐奏、轮奏、合奏，形式多样，变化无穷。	民间歌舞《庄户余秋》。
21	磁州窑烧制技艺	邯郸峰峰矿区	北宋	磁州窑以生产白釉黑彩瓷器著称，开创了中国瓷器绘画装饰的新途径，装饰艺术有化妆白瓷、黑釉瓷和低温彩釉瓷三大系列。	—
22	女娲祭典	邯郸涉县	不详	每年农历三月初一至十八，来自晋、冀、鲁、豫四省的人们都要前来朝拜女娲，由此形成影响深远的娲皇宫庙会，民间祭祀以摆社为主要形式。	—
23	冀南皮影戏	邯郸	不详	冀南皮影造型古朴，雕绘结合，造型体制简练。冀南皮影戏演员一般有七、八个人，由一个人操纵皮影。	—
24	杨氏太极拳	邯郸永年	清代	杨氏太极拳，拳架舒展，结构严谨，由松入柔，积柔为刚，刚柔相济，上下相随，内外结合，中正安舒，轻松自然，轻灵沉稳。	—

注：以上内容在参考河北非物质文化遗产保护网（http://www.hebfwzwhyc.cn/）相关资料基础上整理形成。

附表3 河北省各地市主要文化产品发展情况统计

序号	产品名称	产地	起源时间	产品特征与优势	生产企业	获得荣誉与推广
1	藁城宫灯	石家庄藁城	始于东汉，盛于隋唐	传统的藁城宫灯都是手工制作，造型优美、易于保存。	藁城宫灯研制开发中心有限公司	悬挂于天安门和2008年北京奥运会会场，获得“2010年上海世博会特许商品”等荣誉。
2	滕氏布糊画	丰宁满族自治县	1990年	以满族“补花”工艺为母体，采用绘画、堆绣、唐卡、绢人、浮雕、剪纸、景泰蓝等多种工艺。	天杰布糊画厂	获得国家发明专利，其产品获得各种奖项五十多次，其中国家级金奖八次。
3	蔚县剪纸	张家口蔚县	源于明代	阴刻为主、阳刻为辅、阴阳结合，用多色点染彩绘，雅俗共赏，工艺传神。	蔚县长城剪纸有限公司	被誉为华夏剪纸之最。
4	乐亭影	唐山乐亭	初创于明代末期	乐亭影是一种民间美术和民间音乐、民间舞蹈、民间说唱等结合的综合性的戏曲表演艺术。	皮影工艺品厂家	受到国内外同行和观众的赞誉，具有很高的欣赏与研究价值。
5	定窑瓷器	曲阳涧滋村、野北村及东西燕村	创烧于唐，极盛于北宋及金，终于元	以产白瓷著称，兼烧黑釉、酱釉和釉瓷，文献分别称其为“黑定”“紫定”和“绿定”。	定窑	定窑为宋代五大名窑之一。
6	易水古砚	保定易县	始于唐代	运用多种雕技，随料巧琢，采用天赋优等石料和独特艺术风格。	易水古砚厂（宝砚斋）	易水砚已成砚苑传世名品，为我国四大名砚之一。
7	芦苇画	保定白洋淀	在八十年代工艺日趋成熟	精选白洋淀特种芦苇及其他材料，经分类、切割、压平、雕刻、编织等多种工序制作而成。	白洋淀茗奕芦苇画厂	作品被全国妇联、文化部、中央电视台两次授予最佳优秀才艺奖。
8	曲阳石雕	保定曲阳县	源于汉代	既有魏代神秘朦胧的粗犷气魄，又承启唐宋自然丰满庄重优美的造型。	曲阳石雕厂	现代民间石雕的重要代表。
9	衡水内画鼻烟壶	衡水市	源于清代	立意深邃、构图严谨、线描技法丰富，设色协调精润、书画并茂。	衡水寒冰内画工艺品厂	被称为“集中国多种工艺之大成的袖珍艺术品”饮誉世界。

续表

序号	产品名称	产地	起源时间	产品特征与优势	生产企业	获得荣誉与推广
10	馆陶黑陶	邯郸馆陶县	距今四千多年历史	上等馆陶黑陶具有“黑如漆、明如镜、薄如纸、硬如瓷”的特点。	河北省馆陶县黑陶厂	馆陶县被确定为“中国黑陶艺术之乡”“中国黑陶”“彩陶研究基地”等。
11	成安烙画	邯郸成安县	源于清代	取材广泛，风格粗犷，所作动物、植物栩栩如生。	—	被列入“河北省非物质文化遗产”。

注：以上内容在参考河北非物质文化遗产保护网（http://www.hebfwzwhyc.cn/）相关资料基础上整理形成。

附表 4 2015—2017 年河北省各地市举办的主要文化活动情况统计

活动类别	序号	活动时间	活动名称	活动地点
音乐、戏曲类	1	2015 年 4 月	“彩色周末”	河北省石家庄
	2	2015 年 5 月	石家庄“音乐西山·最美一号”草地音乐季	河北省石家庄
	3	2015 年 8 月	笙箫送爽——消夏戏曲艺术节	河北省衡水市
	4	2015 年 8 月	纪念抗战胜利 70 周年电影交响音乐会	河北省三河市
	5	2015 年 11 月	邯郸文化京津行惠民活动	北京市朝阳剧场
	6	2016 年 7 月	文化润古城 戏曲彩色周末	河北省保定市
	7	2016 年 8 月	“和之韵”省会群众合唱音乐会	河北省石家庄市群艺馆演艺厅
	8	2016 年 10 月	送温暖慰问演出	河北省唐山市
	9	2016 年 10 月	《十月的歌唱》——京津冀经典诵读交响音乐会	河北省沧州荀惠生大剧院
	10	2017 年 1 月	迎新春第七届保定老调名家戏迷联谊会	河北省保定市亚华酒店宴会厅
	11	2017 年 1 月	“引进高雅艺术”“一月一名剧”等演出活动	河北省石家庄市
	12	2017 年 2 月	“盛世欢歌”文化游园	河北省石家庄市（长安公园、石太公园等）
	13	2017 年 4 月	月来月有戏——《国风雅韵》民族经典音乐会	河北省廊坊市
	14	2017 年 8 月	《“丝绸之路”中国民谣音乐节》	欧洲克罗地亚普拉圆形竞技场
	15	2017 年 8 月	《“丝绸之路”中国民谣音乐节》	欧洲克罗地亚普拉圆形竞技场
	16	2017 年 10 月	“喜庆十九大文脉颂中华”——第二届戏曲艺术节	河北省定州市
美术、摄影、书法、画展类	1	2015 年 1 月	“一指云柯”董晓波“唐人诗意”书画展	河北省石家庄市聚兴阁美术馆
	2	2015 年 1 月	画家范家美作品展	河北省政协文史书苑和聚兴阁美术馆
	3	2015 年 1 月	“华艺风杯”河北省电视书法大赛精品展	石家庄市博物馆
	4	2015 年 2 月	河北省毛体书法研究会军旅分会举办书画展	河北古玩城

续表

活动类别	序号	活动时间	活动名称	活动地点
美术、摄影、书法、画展类	5	2015 年 4 月	“邯郸梦·扬州情”庞现青历史人物画展	河北省邯郸市新世纪阳光美术馆
	6	2015 年 4 月	“大好河山”冰雪摄影展	河北省石家庄市
	7	2015 年 9 月	美术摄影作品巡展	沧州博物馆
	8	2016 年 8 月	2016“环渤海风采”京津冀鲁辽小幅油画作品邀请展	河北省沧州美术馆
	9	2017 年 1 月	系列专题展览	河北省石家庄市（市博物馆、市群众艺术馆、市美术馆）
	10	2017 年 1 月	喜迎“十九大”霸州市女画家美术作品展	河北省霸州市范家坊工笔画院
	11	2017 年 2 月	美我家乡，描绘邢襄	河北省邢台市图书馆
	12	2017 年 3 月	广大·精微——骆根兴作品展	河北美术馆
	13	2017 年 5 月	百家争春——京津冀工艺美术展	河北省承德市
	14	2017 年 7 月	“幽燕丹青 环渤海风采”——京津冀鲁辽中国画作品展	河北省承德市
	15	2017 年 8 月	百家争春——京津冀工艺美术展	河北省沧州博物馆
	16	2017 年 9 月	翰墨情怀·丹青弘源	河北省邢台市桥东区
	17	2017 年 10 月	《“大道之行”——明清书画“重温经典篇”》	河北省秦皇岛市收藏艺术馆
	18	2017 年 10 月	“新中国从这里走来”摄影展	河北省张家口市
民俗文化表演类	1	2015 年 3 月	“穿越汉唐”	河北省石家庄
	2	2015 年 4 月	民俗文化艺术展演	河北省保定市博野县沙窝村
	3	2017 年 1 月	2017 春节民俗文化节	河北省石家庄市藁城区观光园 1 号
	4	2017 年 4 月	中国·献王第三届汉文化节暨春祭大典	河北省沧州市献县
现代文化宣传类	1	2015 年 3 月	“中国梦·赶考行”宣传教育活动	河北省
	2	2015 年 10 月	弘扬核心价值观文艺进基层系列活动	河北省邯郸市

续表

活动类别	序号	活动时间	活动名称	活动地点
现代文化宣传类	3	2017 年 11 月	“歌颂党歌颂祖国歌颂新时代”	河北省邢台市
纪念展览与演出类	1	2015 年 4 月	“保定作家抗战行”	河北省保定市安新县白洋淀
	2	2015 年 9 月	纪念抗战胜利史迹展	河北省秦皇岛市
	3	2015 年 9 月	纪念抗战胜利书画展	河北省沧州市沧县
	4	2017 年 1 月	“不忘初心·筑梦中华”——文艺展演	河北省邢台市
	5	2017 年 2 月	河北梆子现代戏《李保国》惠民演出	平山县下峪村
	6	2017 年 6 月	《詹天佑》	北京大学
休闲旅游度假类	1	2015 年 4 月	游梨乡花海赏满园春色，观名桥古寺品魅力赵州	河北赵县南庄村
	2	2017 年 1 月	“秦皇岛之冬”旅游文化季活动	河北省秦皇岛市
	3	2017 年 4 月	君乐宝 2017 河北第五届汽车文化节	河北省石家庄肖家营花卉基地河北汇春博览中心
	4	2017 年 5 月	2017 年河北省国际户外运动文化节	河北省各县区
	5	2017 年 10 月	京津冀中秋文化消费季	河北省廊坊市
其他文化类	1	2015 年 2 月	河北博物院“文博讲坛”：打造“没有围墙的大学”	河北博物馆
	2	2015 年 2 月	“中华孝老村”玉田刘现庄慰问演出	河北省唐山市玉田县刘现庄村
	3	2015 年 4 月	“清明诗会”	河北正定荣国府
	4	2015 年 4 月	千年牡丹又盛开——第四届柏乡中国汉牡丹节	河北省柏乡县汉牡丹园
	5	2015 年 12 月	河北文化推介会	日本东京中国文化中心
	6	2016 年 8 月	“百姓一家亲 欢乐伴你行”文化惠民专场演出	河北省张家口市
	7	2017 年 1 月	2017 年保定市华夏神韵非遗文化节	河北省保定市徐水大午温泉度假村活动广场
	8	2017 年 1 月	“转作风、优环境、促发展”文化慰问演出	河北省承德市
	9	2017 年 4 月	海外华文作家看狮城	河北省沧州市图书馆

续表

活动类别	序号	活动时间	活动名称	活动地点
其他文化类	10	2017 年 4 月	第六届中国汉牡丹文化节	河北省柏乡县
	11	2017 年 7 月	《大喇叭》	河北省邯郸市
	12	2017 年 8 月	“文化遗产日”专场展演	河北省承德市
	13	2017 年 9 月	“学习塞罕坝 加快走新路”音舞诗会	河北省承德市
	14	2017 年 9 月	《映画京畿》	河北省保定市
	15	2017 年 9 月	第二届白洋淀（雄安·容城）国际服装文化节	河北省白洋淀（雄安·容城）
	16	2017 年 10 月	第五届高远主题文化月	河北省石家庄市

注：以上内容在参考河北省文化和旅游厅网站（http://www.hebeitour.gov.cn/）、河北省文化和旅游产业协会网站（http://www.hbwhcyxh.com/）等相关资料基础上整理形成。